초등,
공부의 시작은
  부모가 열지만
공부의 주인은
  결국 아이입니다.

  이은경 ♡

초등 매일 공부의 힘

이은경 초등 공부 마스터 클래스 1

초등
매일
공부의 힘

학년이 올라갈수록
성적이 오르는
아이들의 비밀

이은경 지음

"초등 시기에 가장 중요한 것은
'매일 공부하는 습관' 만들기입니다."

서교책방

시작하며

"불안 대신 습관을, 조급함 대신 오늘을"

잘 키워보려 할수록 더 불안해지는 시대입니다. 좋은 대학에 가려면 좋은 고등학교에 가야 하고, 좋은 고등학교에 가려면 좋은 중학교 내신 성적을 받아야 하고, 좋은 중학교 내신 성적을 위해서는 초등부터 빈틈없이 달려야 한다는 말이 우리를 압박합니다. 막 공부를 시작한 아이가 대견하면서도 지금 나이에 뭘 시켜야 하는지, 매일 얼마큼 해야 하는지, 다른 집보다 덜 하는 건 아닌지, 이렇게 해서 뭐라도 될는지……. 부모의 마음은 늘 불안합니다.

그래서 학교 모임을 기웃거리고 검색창을 들여다보지만, 그럴수록 길을 잃습니다. 하나둘 시작한 사교육은 아이의 표정을 무겁게 만들고, 늘어나는 비용은 부모의 어깨를 짓누릅니다. 누군가 기준을 딱 정해주면 좋겠는데, '적당한 노력'이 어디쯤인지 몰라 더 막막해집니다.

저도 그랬습니다. 교사였는데도 내 아이 앞에서는 초보 부모였습니다. 불안한 마음에 소문난 학원부터 찾았지만, 무엇을 물어야 할지도 몰라 헤맸습니다. 그때 교실에서 만났던 아이들이 떠올랐습니다. 초등 시절부터 학원에 치이던 아이들이 중고등 때 어떤 모습이 되었는지 떠올려보니 분명했습니다. 초등 성적이 입시 결과를 책임지진 못했지만, 초등 때 잡은 습관은 아이를 버티게 했다는 사실도요.

그래서 식탁에 앉아 하나씩 시작했습니다. 책을 읽히고, 영어 영상을 틀어주고, 연산 문제를 풀게 했습니다. 계획도 목표도 거창하지 않았고 흔들리고 멈추기도 했지만, 다시 이어가며 버텼습니다. 그 작은 시도들이 결국 '매일 공부 습관'으로 자리 잡았습니다.

시간이 흘러 두 아이는 고등학생이 되었습니다. 놀랍게도 초등에서 함께 붙잡았던 그 습관이 지금은 가장 든든한 버팀목입니다. 시험 성적에 울고 웃는 순간이 있어도 다시 일어서는 힘, 포기하지 않고 버티는 힘은 결국 매일의 습관에서 왔습니다. 아이들이 고등학생이 되고 보니, 초등에서 보지 못했던 새로운 깨달음들이 보였습니다. 이번 개정판에는 그 경험까지 고스란히 담았습니다.

무엇보다 큰 변화는 스마트 기기입니다. 6년 전, 초판이 나왔을 때만 해도 부모의 가장 큰 고민은 아니었지만, 지금은 다릅니다. 태블릿, 스마트폰, 유튜브, 게임……. 부모라면 피할 수 없는 최대 난제가 되었습니다. 그래서 스마트 기기와 관련한 현실적인 조언과 정보도 추가했습니다.

이 책은 교사로, 부모로, 실패하고 배우며 얻은 경험을 담은 기록입니다. 초등에서 꼭 챙겨야 할 공부와 그렇지 않은 공부, 습관을 만드는 방법, 학년별 시간 활용, 잔소리 대신 칭찬으로 점검하는 법까지 담았습니다. 그리고 중고등에서 확인한 것들, 즉 습관이 잡힌 아이와 그렇지 않은 아이의 차이도 함께 전합니다.

저 역시 불안했습니다. 대형 학원에 다니는 친구들의 수준 높은 과제를 보며 흔들리기도 했습니다. 하지만 떠밀려 가는 아이들의 우울한 표정을 떠올리며 다시 마음을 붙잡았습니다. 불안이 아니라 습관을 따라가야 한다는 걸, 시간이 증명해 주었습니다.

쓰는 동안 여러 번 눈물이 났습니다. 아이에게 던졌던 독한 말들이 떠올라 미안했고, 교실에서 공부 때문에 지쳐 있던 아이들의 얼굴이 생각났습니다. "어떻게 해야 할까요?"라며 찾아온 부모님들 앞에서 답답한 말만 되풀이했던 제 모습도 떠올랐습니다.

이제는 분명히 압니다. 부모의 선택은 욕심 때문도, 돈이 많아서도 아니었습니다. 사랑하기 때문에 불안했고, 불안했기에 더 매달린 것이었습니다.

부모님들께 말씀드리고 싶습니다. **불안해도 괜찮습니다. 하지만 불안에 끌려다니지 말고, 오늘부터 하나의 습관만 시작해보세요.** 한 장만 더 읽고, 열 문제 중 다섯 문제라도 풀고, 한 줄이라도 써보면 됩니다. 작은 습관이 쌓여 아이를 지켜줄 힘이 됩니다.

이 책이 여러분의 친정 언니처럼 곁에 있기를 바랍니다. 어디에도 쉽게 털어놓기 힘든 불안과 고민을 안아주고, 오늘 당장 실천할 수 있는 방법을 건네주는 따뜻한 동반자가 되어 드릴게요.

이제 그만 불안했으면 좋겠습니다. 부모라는 이름으로 하루하루 애쓰는 우리 모두를 뜨겁게 응원합니다.

차례

시작하며 "불안 대신 습관을, 조급함 대신 오늘을" ··· 004

Chapter 1
초등 시기, 매일 공부 습관이 필요한 이유

01 공부 머리보다 중요한 습관의 힘 ··· 014
02 가장 중요한 일은 '큰 그림'을 그리는 것 ··· 022
03 공부 습관을 잡을 수 있는 마지막 시기 ··· 030
04 매일 공부의 종착지, '자기주도 학습' ··· 039

Chapter 2
과목별 매일 공부 습관 만드는 법

01 국어: 평생의 무기가 되는 읽기, 쓰기, 말하기 ··· 050
목표 | 예습 | 복습 | 독해 문제집 | 어휘력 | 단원평가 | 서술형 평가 | 글쓰기 | 논술 | 발표 | 경청 | 토론

02 독서: 입시 결과를 좌우하는 결정적 차이 ··· 072
초등 독서의 중요성 | 독서 적정 시간 | 독서 환경 | 학습만화 | 독서 기록 방법 | 디지털 콘텐츠 활용

03 수학: 하루 한 쪽부터 차근차근 ··· 085
초등 수학의 중요성 | 복습 | 연산 | 단원평가 | 심화 학습 | 사고력 수학 | 선행학습

04 영어: 의지보다 습관의 힘으로 ··· 098
목표 | 교과서 | 듣기 | 말하기 | 읽기 | 독해 교재 | 쓰기 | 어휘 | 학원 | 화상영어 | 문법

05 사회: 문제 풀이보다 개념 확인 ··· 117
초등 사회의 범위 | 교과서 | 배경지식 | 단원평가 | 서술형 평가 | 한국사

06 과학: 문제집보다 교과서와 실험관찰 ··· 127
초등 과학의 목적 | 일상 속 과학 | 교과서 | 단원평가 | 서술형 평가

07 사교육 위주 과목 살펴보기 ··· 135
사교육 선택 기준 | 한자 | 운동 | 악기 | 미술 | 코딩 | 제2외국어

08 초등, 다양한 공부 방법 시도하기 ··· 147
교과서 | 문제집 | 학습지 | 태블릿 학습 | 학원

Chapter 3
초등 매일 공부 1년 계획

01 초등 매일 공부 계획 세우기 ··· 162
02 학기 중 평일 공부하는 법 ··· 170
03 방학 중 매일 공부하는 법 ··· 178
04 주말, 휴일 활용하는 법 ··· 199
05 여행, 체험학습 활용하는 법 ··· 215
06 틈새 시간 활용하는 법 ··· 225

Chapter 4
초등 매일 공부를 위한 스마트 기기 활용법

01 스마트 기기, 무조건 나쁜 걸까? ··· 234
02 위험과 유혹, 어떻게 관리할까 ··· 243
03 학습 도구로 지혜롭게 활용하자 ··· 254
04 아이의 스마트폰, 언제부터 어떻게? ··· 264
05 스마트 기기 활용을 위한 가족의 원칙 ··· 274

Chapter 5
초등 매일 공부를 위한 부모의 원칙

01 기본 습관: 공부에 앞서 준비해야 할 것들 ··· 286
02 환경과 집중력: 집중은 의지가 아니라 환경에서 싹튼다 ··· 292
03 계획과 피드백: 아이가 직접 계획하고 움직일 수 있도록 ··· 303
04 칭찬과 보상: 과정은 '다정하게' 결과는 '무심하게' ··· 311
05 건강과 리듬: 성장의 시간, 효율 높이는 건강 관리 ··· 326
06 호기심과 탐구력: 호기심을 잃지 않은 아이가 멀리 간다 ··· 334
07 비교와 자존감: 비교 대상은 우리 아이의 어제와 오늘 ··· 342

08 관계와 소통: 말보다 태도, 훈육보다 공감	… 351
09 진로와 동기부여: 꿈은 성적표가 아닌 대화에서 시작	… 359
10 기다림과 신뢰: 아이 안에 이미 있는 힘을 믿고 지지	… 369

맺으며 "다시 초등 아이를 키운다면" … 378

"불안해도 괜찮아요.
오늘 하나의 습관부터 시작하세요."

Chapter 1

초등 시기, 매일 공부 습관이 필요한 이유

공부 머리보다 중요한 습관의 힘

 초등 시기에 길러야 할 가장 중요한 힘

'초등 공부'에 관한 이야기를 시작해볼까요.

답답하고 막막하셨죠? 그렇다면 가장 중요한 이야기부터 솔직하게 말씀해 드릴게요. 사실, 초등 시기에 받아오는 백 점 시험지는 앞으로의 아이 인생에 어떤 것도 보장해주지 못합니다. 우리가 초등학생이던 시절을 떠올려 볼까요? 숙제는 제대로 안 해오는데 시험만 보면 백 점이던 친구들, 소위 말하는 타고났다는 아이들을 본 적 있으셨을 거예요. 그런데 그 아이들 모두가 중고등에 가서도 여전히 잘하는 건 아니었던 사실, 기억나시죠? 요즘이라고 다를까요. 유치원 때부터 영어 동요 줄줄 외우고, 원어민처럼 유창하게 발음하던 아이들이 내신 등급, 수능 모의고사 등급을 받고 좌절하는 모습은 고등 교실의 흔한 장면이랍니다.

초등 교사 시절, 저희 반 아이들의 최근 소식이 종종 들려옵니다. 제 두 아이의 친구들도 초등 시절부터 고등학생인 지금까지 제법 오랜 시간 동안 지켜보고 있고요. 어릴 때 앞서가던 친구임에도 그 시절의 백 점 시험지가 무색할 만큼 번아웃과 슬럼프를 만난 경우가 적지 않습니다. 물론 저희 아이들도 예외는 아니랍니다. 초등에서의 빠른 시작이 무조건 입시 성공으로 이어지지 않는다는 걸 해가 갈수록 절감하고 있습니다. 교육 분야에서 오랜 시간 머물며 다양한 사례를 보고 들어왔던 지난 20여 년의 시간을 바탕으로 단호하게 말씀드릴 수 있습니다. **초등 시기의 아이들에게 필요한 건 백 점이 아니라, '공부를 다루는 힘'입니다. 자기의 속도대로 자기 문제를 해결하며, 주도적으로 공부하는 힘 말이에요.**

물론 초등 시기의 좋은 성적, 앞서가는 진도는 아이에게 자신감을 주고, 똘똘하다는 주변의 칭찬을 받는 데에 도움이 됩니다. 그러나 안타깝지만 초등에서 보여준 아이의 성취는 크게 중요하지 않아요. 오히려 너무 이른 성취가 부모의 조급함을 부를 수 있거든요. 또래보다 조금 잘한다고 해서 아이의 등을 떠밀며 대학 입시까지 바쁘게 달리기 시작한 건 아닌가요? 혹은 기대만큼 신통치 않다는 이유로 벌써 마음을 접거나 속상해하고 있는 건 아닌가요?

아이마다 속도가 달라요. 초등 때 빛나던 아이가 중고등에서 주춤할 수도 있고, 오히려 지금은 느리지만 중학교, 고등학교를 거치면서 훨씬 더 크게 성장하기도 해요. 너무 앞서가도 쉽게 지치고, 너무 일찍 포기하면 가능성을 놓쳐버릴 수 있어요. 한마디로, 초등 시기에는 '결과'보다 '기반'을 다지는 데 집중해야 해요. 지금의 점수나 진도보다 아이가 공부를 어떻게 느끼고 있는지가 더 중요합니다.

부모인 우리는 사실 모두 잘 알고 있어요. 지금의 모습만으로 아이를 판단하며 조급해할 이유는 없다는 사실을요. 인생은 내가 계획한 대로만 흘러가지 않고, 시험 점수 하나로 결정되지도 않는다는 것도요. 그 단순한 진실만 기억해도 아이를 바라보는 우리의 시선은 훨씬 부드러워질 수 있어요. 점수가 아니라 가능성을, 지금 당장보다 과정을 바라보는 눈으로 아이를 지켜봐 주세요. 그게 지금 부모로서 우리가 할 수 있는 가장 단단한 응원이랍니다.

진짜 공부는 아직 시작하지 않았어요

사실, 진짜 공부는 아직 시작조차 하지 않았어요. 초등 시절은 결과를 내는 시기가 아니라 차분히 바탕을 다지는 시기예요. '몇 등을 하고 있는지'가 아니라, '공부하는 자세와 태도가 제대로 자리 잡고 있는지'를 눈여겨봐야 합니다. 눈앞의 성적에만 마음을 쓰다 보면 이 시기의 가장 중요한 본질을 놓칠 수 있어요.

이때 자리 잡은 습관과 태도가 가깝게는 중고등 시기의 내신과 수능 성적을 버텨내는 힘이 되고, 멀게는 아이가 평생을 살아가는 데 꼭 필요한 자기 주도적인 삶의 뿌리가 되거든요. 이 시기에는 '시험을 잘 보는 아이'가 아니라 '공부를 지속할 만한 힘을 가진 아이'로 키워야 한다는 걸 기억해주세요.

많은 부모님이 초등 시기에는 그냥 기본기만 다져도 된다고 말하면서도, 막상 옆집 아이의 성적이나 선행 진도를 들으면 마음이 흔들려요. 하지만 그 흔들림 때문에 우리 아이의 공부 방향까지 흔들려서는 안 됩니다. 남들보다 빨리 간다고 더 멀리 가는 게 아니고, 자신만의 속도로 '끝까지' 갈 수 있는 아이가 결국 이기는 법이니까요. 초등 시기의 공부는 비교가 아니라 관찰에서 시작되어야 합니다. 아이가 어떤 방식으로 공부를 이해하고, 어떤 상황에서 멈칫하는지를 자세히 보는 눈이 필요해요.

그리고 무엇보다 아이가 공부와 맺는 감정이 중요합니다. 공부를 어렵고 무서운 일로 기억하는 아이는 중고등 시기부터 점점 거리를 두게 되고, 결국 부모의 통제 없이는 스스로 공부를 이어가지 못해요. 반면, 어릴 때부터 공부를 일상의 일부로 자연스럽게 받아들이고, '이건 내가 할 수 있는 일이야'라는 경험을 쌓은 아이는 공부와 건

강한 관계를 유지할 수 있답니다.

그래서 초등 시기의 목표는 '잘하는 아이'가 아니라 '공부를 무서워하지 않는 아이'로 키우는 데 있어야 해요. 아이의 성향을 찬찬히 들여다보고, 학습적인 면에서 무엇을 좋아하고, 무엇을 어려워하는지를 부모가 섬세하게 살펴봐 주세요. 다시 말해, 이 시기는 성적을 올리는 것보다 부모가 아이에 대해 알아가는 게 목표라고 할 수 있죠. 잘하는 것과 못하는 것, 스스로 척척 해내는 영역과 쉽게 포기하려는 태도까지, 아이가 공부하는 모든 순간이 아이를 더 깊이 이해할 수 있는 단서가 되어줍니다.

특히, 부모는 아이가 힘들거나 하기 싫을 때 그것을 어떻게 표현하는지, 어떤 말투와 행동으로 도움을 요청하는지 알아차려야 해요. 억지로 끌고 가기보다 아이의 감정과 학습 스타일을 존중하면서 함께 걷는 연습을 시작해보세요.

왜 이렇게 불안할까요?

불안한 이유는 단순해요. 방향이 없기 때문입니다. 초등 시기에 꼭 해야 할 공부가 무엇인지, 지금 당장 하지 않아도 괜찮은 건 무엇인지, 내 아이에게 요즘 필요한 사교육은 무엇인지 등의 기준이 없으면 주변의 말 한마디, 친구 엄마의 선택 하나에도 마음이 출렁일 수밖에 없어요. 유치원과 어린이집 시절부터 시작된 은근한 경쟁은 초등에 들어서며 본격화되고, 부모의 기대와 불안이 커질수록 자연스럽게 학습지와 학원은 하나둘씩 늘어나죠.

이 과정에서 아이의 스트레스는 학원 개수보다 훨씬 빠르게 늘어납니다. 공부는 아이가 하는데, 불안은 부모가 견디지 못합니다. 학원 개수를 늘리고, 오후 일정을 촘촘히 채우고, 온갖 교육 정보를 모으며 불안을 지워보려 하지만 잠깐의 위안일 뿐 근본적인 불안을 없애주지는 못할 거예요. **부모인 우리 모두에게 진짜 필요한 건 정보보다 방향이니까요.**

실체 없는 불안에서 벗어나려면 눈앞의 점수가 아니라 아이의 인생 전체를 놓고 큰 그림을 그려보세요. 초등 성적이 조금 높거나 낮다고 해서 입시의 최종 결과가 결정되지 않아요. 문제는 지금 초등인 아이가 고3까지의 길고 긴 시간을 지치지 않고, 자기 페이스로 갈 수 있느냐입니다. 부모가 먼저 긴 호흡으로 바라보지 않으면 아이는 더 빨리 숨이 차고 방향을 잃을 수밖에 없겠죠.

그래서 지금 점검해야 할 것은 속도가 아니에요. 전력 질주하고 있는지가 아니라 향해야 하는 결승점이 어디인지 알고 있는지, 끝까지 가보겠다는 동기와 체력이 충분한지, 그리고 긴 여정을 버틸 수 있는 에너지가 충분한지를 살펴야 해요. 부모는 그 에너지가 줄어들 때마다 채워주는 역할이고요.

온 힘을 다해 빨리 달려 마침내 도착한 곳이 간절히 바라던 결승점이 아닐 수 있고요, 100m 단거리경주를 하듯 급하게 달리다 초반에 지쳐버리거나 때로 넘어질 수도 있다는 사실을 기억했으면 합니다. 아무리 목이 말라도 경주 초반에 가진 물을 다 마셔버리면 안 된다는 무척 중요한 사실도 말이죠.

공부 머리만 믿지 마세요

좋은 성적을 위한 필수조건으로 흔히 '공부 머리'를 이야기합니다. 맞아요. 타고난 공부 머리는 분명 학습에 유리한 요소입니다. 게다가 대한민국의 대학 입시는 공부 머리를 타고난 아이가 훨씬 유리한 경쟁이라는 건 부인할 수 없어요. 하지만 실제로 대학 입시에서 좋은 성과를 내는 아이들은 공부 머리가 월등히 좋았던 아이들보다 꾸준히 공부 분량을 확보해낸 아이들인 경우가 훨씬 많습니다. 여러 연구에서도 확인되었듯 장기적인 학업 성취에는 지능지수(IQ)보다 자기 조절력과 계속하려는 힘(grit)이 더 큰 영향을 미친다고 해요. 아이가 어떤 환경에서도 공부를 이어갈 수 있도록 '버티는 힘', 그 힘은 결국 매일 쌓이는 습관에서 만들어지는 것입니다.

그래서 타고 난 공부 머리보다 훨씬 더 중요하고 결정적인 건, 바로 매일 조금씩 더해지는 습관의 힘이랍니다. 매일 하는 일은 일상에

녹아들고, 결국 힘들지 않은 일이 되거든요. 정성스럽게 길러진 공부 습관은 아이에게 입시라는 긴 여정을 '억지로 하는 일'이 아니라, '하던 대로 계속하다 보면 좋은 결과도 따라올 수 있는 일'로 느끼게 만들어 줄 거예요.

아직 부모님이 세상에서 제일 좋다고 말해주고, 부모님 말씀이라면 어떻게든 따라보려 애쓰는 이 사랑스러운 시기를 허투루 보내지 마세요. 잔소리 대신 함께 만들어가는 하루하루의 습관이 결국 아이의 내면에 차곡차곡 쌓여요. 시험 성적이나 학원 수보다 스스로 책을 펴고 생각하는 힘, 꾸준히 해내는 태도가 중요합니다. 이런 습관은 누구도 대신 만들어줄 수 없고 한순간에 완성되지도 않아요. 결국 이 시기에 만든 아이의 공부 습관은 부모가 남겨줄 수 있는 가장 오래 가는 선물이자 확실한 유산인 셈입니다.

아이들은 정성껏 물 주고 아껴주는 만큼 반짝이며 자랍니다. 마치 화분을 들여다보며 매일 물을 주고 잎을 닦아주듯, 아이의 하루 공부에도 그 마음을 담아주세요. 계획하고, 실천하고, 칭찬해주세요. 부모의 다정한 말 한마디에 아이는 오늘도 내일도 다시 책상 앞에 앉을 힘을 얻습니다. 그렇게 자라난 공부 습관은 아이의 평생을 지켜주는 뿌리가 되어줄 거예요. 그러니 오늘도 조급함 대신 믿음으로, 비교 대신 관찰로, 꾸짖음 대신 격려로 아이의 하루를 함께 채워주세요. 그 하루들이 쌓여 언젠가 가장 빛나는 결과로 돌아올 거예요.

가장 중요한 일은 '큰 그림'을 그리는 것

부모가 고민해야 할 중요한 사실

"맞벌이라 어쩔 수 없이 학원에 맡겨요."

"어린 동생도 있어서 도저히 집에서 케어가 안 돼요."

"공부는 결국 혼자 하는 거 아닌가요? 알아서 하겠죠, 뭐."

"학원 선생님이 서울대 출신이라 척척 진도 빼주시더라고요."

"공부는 전문가에게 맡겨야죠. 제가 가르치는 건 자신없어요."

"애 가르치다 진짜 연 끊을 뻔했어요. 내 자식은 내가 못 가르치나 봐요."

익숙하고 공감되는 이야기입니다. 부모가 아이 공부 습관을 주도하지 못하고 학원과 학습지에 의지하는 이유는 너무도 다양하고, 대부분은 현실적인 사정에서 비롯돼요. 그렇다고 알아서 하겠지, 하고 손을 놓으시면 안 돼요. 이제 막 공부를 시작한 초등 아이에게 '꾸준함'이란 건 애초에 너무 어려운 숙제거든요.

현관문만 열고 나가도, 돈만 내면 다 알아서 시켜주겠다는 학원이 줄지어 있는 세상에서 무엇이 맞는 선택일지 혼란스러운 것도 당연하죠. 저 역시 그 길을 수없이 고민했고, 수많은 학부모님과 상담 주간마다 이와 관련해 이야기를 나누기도 했지요. 그래서 지금 이 글을 읽고 계신 부모님의 마음도 조심스레 짐작할 수 있습니다.

학원과 학습지의 도움을 받는 게 나쁘다는 건 아니에요. 단원평가 성적이 그럭저럭 잘 나오고, 학교생활에 문제도 없고, 학원 숙제도 성실히 해간다면 '이 정도면 잘하고 있는 거지'라는 안도감이 생기죠. 시간이 흘러 고학년이 되고, 중고등학생이 됐을 때 그에 맞는 학원의 개수나 과외의 강도를 조절하고, 늘어나는 사교육비를 감당할 수 있는 재정 계획을 세우는 것. 그게 현실적인 입시 준비처럼 보일 수도 있어요. 그렇다면 부모가 굳이 힘들게 공부 습관까지 신경 써야 할까요? 이 질문, 이제부터 제대로 이야기해 보려 합니다.

수없이 많은 아이를 만나고 관찰하면서, 문득 이런 생각이 제 안에서 떠올랐습니다. **"나는 이 아이들이 앞으로 어떻게 공부하길 바**

라는가?" 학원을 몇 개 다니는지, 선행은 어디까지 했는지, 그런 조건들보다 훨씬 더 본질적인 질문이었어요. 겉으로 드러나는 성적이나 진도보다 이 아이가 어떤 마음으로 책상 앞에 앉고, 어떤 태도로 배움을 받아들이는지가 훨씬 중요하다는 걸 교실 속 많은 아이를 보며 느꼈거든요.

초등 교실에는 고분고분한 아이도 있고, 수업 시간마다 튀어나오는 질문을 참지 못해 수업 분위기를 단숨에 흔들어버리는 아이도 있습니다. 눈에 띄게 총명한 아이도 있지만, 늘 한 박자 늦게 간신히 따라오는 아이도 있어요. 그 다양한 아이들이 각자의 속도로 학창 시절을 잘 버텨내기 위해 아이 곁에 있는 어른이 무엇을 해줘야 할까, 그게 저의 오래된 고민이었습니다. 공부를 잘 시키는 방법이 아니라 공부를 스스로 해내는 아이로 자라게 하기 위한 방향, 그 기준을 저는 교실에서 찾아내고 싶었어요.

중고등 교실의 비극

얼마 전까지만 해도 수능시험이 치러지는 날이면 점수를 비관해 안타까운 선택을 하는 학생들의 이야기가 들려왔었어요. 하지만 요즘은 중간고사가 끝나고, 기말고사가 끝나도 들려옵니다. 이제는 이 끔찍한 소식이 낯설지 않게 되었습니다. 처음엔 너무 가슴 아파 '그 아이에게는 무슨 일이 있었을까'라는 생각만 들었지만, 점점 제 마음속엔 다른 질문이 남았습니다.

이런 일이 정말 정서적으로 특별히 취약한 몇몇 아이들에게만 벌어지는 일일까요? 과연 남의 일이라고만 할 수 있을까요? 그런 질문은 오랜 시간 제 안에서 쉽게 사라지지 않았습니다. 입시를 향해 가는 내 아이가 언젠가 그 아슬아슬한 경계 위를 걸을 수도 있다는 생각. 막연한 걱정이 아니라 교육자로서, 어른으로서 꼭 풀어야 할 숙제로 느껴졌습니다.

결론부터 말씀드릴게요. 반드시 기억해야 할 한 가지가 있습니다. **지금 내 옆에 잠들어 있는 이 사랑스러운 아이는 로봇이 아니라는 것입니다.** 이 예쁜 아이가 언제까지나 학원 가라면 가고, 공부하라면 하고, 책을 읽으라면 얌전히 책상에 앉아 있을 거라 믿는 건 부모만의 기대이고 욕심일 수 있어요. 초등학생인 지금은 말을 잘 듣고 고분고분할지 모르지만, 5년, 10년 후에도 지금과 똑같을 거라 확신하기는 어렵습니다.

아이는 달라질 거예요. 말 잘 듣던 아이가 어느 날부터 이유 없이 짜증을 내고, 표정이 굳어지고, 눈을 피하는 순간들이 찾아올 겁니다. 곧 사춘기가 닥칠 거고, 정말 내쫓아버리고 싶다는 말이 튀어나올 만큼 심하게 흔들리는 날을 자주 만날 수도 있어요. 훌쩍 자란 키로 나를 내려다보며, '싫은데?' 한 마디만 툭 던지고 방으로 사라지는 모습이 전혀 낯설지 않은 날이 올 수 있다는 거예요. 그 변화는 잘못된 것이 아니라 아이가 독립적인 존재로 나아가기 위해 거쳐야 하는 과정입니다. 그 변화는 '사춘기니까 어쩔 수 없어'가 아니라, '사춘기여서 더 사랑스럽고 소중하다'라는 관점으로 바라봐야 하고요. 그래서 아이가 기꺼이 부모의 말을 듣고 따르려는 이 초등 시간 동안 무엇을 아이에게 남겨줄 것인가가 중요해지는 거예요.

초등 시절부터 부모가 옆에서 알려준 방법과 순서에 따라 움직이고, 정해준 과제를 따라가기만 하며 수동적으로 공부했던 아이가 나중에 어떻게 자랄지 상상해 보셨나요? 학원 일정과 숙제에 지쳐버린 아이가 정작 본격적으로 공부에 몰입해야 할 중고등 시기에 학원을 거부하고 그렇다고 스스로 공부하지도 못하는 모습을 보이는 건 생각보다 흔해요. 의욕을 잃은 아이는 책상 앞에 앉는 대신 스마트폰만 들여다보고 부모는 그 앞에서 속만 태우는 시간을 반복하죠.

간신히 설득해 학원에 다시 밀어 넣더라도 아이는 전기세만 내고 돌아오는 존재가 되기도 해요. 더 안타까운 건, 그렇게 스스로 생각하는 힘을 키울 기회조차 없이 자라난 아이가 어떤 모습의 청소년, 어떤 모습의 성인으로 인생을 살아가게 될까요? 길게 고민하지 않아도 알 수 있을 겁니다. 공부라는 건 문제집을 잘 풀어내는 기술이 아니라 삶을 주도적으로 이끄는 힘을 기르는 과정이라는 걸 잊지 않았으면 해요.

초등 교실의 비극

제가 근무하던 10여 년 전의 초등학교 4학년 교실, 아침이면 우리 반 아이들이 옹기종기 모여 앉아 이런 대화를 나누었습니다. "너 오늘 학원 몇 개야?", "너 오늘 다 끝나면 몇 시야?" 비교의 끝은 늘 비슷했어요. 학원 개수가 가장 많은 아이는 한숨을 쉬며 어두운 표정을 짓고, 학원 개수가 적고 비교적 일찍 끝나는 아이는 어딘가 홀가분한 미소를 지어 보입니다.

어느 날 체육 시간, 한 아이가 몸이 좋지 않다며 벤치에서 쉬고 싶다고 했어요. 혼자 있기에 심심할까 싶어 다가가 봤더니 아이는 조용히 중얼중얼 무언가를 외우고 있었어요. 알고 보니 영어 문제집 지문을 외우는 학원 숙제가 아직 끝나지 않았다는 겁니다. 아픈 건 아니었는데 숙제를 다 못 해서 핑계를 댔다고, 죄송하다며 솔직하게 털어놓더라고요.

그날 저는 생각했습니다. **아이가 공부를 시작한 게 아니라 이미 시작된 공부에 끌려가고 있는 건 아닐까.**

학원도 잘 다니고 그런대로 열심히 잘하고 있는 줄만 알았던 우리 아이, 혹시 학교에서는 무겁고 외로운 마음을 안고 전혀 다른 모습으로 앉아 있는 건 아닐까요? 훌륭한 사람이 되기 위해 꼭 필요한 거라며 부모가 던지는 응원의 말들이, 아이에게는 '이걸 왜 해야 하지?'라는 질문조차 허락되지 않은 채 그저 따라야 할 명령처럼 들리고 있는 건 아닐까요? 무엇을 위해 공부해야 하는지도 모른 채 하루에도 몇 번씩 학원 버스에 몸을 실으며, 그저 정해진 시스템 안에서 움직이는 로봇처럼 살아가고 있다면 이 공부는 과연 누구의 것일까요?

내 아이를 위한 큰 그림

'큰 그림을 그린다'라는 건 거창한 입시 계획이나 완벽한 스케줄표를 짜는 일이 아닙니다. 아이가 어떤 기질을 가졌고, 어떤 방식으로 배우고 자라는지를 이해하려는 마음에서 출발해요. 매일의 루틴, 감정의 변화, 좋아하는 것과 싫어하는 것을 관찰하며 내 아이만의 속도와 방향을 그려보는 일. 그것이 바로 초등 시기에 부모가 그려야 할 '큰 그림'입니다.

물론 이 그림은 하루아침에 완성되지 않아요. 어떤 날은 잘 따라오는 것 같다가도 다시 제자리로 돌아가고 괜히 서두르다 서로 지치기도 하죠. 그래도 괜찮아요. 초등 시절은 아직 실수해도 되는 시기이고, 망친 그림은 다시 그릴 수 있는 시간이 있어요. 조급함 대신 긴 호흡, 비교 대신 관찰, 성과 대신 과정을 바라보는 태도가 큰 그림을 더욱 단단하게 만들어줄 거예요. 공부를 언제, 얼마나, 어떻게 시작할 것인지 하나하나 고민하며 내 아이만의 공부 지도를 그려보는 시간, 그것이 바로 지금 우리가 해야 할 가장 소중한 일입니다.

아이를 위한 걱정과 궁금증으로 늦은 밤까지 눈이 침침해지도록 스마트폰을 손에서 놓지 못하는 날이 많아졌다면 잘하고 계신 거예요. 아이가 잘하는 것과 잘 해야 하는 것 사이에서 균형을 찾아가는 일, 정답은 없지만 방향은 있어요. 그 방향을 함께 찾아주려는 마음, 바로 그것이 초등 아이의 '큰 그림'을 그리는 부모의 가장 중요한 시작이랍니다.

만약 이게 너무 어렵고 버겁더라도 지금 시작하는 게 맞습니다. 계속 시도해보세요. 학교 공부, 사교육, 독서, 여행, 견학, 운동, 악기, 건강 등 우리가 아이를 위해 도울 수 있는 모든 영역에 대해 아빠와 엄마가 수시로 대화를 나누어보세요. 의견이 쉽게 좁혀지지 않아 끝내 결론을 내지 못하더라도, 아이 교육에 관한 배우자의 생각을 알게 된 것만으로도 그 대화는 충분히 의미 있습니다. 누구를 탓할 일도, 혼자 끙끙 앓으며 고민할 일도 아닙니다. "어떻게 하면 더 예쁘게 그려볼 수 있을까?"라는 마음으로, 아이의 미래를 함께 설계한다는 그 자체를 설레는 일로 받아들여 주세요. 큰 그림은 그렇게 조금씩 함께 완성되어 갑니다.

03 공부 습관을 잡을 수 있는 마지막 시기

초등 매일 공부의 목표

초등 매일 공부의 목표는 아주 뚜렷하고 단순합니다. 고학년에 접어들면서 본격적으로 시작될 자기주도 학습, 즉 스스로 계획하고 실천하는 공부를 할 수 있도록 '제대로 된 습관'을 만드는 것. 그게 전부이자 전부 이상이에요. 목표는 명문대 합격이 아니고, 지금 당장 성적을 폭발적으로 끌어올리는 비법도 아닙니다. 혹시 이 책에서 '초등 대박 학습법'이나 '입시 특급 비밀' 같은 걸 기대하셨다면, 저는 변변한 도움을 드리기 어렵습니다.

초등 6년은 언젠가 인생의 중요한 국면에서 성실하게 공부해야 할 순간이 왔을 때 아이가 꺼내 쓸 수 있는 평생의 공부 습관을 만드는 시간이에요. 지금 더 잘하고, 더 많이 하고, 더 빨리하는 것이 목표가 되어선 안 돼요. 지금은 공부를 얼마나 잘하느냐보다 공부를 어떤 태도로 마주하느냐가 더 중요합니다.

매일 스스로 세운 계획을 지키는 경험, 그 하루하루가 쌓여 아이는 '목표를 세우는 힘'까지 기르게 됩니다. 초등 시기에 이런 루틴을 만들지 못하면 중고등에 올라가서 갑자기 공부량이 많아졌을 때 멘탈이 무너지는 경우가 허다합니다. 부모의 기대보다 중요한 건 아이가 자기 리듬대로 공부하고, 중간에 힘들어져도 다시 일어날 줄 아는 '회복 탄력성'입니다. 입시에서 끝까지 버티는 힘은 초등 시절 몸에 익혀놓은 습관이 만들어준다는 점, 잊지 마세요.

제대로 된 공부 습관이 한번 자리 잡히면 학년이 올라갈수록 성적은 자연스럽게 따라오게 되어 있어요. 초등 시기의 학습은 공부의 깊이보다 방향이 중요하고 결과보다 반복이 중요하니까요. **하루하루의 성실함이 쌓여 아이 스스로 '이건 내가 할 수 있는 일이야'라고 자신할 수 있을 때, 그게 진짜 실력의 시작입니다.**

때로는 목표에 닿지 못할 수도 있고 원하는 결과가 바로 눈에 보이지 않을 수도 있어요. 하지만 초등 시절에 단단히 다져놓은 자기주도적 공부 습관은 그 어떤 성적표보다 오래가는 자산이에요. 그게 얼마나 큰 무기인지, 아직은 아이가 모를 수도 있어요. 그래서 지금은 부모가 먼저 믿고 시작해야 할 때입니다. 아이가 결국 자기 힘으로 설 수 있도록 오늘 하루 습관부터 함께 만들어보는 거예요.

속도는 아이가 결정해요

아이마다 속도가 다르다는 이 단순한 진리를 부모는 수시로 마음에 새겨야 합니다. 어떤 아이는 1학년부터 스스로 책상을 지키고 어떤 아이는 6학년이 되어서야 겨우 앉기 시작해요. 그 모든 과정이 '정상'입니다. 중요한 건 아이의 시기를 무너뜨리지 않고 기다리고 반복하며 격려하는 부모의 태도예요.

엄마와 손바닥, 발바닥 크기가 같아지고 키도 더 커지는 사춘기 즈음이 되면 공부의 주도권은 자연스럽게 아이에게 넘어가야 해요. 물론 과목마다 조금씩 시차가 있을 수 있지만 늦어도 중학생이 되었을 땐 아이가 주도하고, 부모는 지원하는 공부 구조가 자리를 잡아야 합니다. 중고등학생이 되었는데도 여전히 초등 저학년 때처럼 부모가 아이의 공부를 주도하고 막강한 권력으로 끌고 가려고 하면 아이와는 사사건건 부딪치게 됩니다. 이 전환이 잘 이뤄져야 입시를 앞둔 고등학교에 가서도 아이가 스스로 버티고 선택하고 나아갈 수 있어요. 지금은 바로 그 전환을 위한 준비기입니다.

지금 잡아놓은 습관이 평생을 간다는 마음으로, 아이에게 관심과 격려, 그리고 아낌없는 칭찬을 쏟아주세요. 아이가 '이제 제가 혼자 해볼게요'라고 스스로 도전장을 내밀 수 있도록 초등의 긴 시간 동안 충분히 연습하고 실패하고, 또 성공을 경험하게 해주세요. 공부의 시작은 부모가 열지만 공부의 주인은 결국 아이입니다. 지금 우리가 할 일은 그 멋진 독립을 준비하는 따뜻한 조력자가 되어주는 것이에요.

부모인 우리는 아이가 '얼마나 빠르게 가고 있느냐'가 아니라 '제대로 된 방향으로 가고 있느냐'에 초점을 맞춰야 해요. 기초가 단단하지 않은 채 앞서가면 나중에 그 속도가 아이에게 부담이 될 수 있고, 잘못된 방향으로 전력 질주한 것 때문에 결국 더 큰 회복 비용이 들 수 있어요. 지금은 단거리경주가 아니라 마라톤의 첫 발걸음을 딛는 시기예요. 속도보다 중요한 건 아이의 리듬, 그리고 그 리듬을 존중해주는 부모의 시선입니다.

내 아이의 시기는 언제일까요?

자기주도 학습이라는 뚜렷한 목표를 향해 가다 보면 아이마다 각기 다른 시기와 속도를 만나게 될 거예요. 어떤 아이는 초등 저학년부터 스스로 계획을 세우고 움직이기도 하고 또 어떤 아이는 중학생이 되어서야 비로소 방향을 잡기도 하죠. 그래서 지금까지의 성장 속도나 발달 시기를 다른 아이와 비교할 필요가 없습니다. 지금껏 아이가 밟아온 신체·언어·학습 발달은 교육의 결과라기보다는 타고난 기질과 리듬의 영향이 더 크기 때문이에요.

하지만 초등 시기부터는 달라질 수 있어요. **이제부터는 부모의 태도, 아이의 경험, 반복되는 생활 습관이 아이의 방향을 바꿉니다.** '나의 에너지를 아이의 습관을 만드는 데 써보겠다'라는 마음으로 매일 작은 탑을 쌓듯 하루하루 반복해야 합니다. 적어도 1년 이상은 쉬지 않고 이어가는 수고 말이에요.

그렇게 쌓인 날들이 어느 순간 아이에게도 전해집니다. 부모가 아이를 바라보며 '이제 좀 되겠는데?' 하고 믿음이 생기는 바로 그 시기가 오면 아이도 비슷하게 '나 이제 좀 할 수 있을 것 같아'라는 자신감을 느끼게 되거든요. 공부 습관은 그렇게 부모와 아이의 마음이 맞닿을 때 비로소 단단해집니다.

이제 혼자 해봐도 되겠다는 자신감이 아이 안에 싹트기 시작하면, 가장 먼저 달라지는 건 '질문'이에요. "뭐 해?", "언제 해?", "몇 장 해?", "오늘도 해?" 같은 질문들이 하나둘 줄어들기 시작합니다. 늘 부모에게 확인하고 허락받던 아이가 스스로 공부할 시간을 체크하고, 순서를 정하고, 마친 후에는 스스로 피드백까지 하게 되면 그건 아이의 공부가 시작되었다는 신호로 받아들여도 좋습니다.

이런 모습이 초등 시기에 나타난다면 부모로서 그것만큼 반가운 축복은 없습니다. 하지만 중등이나 고등일 수도 있으니 기다려주세요. 이런 모습을 발견한 순간부터 부모가 해야 할 일은 단 하나, 조금씩 아주 천천히 뒤로 물러나는 일입니다. 아이가 눈치채지 못할 만큼 작은 걸음으로 물러나되 그 걸음만큼 신뢰와 격려, 뜨거운 칭찬은 더 크게 보여주세요.

스스로 해보겠다고 나선 아이는 당연히 실수하고 넘어지고 때로는 자신을 의심합니다. 하지만 그 모든 경험이 아이의 공부에 대한 회복력과 자신감을 만드는 재료가 됩니다. 우리는 조급해 하지 않고, 그저 한결같은 시선으로 지켜봐 주는 것만으로도 아이의 자립을 돕는 중이에요. 아이가 처음 만나는 길 위에서 고민하고 흔들리는 동안 부모는 그 길의 가장 든든한 배경이 되어주면 됩니다.

믿는 만큼 자라고, 가르치지 않아야 배웁니다. 부모가 한발 물러선 그 자리에서 아이는 스스로 배우고, 스스로 선택하며, 자기만의 공부법을 만들어냅니다. 가르치는 대신 기다리고, 이끄는 대신 지켜봐 주세요. 그것이 아이에게 줄 수 있는 가장 성숙한 교육이자, 초등 공부의 진짜 목적입니다.

서두르지 않아야 오래 갑니다

요즘 아이들은 하루에도 수십, 수백 개의 문제를 풉니다. 학원, 숙제, 문제집, 오답 노트까지. 눈앞의 문제를 풀기 바쁜 아이는 마치 로 붓처럼 손은 움직이지만, 머리는 멈춘 채 살아갑니다. 기억하세요, 문제를 많이 푼다고 공부가 되는 게 아닙니다. 중요한 건 스스로 생각하고 이해해 풀어내는 힘, 즉 문제를 대하는 '태도'입니다. 초등 시기부터 정답 맞히기에만 몰두하면 생각 없이 기계적으로 문제만 푸는 아이로 자랍니다. 아쉽지만 그런 공부는 절대 오래가지 못합니다. 중고등과 입시에 가까이 갈수록 자기 머리로 생각하고 해결하는 힘이 진짜 실력이 됩니다. 요즘 우리 아이는 어떤 공부를 하고 있나요?

초등 공부 습관에 대한 강의나 상담을 하면 부모님의 열정이 그대로 느껴집니다. 강의 중 반짝이는 눈으로 메모하고 고개를 끄덕이며 바로 '매일 공부 루틴'을 실천해야겠다고 다짐합니다. 심지어 유치원 아이를 둔 부모도요. 하지만 저는 오히려 조금만 참으시라고 말씀드립니다. 하루라도 더 빨리 시작하는 것보다 꾸준히 지킬 수 있는 계획을 먼저 세우는 것이 훨씬 더 중요하기 때문이랍니다. 계획 없이 시작한 공부는 오래가기 힘들고, 실패 경험만 쌓입니다. 꾸준함과 실천이 초등 공부 습관의 핵심입니다.

또 하나, 강의 한 번 듣고 책 한 권 읽고 바로 따라 하는 것, 추천하지 않습니다. 아이에게 맞는 방법을 찾는 과정 없이 시작하면 대부분 오래가지 못하고, 아이는 부모의 흔들리는 결정에 혼란만 겪게 됩니다. 다양한 자료와 사례를 비교하고, 내 아이의 성향과 생활 리듬에 맞춰 조금씩 설계해보세요. 내 아이의 적정 공부량, 적절한 교재와 사교육 방법은 결국 부모만이 찾을 수 있습니다.

많은 아이가 풀고 있다는 문제집을 덜컥 샀다가 아이가 싫어해서 포기하고, 좋다고 소문난 학원도 며칠 다니다 그만두는 일을 겪어본 적 있을 거예요. 우리 아이는 옆집 아이와는 다른 속도, 다른 호흡을 갖고 있기 때문입니다. 나이가 같다고 같은 공부를 해야 할 이유가 없습니다. **당장의 성취보다 '지속 가능한 공부 습관'을 만드는 게 진짜 목표임을 잊지 마세요.** 아이는 앞으로 10년 이상 공부하며 살아갈 존재니까요.

서두르지 마세요. 다급하게 시작하면 얼마 못 가고, 엄마도 아이도 지쳐버립니다. 지금 필요한 건 확신 없는 결심이 아니라 아이에게 맞는 길을 찾기 위한 충분한 관찰과 기다림입니다. 천천히, 단단하게. 좀 늦더라도 오래가는 공부 습관, 그게 결국 아이의 평생 공부 체력을 만들어줍니다.

마음의 여유를 가지세요. 적어도 1년입니다. 공부 습관 잡아보겠다고 식탁에 마주 앉아 공부하다가 속에 불이 나 집어던진 연필이 몇 자루인지, 찢어버린 공책이 몇 장인지 모릅니다. 실망스러운 아이의 모습에 화를 다스리지 못하고 소리를 지르고 책을 뺏어 바닥에 집어 던졌습니다. 이렇게 하다가는 아무것도 되지 않을 것 같은 불안감에 밤이면 눈이 벌게지도록 동네 학원을 검색하곤 했습니다. 지금 부모님들이 가진 답답함, 불안을 충분히 이해할 수 있는 이유입니다.

한꺼번에 모든 과목을 시작하려 하지 말고, 한 과목이라도 제대로 자리잡힐 때까지 여유롭게 기다려주세요. 말하지 않아도 술술 하는 날들이 이어지면 천천히 상황 봐가며 기분 좋은 어느 날 두 번째 과목을 슬쩍 얹는 겁니다. 세 번째, 네 번째도 같습니다. 그러니 1년이 걸릴 만하지요. 좀 잡아보려고 하다 보면 주말 오고, 연휴 있고, 방학입니다. 그런 불규칙한 일정 가운데 지치지 말고 꿋꿋하게 가다 보면 거짓말처럼 군소리 없이 약속한 것을 해내는 아이를 만나게 됩니다.

아무리 느리고 서툴고 공부를 못하는 아이라도 매일 하는 습관을 당할 수가 없습니다. 덕분에 성적도 잘 나오면 좋겠지만 그렇지 않아도 괜찮습니다. 이미 몸에 밴 습관은 성적이라는 결과와 무관하게 끊임없이 아이에게 성취감을 가져다주고 높은 자존감을 만들어낼 것이기 때문입니다.

부모의 급하고 불안한 마음을 아이가 눈치채지 못하게 하세요. 엄청나게 여유 있는 척, 훌륭하게 기다리고 있는 척하세요. 척을 자꾸 하다 보면 언젠가 그렇게 되기도 합니다. '나는 올 한 해 이 아이에게 바라는 것이 없다'라는 마음으로 습관 잡기의 첫 1년을 보내보세요. 습관 하나를 예쁘게 만들기 위해 몇 달이 되어도 좋으니, 칭찬을 반복해보세요. 아이는 여름날의 상추처럼 하루가 다르게 쑥쑥 자랄 거예요.

매일 공부의 종착지, '자기주도 학습'

 모두가 불안한 대한민국 입시 현실

목표한 성적을 얻고, 꿈을 이루려는 방법을 고민하는 일은 적어도 대한민국에서는 결코 아이 혼자만의 일이 아닙니다. 대학 입시는 당사자인 아이에게도 지켜보는 부모에게도 한 번쯤 반드시 통과해야 할 고통스러운 터널처럼 여겨지지요. 성적이 좋은 아이도 그렇지 않은 아이도 똑같이 힘들고, 그 무게는 절대 가볍지 않습니다. 누구 하나 마음 편한 사람이 없는 게 우리 교육의 현실입니다.

고3 수험생이 있는 집은 일 년 내내 집 안의 공기가 다릅니다. 부모는 물론이고, 삼촌, 이모, 할머니, 할아버지까지도 눈치를 살피고 응원을 건네며 '올해는 꼭 좋은 결과가 나오길' 바라는 분위기. 이제 입시는 아이 개인의 문제가 아니라 가족 전체의 감정과 리듬을 흔드는 가족 공동의 과업이 되어버렸습니다.

공부가 괴로운 건 단지 그 과정이 힘들어서만이 아닙니다. 정해진 틀 안에서 너무 쉽게 성공과 실패가 갈립니다. 게다가 그 결과가 마치 아이 인생의 전부를 좌우하는 것처럼 느끼게 하는 사회 분위기 속에서 아이도 부모도 금세 지치기 때문입니다. 소숫점 차이로 나뉘는 등급, 그 등급에 따라 자연스럽게 만들어지는 교실 안의 조용한 위계. 이 숫자들이 만든 결과에 온 가족의 희비가 오르내리는 모습이 고등학생을 둔 가족의 흔한 풍경입니다.

무엇보다 위험한 건 모두 이 분위기를 너무도 일상적으로 받아들인다는 거예요. '입시는 원래 그런 거야'라는 말은 아이들에게 공부란 곧 비교이고 선별이며 나보다 더 잘하는 누군가를 끊임없이 의식해야 하는 경쟁이라고 가르칩니다. 아이는 실수 하나에 자신을 미워하고, 부모는 더 빠르고 강한 자극을 찾아 나서게 되지요. 그렇게 공부는 점점 성장을 위한 도구가 아니라 살아남기 위한 전쟁으로 바뀝니다.

이런 현실 속에서 우리가 놓치기 쉬운 게 하나 있어요. **입시는 한 순간이지만 아이의 삶은 그보다 훨씬 길다는 사실입니다.** 지금 아이가 공부를 어떻게 받아들이느냐에 따라 그 이후의 배움과 삶까지도 달라질 수 있습니다. 그래서 부모인 우리는 점수와 경쟁 너머의 공부를 함께 고민해야 합니다. 입시 중심이 아니라 아이 중심에서 출발하는 공부가 필요합니다. 아이가 지치지 않고, 스스로 걸어갈 힘을 기르는 공부 말이에요.

불안으로 얼룩진 부모의 일상

모임에 나가면 정말 다양한 이야기가 들려옵니다. 안 듣는 게 나았을 얘기들도 많지만, 혹시나 아이에게 도움 될 정보가 있을까 싶어 나간 자리라 쉽게 선을 긋고 끊기도 어렵죠. 똑똑하고 공부 잘하는 누구는 벌써 어느 유명 학원에 다니고 있고, 어떤 수업을 시작했는데 해보니 너무 좋더라는 말에 마음이 흔들리기도 하고요. '3학년 때는 시작해야 늦지 않아요'라는 말 한마디에 갑자기 조급해져 검색창을 켜고 학원 상담을 다니느라 분주해지기도 합니다.

더 많은 전집을 들이고, 더 특별한 사교육을 찾아 나서는 이 분주함이 아이를 향한 막연한 불안을 잠재워주면 참 좋을 텐데, 안타깝게도 현실은 그렇지 않아요. 책을 주문한 날, 새로운 학원에 등록한 날만큼은 뭔가 자리를 잡아가는 것 같아 살짝 안심이 됩니다. 그런데 그 안정감은 오래가지 않아요. 며칠 지나지 않아 다시 마음 한구석이 불편해집니다. 혹시 나만 모르는 더 좋은 수업이 있는 건 아닐까, 지금보다 더 잘 가르치고 진도를 확 빼주는 학원이 따로 있는 건 아닐까, 아니면 차라리 문제집이라도 사서 매일 시켜야 하는 건 아닐까 하는 고민이 고개를 들기 시작하죠.

불안은 정보의 양만으로 쉽게 눌러지지 않습니다. 방향이 없을 때 더 커지고, 비교할수록 더 깊어집니다. 그래서 지금 필요한 건 더 많은 정보보다 내 아이에게 맞는 '공부의 중심'을 정해주는 일이에요. **우리가 이렇게 불안한 가장 큰 이유는 선택의 기준이 '내 아이'가 아니라 '다른 아이들'에게 있기 때문입니다.** 우리 아이는 충분히 열심히, 즐겁게 잘하고 있는데도 아이의 옆에 있는 늘 더 잘하고, 더 야무진 친구를 보며 만족하지 못합니다. 혹시 지금 부모인 우리의 시선이 내 아이의 마음과 생각보다는 '똑똑하다고 소문난 아이'를 분석하는 데에 쏠려 있지는 않은지 조용히 점검해보셨으면 해요. 아이가 아니라 '기준'이 흔들릴 때, 불안은 깊어집니다.

이제 내가 가장 관심을 집중해야 할 사람은 내 한마디에 마음이 이리저리 흔들리고, 비교의 눈빛 속에서 불안해진 부모의 얼굴을 살피고 있는 세상에서 가장 소중한 내 아이입니다. 다른 아이가 아니라 지금 내 앞에 있는 이 아이가 중심이 되어야 해요. 비교는 이제 그만 멈추고 내 아이가 잘하고 좋아하는 것을 마음껏 경험하고, 자신 있게 배우도록 도울 방법을 고민해보세요. 아이에게 필요한 건 남들과 같은 속도가 아니라, 자기만의 리듬을 존중해주는 부모의 시선입니다.

매일 공부 습관은 가족 모두를 위한 일

초등 아이의 매일 공부 습관은 단지 아이만을 위한 제언은 아닙니다. 현실적인 이유도 분명히 있어요. 학원 서너 개만 보내도 매달 수십만 원이 훌쩍 넘고, 아이가 둘 이상이면 학원비가 빠져나가는 속도에 정신이 아득해지죠. 계산기를 두드리다 보면, 무언가 확실한 걸 위해 쓴 돈이 아니라 그냥 사라져버린 것 같은 허망함이 밀려올 때도 있어요. 만약 물려받은 재산이 든든하거나, 월세 수입이 나오는 건물주라면 큰 걱정 없겠지만 그렇지 않은 다수의 부모에게는 정말 무겁고 부담스러운 현실입니다.

제가 교사로, 또 엄마로 오래 지켜봤던 대부분의 학부모님은 대출 이율이 조금이라도 낮은 은행을 찾아 발품을 팔고, 큰맘 먹고 다녀온 가족의 해외여행 뒤에는 다음 달 카드값을 걱정하며 숨을 고릅니다. 아이 운동화를 사러 가서도 검색에 검색을 더하고, 장바구니에 담아둔 물건을 클릭하기까지 수십 번 마음을 고쳐먹는 모습들, 그게 부모인 우리의 현실이에요. 그래서 '아이 공부 습관을 잡자'라는 말이 교육 철학뿐만 아니라 가정을 지키는 생활 전략이기도 하다는 걸 기억해주세요.

아이 교육비가 부담스러워서, 육아와 일을 병행하느라 몸도 마음도 너덜너덜해지는 부모들이 참 많습니다. 매일 아침 눈을 비비며

출근하고, 치열하고 때론 치사한 회사 생활 속에서 하루하루를 근근이 버팁니다. '회사 안이 전쟁터라면, 회사 밖은 지옥'이라는 말이 과장이 아니라는 걸 실제로 살아보며 체감하게 되죠. 전쟁이든 지옥이든 결국 부모의 삶은 아이 하나 잘 키우기 위한 필사적인 전투의 연속인 셈입니다. 그래서 더더욱 매일의 작은 공부 습관이 주는 안정감이 우리 가정에도 절실한 거예요. 한 푼도 쉽게 얻어지지 않는 게 바로 돈입니다. 아끼기 위해 장을 돌고, 포인트를 모으고, 할인 쿠폰 하나에도 민감하게 반응하는 우리가 왜 학원비를 낼 때, 고가의 전집을 들일 때는 그렇게 망설임이 없을까요?

그 선택이 진짜 아이에게 '꼭 필요하고 좋은 것'이라는 확신이 있었는지부터 천천히 짚어보셨으면 해요. 결정의 근거가 혹시 주변에서 다 하니까, 우리도 안 하면 불안해서였던 건 아니었는지 돌아봐 주세요. 학원을 보내면서도 전집을 들이면서도 마음 한구석에 '이게 정말 우리 아이에게 꼭 필요한 걸까?' 하는 물음표가 따라붙었다면 그건 부모의 직감일지도 모릅니다. 그리고 아이마저 시큰둥한 반응을 보인다면, 멈춤이 필요하다는 신호일 수 있어요.

이제부터 하나씩 정리해보세요. 이건 단순히 소비를 줄이는 일이 아니라 아이 인생의 방향을 다시 점검하는 일이에요. 가장 나답게, 내 아이답게 살아갈 수 있는 길을 찾는 출발점이 될지도 모르니까요.

매일 공부의 종착지는 결국 '자기주도 학습'입니다. 처음엔 부모의 손이 많이 가지만 공들여 완성된 공부 습관은 분명 아이를 위한 것이면서도, 그 과정을 함께 걷는 부모에게도 커다란 선물처럼 돌아옵니다. 매일 아이와 마주 앉아 공부하며 나누는 대화 속에서 부모는 아이를 더 깊이 이해하게 되고 아이 덕분에 부모도 함께 성장합니다. 시작은 아주 작고 단순한 습관이지만, 부모의 신뢰와 기다림 안에서 단단한 힘이 만들어집니다. 정해진 진도를 앞서가는 것이 아니라 스스로 삶을 이끄는 연습을 하는 것, 이것이 바로 자기주도 학습입니다.

Chapter 2

과목별
매일 공부 습관
만드는 법

초등학생이 되면 아이들은 국어, 수학, 영어, 사회, 과학 등 다양한 과목을 접하며 본격적인 공부의 세계에 들어섭니다. 동시에 부모는 이제 진짜 '학습'을 어떻게 시작해야 할지 고민합니다. 유치원 때까지만 해도 '아직 일러'라고 생각했던 것들이, 입학을 앞두고부터는 '이제는 해야 하는 거 아닐까?'로 바뀌기 시작합니다. 특히 요즘은 사교육 시장에서 초등 시기에 중고등에서 배우는 내용을 미리 학습하도록 하는 흐름이 갈수록 빨라지고 있어요. 국어, 영어, 수학은 물론이고 사회, 과학까지도 그렇습니다.

그렇다 보니 부모의 마음은 더 바빠집니다. '남들 다 시키는데 우리만 안 하면 뒤처지지 않을까?' 싶다가도, 뭘 시켜야 할지, 얼마나 해야 할지 막막해집니다. 게다가 초등 시기에 기본기를 얼마나 탄탄하게 다졌는가에 따라 이후 공부의 흐름이 결정되기도 하기에 '지금 해두면 중고등 때 편하다'라는 말에 솔깃해지는 것도 사실입니다.

그런데 진짜 중요한 건 '무엇을 얼마나 하느냐'보다 '왜 그것을 하느냐'입니다. 이유도 모른 채 보낸 학원, 아무 기준 없이 고른 문제집은 아이에게 공부에 대한 불신만 남깁니다. 그만하고 싶어도 그럴 수 없는 아이, 매일 한숨 쉬며 학원 버스에 오르는 아이를 볼 때, 부모의 마음은 무겁고 미안해집니다. 그래서 이제부터 꼭 필요한 과목만 똑똑하게 선택하고, 불필요한 건 과감하게 정리할 수 있는 기준을 말씀드리고자 합니다.

아이마다 성향도 다르고, 가정마다 상황도 달라서 정답은 없습니다. 부모의 직업, 건강, 교육관, 가정의 경제 여건까지 모두 공부 방식에 영향을 주지요. 그러니 이 챕터에서 제시하는 기준은 어디까지나 방향을 잡는 데 도움을 주는 참고 자료일 뿐입니다. '정답'이 아니라 '선택지'를 드리고 싶은 마음이에요. 그리고 그 선택의 순간마다 '나만 불안한 게 아니구나'라는 작은 위로도 함께 전해드리고 싶습니다.

이 챕터에는 과목별 교과 과정, 학교 수업과 평가 흐름, 복습과 심화 방법, 사교육과 학습지, 엄마표 공부의 시작, 자기주도 학습을 위한 준비, 문제집 추천과 체험학습, 영상 자료까지 가능한 한 많은 정보를 정리했습니다. 부모가 직접 고르고 선택해야 하는 이 길 위에서 지금 어떤 과목에 집중할지, 어떻게 균형을 맞출지, 그리고 무엇보다 아이의 마음을 어떻게 지켜줄지를 함께 고민해 드릴게요. 꼭 다 시키지 않아도 됩니다. 필요한 것만 단단히 챙기고, 남는 시간엔 아이와 함께 좋아하는 책을 읽으세요. 덕분에 아낀 돈으로는 가족여행을 떠날 수 있길, 진심으로 바랍니다.

※ 본문에서 강조하는 교과서 복습을 위해 아이가 학교에서 사용 중인 교과서와는 별도로 가정에서 교과서를 개별 구매해 활용하거나 디지털 교과서를 활용하시길 권해드려요.

- 교과서 온라인 구입처: 한국 검인정 교과서 협회(http://www.ktbook.com)
- 교과서 오프라인 구입처: 한국 검인정 교과서 협회 홈페이지-교과서 구입-서점 구매 메뉴를 통해 각 지역 서점 판매 여부 확인 가능
- 교과서 금액: 권당 평균 3,000원
- 디지털 교과서: https://webdt.edunet.net/login

교과서 온라인 구입처

디지털 교과서

01 국어

평생의 무기가 되는 읽기, 쓰기, 말하기

*** 초등 공부 키워드:** 목표 | 예습 | 복습 | 독해 문제집 | 어휘력 | 단원평가 | 서술형 평가 | 글쓰기 | 논술 | 발표 | 경청 | 토론

초등 국어의 목표

초등 국어는 읽기, 말하기, 듣기, 쓰기, 문학, 문법까지 여섯 개의 영역으로 구성되어 있습니다. 얼핏 보면 많고 복잡해 보이지만, 큰 틀에서 보면 하나의 공통된 목표로 연결됩니다. 바로 '읽기'를 통한 사고력 향상, 내 생각을 말하고 쓰는 표현력 키우기, 그리고 어휘력 확장입니다. 이 중에서도 독서는 국어라는 한 과목을 넘어 모든 과목의 기초 체력이 되기 때문에 다음 장에서 자세히 말씀드릴게요.

국어 과목에 관한 부담은 문제집의 문제 풀이로 이어지면서 초등 아이들에게 국어는 지루하고 힘든 과목이 되고 있어요. 실제로 많은 아이가 국어 시간엔 무표정하거나 졸린 얼굴로 앉아 있다가도, 문제 풀이만큼은 빠르고 정확하게 합니다. 그만큼 오랜 시간 반복 학습에 익숙해졌다는 뜻이지요. 하지만 초등에서의 국어는 '잘 푸는 것'보다 '잘 읽고, 잘 말하고, 잘 쓰는 것'이 훨씬 더 중요합니다. 문제를 맞히는 요령보다 그 글이 내게 어떤 생각을 남겼는지, 그것에 대해 내가 어떤 의견을 갖게 되었는지 스스로 정리하고 표현해보는 과정이 중요하다는 의미입니다.

국어는 단기간 성과를 내기 어렵고 유독 '매력적인 오답'이 많습니다. 그래서 흔히 '공부하기 애매한 과목'이라고 여겨지지요. 특히 사교육 시장에서 문해력, 독서 논술, 어휘집, 글쓰기 교재 등 워낙 다양한 프로그램들이 넘쳐나다 보니 방향을 잡기 더 어렵습니다. 이럴 때일수록 문제 풀이 중심이 아닌 글쓰기·토론·어휘력 향상으로 연결되는 학습의 흐름을 꾸준히 이어가야 합니다. 복습은 교과서로 충분하니 그 외 시간에는 책을 읽고, 말하고, 써보는 연습에 집중해주세요.

초등 국어의 목표는 '6학년이 되었을 때 어떤 글을 읽고, 어떤 글을 쓸 수 있는 아이로 자라는가'입니다. 단원평가 백 점보다 훨씬 큰 그림이지요. 훗날 여러 다양한 분야의 지문을 척척 읽고, 자기 생각을 조리 있게 글로 쓰는 아이로 성장하길 바란다면 지금부터 방향을 제대로 잡아야 합니다.

초등 국어 영역				
한글	수업	복습	글쓰기	심화
받아쓰기 맞춤법 어휘력	발표 경청 토론	교과서 복습용 문제집	일기 논술	독해 문제집

국어 예습, 이 정도면 충분합니다

국어 공부에서 예습은 꼭 해야 할까요? 결론부터 말씀드리자면 국어는 예습보다 복습이 훨씬 더 중요하고, 예습은 아주 가볍게만 해도 충분합니다.

굳이 시간을 들여 예습하려면 교과서의 '단원 제목'과 '지문 제목'을 훑어보는 정도면 됩니다. '이번 단원에서는 이런 내용을 다루겠구나' 정도의 방향만 잡아두면 수업 시간의 몰입도가 훨씬 높아지거든요. 그것만으로도 이미 효과적인 예습이 된 거예요.

국어 교과서는 정보 전달보다 수업 시간의 활동을 중심으로 구성되어 있습니다. 그래서 지문을 처음부터 끝까지 꼼꼼히 읽고 문제를 미리 풀어보는 방식의 예습은 오히려 수업 시간의 신선함과 참여 의욕을 떨어뜨릴 수 있어요. 국어는 생각을 나누고 표현하는 과목이기 때문에 수업 중 친구들과 함께 읽고 이야기 나누며 '아, 나랑 다르게 느끼는구나'를 경험하는 게 핵심입니다. 예습을 너무 많이 해버리면

이 중요한 학습 경험을 놓칠 가능성이 높아질 수밖에 없고요.

게다가 국어 예습에 시간을 많이 쓰는 건 기회비용이 너무 큽니다. 그 시간에 차라리 독서를 한 권 더 하는 게 훨씬 더 멀리 가는 전략이에요. 왜냐하면 **국어 수업의 본질은 결국 '읽고, 이해하고, 표현하는 능력'을 기르는 것인데, 이 능력은 다양한 책을 꾸준히 읽으며 쌓은 배경지식과 사고력에서 비롯되거든요.** 독서를 많이 한 아이는 지문을 처음 보는 상황에서도 훨씬 빠르고 정확하게 핵심을 파악할 수 있어요. 예습보다 독서가 장기적인 측면에서 보면 훨씬 더 '실전형 공부'라는 의미입니다.

국어 예습을 과도하게 하면 스스로 글을 읽는 감각을 키울 기회가 줄어들기도 해요. '이건 이렇게 해석해야지'라는 식의 정답 중심 접근은 국어라는 과목의 유연함을 해칠 수 있어요. 정답을 맞히는 능력보다 다양한 관점으로 글을 읽고 해석해보는 경험이 국어에서는 훨씬 더 중요합니다. 국어 실력은 '미리 읽어서' 쌓이는 게 아니라 '깊이 있게 읽고, 곱씹고, 표현해보는' 과정에서 자라난답니다.

그러니 국어 예습은 간단하게만 하게 하고요, 남는 시간을 독서로 채워주세요. 중고등 국어 실력의 승부는 그 어떤 예습보다 효율이 높은 전략, 바로 독서에서 갈립니다.

국어 복습, 교과서 10분이면 충분합니다

국어 교과 복습의 핵심은 아주 단순하고 명확합니다. '교과서에 나온 지문을 제대로 이해했는가?'입니다. 차시별로 수업 목표는 조금씩 다르지만, 국어 수업의 전체적인 흐름은 초등 시기 내내 거의 비슷해요. 지문을 읽고 내용을 묻는 서너 개의 문제를 풀고, 관련 활동을 개별 또는 모둠, 혹은 학급 전체 아이들과 함께 해결해보는 식이죠. 이 구조는 1학년부터 6학년까지 변함없이 이어지기 때문에, 고학년이 되면 아이들은 국어 수업이 '지문 읽기 → 문제 풀이'라는 공식을 자연스럽게 체득합니다.

집에서 하는 복습도 크게 다르지 않을 거예요. 중요한 건 어제 것도, 내일 것도 아닌 '오늘 학교에서 배운 그 지문'을 다시 읽는 것이에요. 오늘 수업에서 다룬 지문을 다시 음미하듯 읽고, 교과서 안의 문제를 스스로 풀어보는 습관을 들이면 복습은 충분합니다.

혹시 아이가 여유 있고 의욕도 넘친다면 지문을 낭독해보게 하거나 낯선 단어를 사전으로 찾도록 해보세요. 문제를 어떻게 풀었는지 부모에게 설명해보는 것도 유익한 확장 활동이 됩니다. **국어 교과서를 중심으로 복습이 끝났다면 그다음 순서는 언제나 '독서'입니다.** 이것만큼은 공식처럼 외워도 좋아요. 독서는 결코 교과서의 보조가 아닙니다. 길고 낯선 지문을 자연스럽게 읽어내는 힘, 그건 문제집이 아니라 책이 길러줍니다. 하루하루 쌓인 독서가 결국 아이의 이해력과 사고력을 단단하게 만들어주니까요.

눈앞의 문제 하나를 푸는 건 '기술'이지만 긴 글을 읽고, 생각을 정리하고, 자기 언어로 표현할 수 있는 능력은 '힘'입니다. 독서 시간은 겉으로 보기엔 느리고 한가해 보이지만 뇌의 저장 용량을 차곡차곡 늘리는 초등 시기의 가장 중요한 작업입니다. 지금은 아이의 성장이 눈에 보이지 않을 수 있어요. 하지만 중고등 국어의 핵심이 '긴 글을 읽고 정확하게 파악하는 능력'임을 생각하면, 지금의 독서 시간이 결국 가장 빠른 지름길이 될 거예요.

교과서를 복습할 때는 몇 가지 기본 습관도 함께 점검해보세요. 지문을 꼼꼼히 읽고 있는지, 글씨는 또박또박 쓰는지, 맞춤법이나 띄어쓰기는 잘 지켜지고 있는지 등을 초등 시기에 천천히 하나씩 예쁘게 잡아주세요.

독해 문제집, 독이 될 수 있어요

국어 공부하면 떠오르는 대표 과제 중 하나가 '독해 문제집'입니다. 많은 가정에서 국어는 따로 공부하기 어렵고 애매하니까 독해 문제집이라도 꾸준히 풀리면 뭔가 한 것 같다고 여길 거예요. 하지만 아이마다 필요한 시기와 방식이 다르다는 걸 꼭 기억하셔야 해요.

아이에게 독해 문제집이 지금 꼭 필요한지 확인하려면 기준은 국어 교과서입니다. 교과서 지문을 읽고 제시된 문제를 풀었을 때 스스로 글의 핵심을 제대로 파악하고 문맥에 맞는 답을 쓸 수 있다면, 굳이 독해 문제집까지 추가하지 않아도 됩니다. 반대로 지문을 읽고도 내용을 놓치거나 문제의 의도를 파악하지 못한다면 독해 훈련을 보완할 필요가 있다는 신호입니다.

하지만 여기서 중요한 전제가 하나 있습니다. 교과서 복습이 제대로 이뤄진 상태에서만 독해 문제집이 '보충'의 역할을 할 수 있다는 점이죠. 교과서를 건너뛴 상태에서 다양한 지문이 담긴 독해 문제집으로 뛰어드는 건 기본기를 갖추지 않은 채 시험을 보는 것과 같아요. 또 부모의 기대와 욕심으로 수준보다 지나치게 높은 문제집을 푸는 경우는 아이에게 좌절을 주고 자신감을 떨어뜨리게 만들 수 있습니다. 국어 교과서 지문조차 어렵다고 느끼는 아이에게, 더 어렵고 복잡한 독해 문제집은 도움이 아니라 짐이 됩니다. 아이가 자신감보다 '거부감'을 먼저 느끼지 않도록 문제집의 난이도를 꼭 점검해주세요.

아이의 속도에 맞게, 지금 필요한 만큼만. 공부는 무조건 많은 양이 아니라 정확하게 알고, 적당히 할 때 가장 효과적입니다. 독해 문제집은 읽기 경험이 충분히 쌓였을 때 시작해도 절대 늦지 않아요.

어휘력은 어휘 교재만으로 성장하지 않아요

어휘력은 말하기, 쓰기, 읽기, 듣기 모든 영역의 기초입니다. 눈에 보이진 않지만, 공부의 이해력과 표현력에 직접적인 영향을 주는 만큼 초등 시기부터 꾸준히 관심을 가져야 할 중요한 기초 체력이지요. 어휘가 부족하면 뭘 읽어도 이해가 잘되지 않고, 배운 개념이 머릿속에 흐릿하게 남습니다. 모국어라고 해서 '저절로 좋아지겠지'라고 놓아두기엔 초등 시절 어휘력 격차는 중고등 학습 격차로 자연스레 이어지는 게 일반적입니다.

독서로 어휘력이 키워진다는 사실을 알고 있으면서도 얼마나 늘었는지 눈으로 확인되지 않는 영역이기 때문에 '우리 아이 어휘력이 괜찮은 건가?', '남들보다 뒤처진 건 아닐까?' 하는 마음이 생기는 게 당연합니다. 말을 잘하는 것과 어휘력이 풍부한 것은 전혀 다른 이야기니까요. 말솜씨는 좋지만 단어의 폭이 좁은 아이도 있고, 조용하지만 정밀한 단어를 정확하게 사용하는 아이도 있습니다. 또래보다 언어 표현이 서툰 아이라면 어휘력 확장이 더욱 중요하지요.

이처럼 확인하기 어려운 영역의 실력을 높이는 가장 좋은 방법은 매일 조금씩, 하지만 꾸준하게 시간을 들이는 것입니다. 어휘력은 단기간에 점프하듯 향상되지 않습니다. 오늘 외운 단어보다 지난 일주일, 한 달, 일 년 동안 반복해서 접한 단어가 아이의 언어 속에 자연스럽게 자리 잡습니다. 지금 우리 아이의 수준에서 하루에 단어 하나씩만 넓혀도 그 변화는 누적되어 분명히 드러납니다.

그래서 부모가 가정에서 도와줄 수 있는 '일상 속 어휘 확장 전략'이 필요합니다. 어휘력은 따로 공부할 수 없다고 느끼는 경우가 많지만, 사실은 일상에서 얼마든지 자연스럽게 학습할 수 있는 영역입니다. **어휘력은 문제집보다 매일 듣고 말하고 묻는 언어 환경 안에서 가장 건강하고 단단하게 자랍니다.**

가장 좋은 방법은 아이가 성인의 대화를 듣고 성인 대상의 글이나 영상에 노출되는 것입니다. 부부의 일상 대화를 식탁이나 거실에서 자연스럽게 들려주고, TV 뉴스나 가정통신문, 동네 게시판 같은 현실적인 자료들을 아이와 함께 읽어보며 단어를 확인해보세요. 말뜻을 모르면 함께 추측해본 후에 검색해보는 방식도 좋습니다. 사전 앱을 활용할 수 있도록 해두고, 하루에 단어 하나만 찾아보는 습관을 들이는 것만으로도 큰 도움이 됩니다.

또한 가족이 함께 어휘를 즐겁게 익히는 말놀이도 효과적입니다. 끝말잇기를 할 때는 '개국', '자력'처럼 약간 낯선 단어를 넣어 아이의 언어 자극을 유도하고, 비슷한 말·반대말 찾기, 연관 단어 대기 같은 놀이를 통해 어휘 간의 관계망을 넓혀주세요. 아이들끼리 하는 놀이보다 부모가 함께 참여하는 말놀이는 훨씬 풍부한 어휘 자극이 되고, 자연스럽게 질문과 대화로 이어져 사고력까지 키울 수 있습니다.

국어 단원평가 준비의 정석

국어 단원평가는 보통 1학년 2학기쯤부터 슬그머니 시작되어 초등 6년 내내 한 달에 한두 번꼴로 꾸준히 이어집니다. 담임교사가 직접 출제하는 교사별 평가 시스템의 도입으로 평가 시기와 문항 수, 난이도, 형식 모두 학급마다 다를 수 있다는 점을 미리 알아두세요.

사실 단원평가는 평소 교과서 복습이 꾸준히 되어 있다면 따로 시간을 들여 준비하지 않아도 괜찮습니다. 평가가 다가오면 불안한 마음에 평가 대비 문제집을 추가로 푸는 경우가 많은데요, 교과서 문제를 풀어보았을 때 아이가 충분히 이해하고 답을 쓸 수 있다면 그 시간은 차라리 독서나 글쓰기 연습으로 돌려주는 게 훨씬 효과적입니다.

초등 단원평가에서 가장 흔한 오답 원인은 몰라서가 아니라 덤벙거려서 한 실수입니다. 문제를 후다닥 풀고는 시험지 뒤에 낙서나 끄적이며 시간을 보내는 아이들, 교실의 흔한 풍경입니다. '다 풀고 나면 한 번 더 확인하기'라는 습관, 꼭 잡아주세요. 이 한 가지 습관만 가지고 있어도 점수가 달라집니다. 무엇보다 점수도 중요하지만 스스로 점검하는 힘이 자라야 중고등 시험에서도 '실력만큼 점수를 받는 아이'로 성장할 수 있으니까요.

서술형 평가, 천천히 중고등을 대비하세요

요즘 초등 부모를 긴장시키는 건 서술형 문항의 확대일 것입니다. 국어뿐 아니라 전 과목에서 서술형 평가가 기본으로 자리를 잡아가는 추세거든요. 부모에게 큰 숙제가 생긴 것 같아 걱정하는 분이 많지만 그럴 필요가 없어요. 왜냐하면 아이들은 매일 수업 시간에 이미 대표적인 서술형 문제의 유형들을 접하고 있거든요. 교과서 지문을 읽고 내용 파악 문제에 답하는 것, 생각을 문장으로 쓰는 활동 모두가 서술형 평가의 축소판입니다. 이 흐름에 성실히 참여하고 있다면 굳이 불안해하지 않아도 됩니다.

서술형 평가 준비에서 가장 먼저 점검할 것은 '문장을 완성하는 힘'입니다. 문제를 읽고 핵심을 파악한 다음, 한 문장 또는 두세 문장으로 자기 생각을 정리해 써보는 연습이 필요합니다. 이때 중요한 건 멋진 표현이 아니라 문장의 기본 구조를 갖추고 있는지, 질문에 맞는 방향으로 대답하고 있는지예요.

또한 서술형 답안은 '핵심을 빠짐없이 담는 것'과 '자연스러운 글의 흐름'이 중요합니다. 예를 들어, "글쓴이의 의견은 무엇인가요?"라는 문제에 '내 생각은~'으로 답을 시작하면, 질문 자체를 잘못 이해한 거예요. 그래서 처음에는 부모가 문제를 같이 읽고 "이 질문은 뭐라고 물어보는 걸까?"라고 말해보며 방향을 잡아주는 연습이 필요합니다. 이런 사고 훈련은 단원평가뿐 아니라 중고등 서술형 평가의 기본 베이스가 되어준답니다.

틀린 맞춤법이나 문장 부호도 서술형 평가에서는 감점 요인이 되기도 합니다. 글씨를 또박또박 쓰는 것, 띄어쓰기를 적절히 하는 것, 말줄임표나 물음표 등 문장 부호의 기본 규칙을 자연스럽게 익히게 하려면 답을 말로 해보고, 그것을 글로 옮기는 연습이 가장 효과적이에요. 말하는 내용을 글로 풀어내어 보는 과정에서 문장 구조도 잡히고 어휘도 다듬어집니다.

서술형 평가는 생각을 정리하고 자신의 언어로 표현할 수 있는지를 보는 진짜 사고력 평가 도구입니다. 지금은 점수가 들쭉날쭉할 수 있어요. 하지만 이 시기에 쌓인 문장력과 사고력은 중고등 국어 내신, 나아가 논술과 면접에서도 강력한 무기가 됩니다. 점수를 위한 단기 전략이 아니라 생각하는 힘을 길러주는 장기 전략으로 서술형을 바라보면 훨씬 편안하고 현명하게 준비할 수 있어요.

글쓰기, 실력보다 습관이 먼저

초등 시기의 글쓰기는 그 자체로 중요한 공부이자 앞으로 아이가 입시까지의 모든 과목에서 '자신의 생각을 정리하는 힘'을 기르기 위한 기반이 되어줍니다. 국어 과목의 일부가 아니라 모든 과목의 바탕인 셈입니다. 사회에서는 의견을 쓰고, 과학에서는 과정을 설명하며, 중고등에서는 수행평가와 서술형, 논술, 면접으로까지 이어집니다. 그래서 초등 시기에 글쓰기를 꾸준히 경험한 아이는 나중에 생각을 말하고, 쓰고, 표현하는 데 망설임이 없을 거예요.

글쓰기 연습의 출발점은 거창할 필요가 없어요. 말하듯 쓰기, 하루 한 줄 쓰기, 그림 보고 한 문장 쓰기 같은 아주 짧고 간단한 글부터 시작해보세요. 당장의 완성도보다는 '자기 생각을 글로 풀 수 있다'라는 자율성과 유연함이 핵심입니다. 예를 들어, 좋아하는 그림책 속 한 장면을 고르고 "왜 이 장면이 좋았는지 한 문장만 써볼까?" 하는 식으로요. 처음엔 맞춤법이나 글씨보다 '내 생각을 문장으로 바꿔보는 경험'을 쌓는 게 가장 중요합니다. 조금 익숙해졌다면 '오늘 학교에서 재미있었던 일', '가장 화났던 순간', '다음 소풍이 기대되는 이유'처럼 아이가 자기 이야기를 자연스럽게 풀어낼 수 있는 주제를 선택해보세요. 그러면 말문도 글 문도 훨씬 잘 열립니다.

이때 부모는 평가자가 아니라 한 사람의 독자로서 반응해주는 게 좋아요. "그랬구나! 엄마는 이 부분이 제일 재밌었어" 같은 피드백이 필요하죠. 글쓰기를 시작하자마자 "일기 써라", "독후감 써라", "글짓기 대회 나가자"라고 하면 아이들은 거부감이 들어요. **글을 잘 써야 한다는 압박보다 중요한 건 쓸 수 있다는 자신감을 먼저 심어주는 것입니다.**

신기하게도 글쓰기 실력은 매일 한 줄씩만 썼는데, 그게 서서히 효과를 발휘합니다. 그래서 무엇보다 글을 쓰는 일이 아이에게 부정적인 기억으로 남지 않게 하는 게 중요해요. '글을 쓰면 마음이 정리돼', '내가 쓴 글을 누가 읽어줬어' 등의 따뜻한 기억들이 아이의 평생 글쓰기 근육을 만들어줄 거예요.

글쓰기에서 어느 정도 이상의 분량을 채울 수 있는 능력도 중요한 축을 구성합니다. 1학년에서 그림 일기장을 채우는 데는 고작 세 문장으로 충분했지만, 학년이 올라갈수록 공책의 줄 간격은 좁아지고 써야 할 분량은 늘어납니다. 분량을 자연스럽게 늘려보는 경험이 없었던 아이들은 6학년이 되었음에도 다섯 줄을 채 쓰지 못하고 괴로워합니다.

그래서 아이마다 달성해야 할 최소 목표를 설정해보길 추천합니다. 목표했던 분량을 어쨌든 채웠다는 성공 경험이 쌓이고, 억지스럽게라도 채워 넣은 일기장을 다시 읽어보며 스스로 뿌듯함과 아쉬움을 느끼는 기회가 되기도 합니다. 이 '최소 분량'은 아이의 글쓰기 경험, 흥미, 독서력 등에 따라 다르게 설정되어야 하지만 일반적인 학년별 분량을 알려드릴 테니 참고해주세요. 제시하는 분량은 학년별 최소 분량으로, 이보다 더 많은 양의 글을 쓸 수 있도록 칭찬과 보상으로 힘을 더해주세요.

학년	최소 분량
취학 전, 1학년	그림 일기장 아래쪽 칸 모두 채워보기
2학년	간격 넓은 줄 공책 5줄
3, 4학년	간격 좁은 줄 공책 10줄
5, 6학년	간격 좁은 줄 공책 15줄

 논술학원 활용하기

논술 수업의 출발은 '글쓰기'라는 점이 핵심입니다. 거창한 논술 기법이나 고급 어휘보다 자신의 생각을 문장으로 풀어내는 힘이 가장 중요하지요. 평소에 일기, 독서록, 주제 글쓰기 등을 학교 숙제나 가정에서 꾸준히 하고 있다면 논술학원의 도움이 반드시 필요한 건 아니에요. 일주일에 한 번 학원에 가서 읽고 쓰고 오는 수업보다 매일 읽고 쓰는 습관이 훨씬 더 깊고 단단한 힘을 길러주거든요.

하지만 논술학원의 도움이 필요한 경우도 분명 존재합니다. 유난히 글쓰기를 힘들어하고 싫어하는 아이, 집에서 아무리 도와줘도 진전이 없는 경우, 그리고 부모와 아이 모두 글쓰기 숙제를 놓고 스트레스를 반복적으로 겪고 있다면, 논술을 가르쳐 본 경험이 풍부한 전문가의 코칭과 피드백이 아이와 부모 모두에게 돌파구가 될 수 있습니다. 또한 부모가 맞벌이거나 매일 아이와 글을 쓰는 시간을 확보하기 어려운 상황이라면, 논술학원이 글쓰기 루틴을 대신 설계해주는 장치가 될 수 있습니다.

다만, 이 경우에도 무작정 '글쓰기 잘하게 하려는 학원'보다는 아이의 수준과 감정에 맞춰 글을 편하게 쓰는 것으로 시작하는 수업을 선택하셔야 해요. 특히 저학년 아이의 경우, 학원 수업이 오히려 글쓰기에 대한 거부감으로 이어질 수 있기 때문에 중학년(3~4학년) 이상부터 천천히 고려하길 권합니다. 논술학원은 선택일 뿐, 정답은 아닙니다. 아이의 성향과 가정의 환경을 기준으로 판단하는 것이 가장 지혜로운 길임을 기억해주세요.

발표는 재능이 아니라 경험입니다

공개수업에 가서 아이를 보다 보면 그 짧은 시간 동안 오만 가지 생각이 스칩니다. 발표를 잘하면 잘하는 대로, 혹시라도 실수하거나 소극적인 모습을 보이는 대로 마음에 걸립니다. 옆자리 아이가 손을 들고 또박또박 발표하기라도 하면 내 아이는 왜 저러지 싶은 생각이 고개를 듭니다. 그 아이의 모습이 커다란 확대경으로 보이면서 내 아이는 작게, 더 작게 느껴집니다.

그럴 때 부모로서 속상한 감정을 꾹 참는 일이 참 어렵습니다. 왜 말도 제대로 못 하냐며 다그치고 싶은 마음이 올라올 수도 있지요.

하지만 그 마음은 허벅지를 찌르면서라도 참아야 해요. **발표는 단지 지식을 꺼내는 일이 아니라 '사람들 앞에 선다는 두려움'을 이겨내는 감정의 일이거든요.** 특히 내성적인 아이에게 발표는 용기와 시간이 동시에 필요한 과제예요. 집에서는 종알종알 잘 말해도 친구들 앞에서 말문이 꽉 막히는 건 전혀 이상한 일이 아닙니다.

아이의 심정은 어떨까요. 친구들이 척척 손을 들고 발표하며 칭찬받는 모습을 지켜보는 아이 마음속엔 말 못 할 부러움이 차오릅니다. 손을 들까 말까 백 번쯤 망설이다가 식은땀이 나는 그 경험, 우리도 해본 적 있지 않나요? 그런 아이에게 '집에서는 말만 시끄럽게 잘하면서 왜 학교에서는 말을 못 하니'라는 말은 의미가 없어요. 아쉽지만 발표는 연습한다고 바로 되는 일이 아니고, 다그칠수록 더 멀어지는 능력이기도 하거든요. 발표가 무서워 학교 가기 싫다는 말, 생각보다 많은 아이가 삼키고 있습니다.

공개수업에서 움츠러든 아이의 모습을 보셨거나, 상담 시간에 '조금 소극적이에요'라는 말을 들으셨다면 부모가 해줄 수 있는 한 가지 일을 추가로 떠안으셨다고 생각해 주세요. 바로 아이와 함께 말하기의 장벽을 조금씩 허물어주는 것입니다. 특별한 훈련이 필요한 건 아니에요. 오늘 있었던 일 중 가장 웃겼던 일, 속상했던 일, 민망했던 일을 엄마 아빠가 한 가지씩 먼저 이야기해보는 것으로 충분합니다. '아, 별일 아니어도 말해도 되는구나', '아빠는 이렇게 말하네' 이런 생각과 함께 아이는 그걸 보고 들으며 자연스럽게 배웁니다.

발표는 누군가 내 이야기를 들어준다는 경험에서 시작됩니다. 집에서 '아, 그랬구나', '그래서 네가 속상했구나'라는 반응을 들으며 자란 아이는 교실에서도 자연스럽게 자기의 생각을 표현하기 시작합니다. 그 표현의 시작은 아이마다 자기만의 속도로 트입니다. 그리고 한번 용기를 내면 그다음엔 훨씬 쉽게 이어집니다. 중요한 건 그 속도를 부모가 인정해주는 거예요. 잘하지 않아도 괜찮다고, 너의 이야기를 충분히 듣고 싶다고 말해주세요.

경청도 연습이 필요합니다

아이의 의견을 존중하고 어떤 선택이든 아이의 의사를 먼저 묻는 대화 분위기. 요즘 많은 가정에서 이런 태도를 실천하고 계시죠. 아이들이 질문을 하면 부모는 대부분 하던 일을 멈추고 곧장 대답해줍니다. 아이가 스스로 생각하고 말할 수 있도록 해주는 이런 환경은 자기 표현력과 결정력을 키우는 데 큰 힘이 됩니다. 부모의 사랑이자 존중의 표현 덕분에 말이죠.

그런데 아이 입장에서 보면 늘 대화 속에서 자기 질문이 먼저 받아들여지니 '상대의 말을 기다리는 경험'이 부족합니다. 그렇게 자란 아이는 무의식 속에 자신의 말은 중요하지만, 상대의 말은 덜 중요하다는 메시지를 품고 교실로 들어가게 되죠. 이 과정에서 조용히 사라지고 있는 중요한 능력이 바로, '경청'입니다. 잘 말하는 연습은 많이 하지만 잘 듣는 연습은 놓치기 쉬운 시대입니다.

수업 시간 중 선생님의 설명이 끝나기 전에 불쑥 질문하는 아이, 친구의 말을 중간에 자르고 자기가 하고 싶은 말을 먼저 던지는 아이, 누가 무슨 얘기만 하면 "나도! 나 그거 알아!" 하고 덧붙이는 아이. 초등 교실에서 흔히 볼 수 있는 풍경입니다. 이 아이들이 결코 예의가 없어서 그런 게 아닙니다. '경청'이라는 태도를 훈련 받지 못했을 뿐입니다.

경청은 단순히 예절의 문제가 아니라 관계의 기본기입니다. 잘 듣는 아이는 친구를 사귀는 데에도, 선생님과의 소통에서도, 나아가 토론과 면접 같은 중고등 학습 상황에서도 단단한 기반을 갖게 됩니다. 말하기보다 듣기가 먼저입니다. 아이가 자기 말에 귀 기울여주는 부모의 태도를 충분히 경험했다면, 언젠가 아이도 다른 사람의 말에 자연스럽게 귀 기울일 줄 아는 사람으로 성장할 거예요. 듣는 힘은 말하는 힘보다 천천히 자라지만, 훨씬 오래 갑니다.

그래서 중요한 건 가정에서 '기다리는 말하기'와 '듣는 자세'를 자연스럽게 익히게 해주는 것입니다. 예를 들어, 어른들끼리 대화를 나누고 있을 때 아이가 끼어들려 한다면 '지금 아빠랑 이야기 중이야. 조금만 기다려줄래?' 하고 부드럽지만 분명하게 알려주는 것만으로도 큰 연습이 됩니다. 또는 아이가 뭔가 이야기하고 싶어 할 때 '먼저 너의 이야기부터 듣고, 그다음에 엄마 얘기할게'하고 순서를 정해주는 방식도 좋습니다. 아이는 그렇게 대화에 질서가 있다는 것, 기다리는 것도 존중의 한 형태라는 것을 체득하게 됩니다.

토론, 논리보다 '안전한 말하기' 먼저

초등학교 국어 교과서에서 본격적으로 '토론'이라는 단어가 등장하는 시기는 5학년입니다. 이는 아이들의 인지 발달과 깊은 관련이 있습니다. 5학년 정도가 되면 아이들은 자기중심적인 사고에서 조금씩 벗어나기 시작합니다. 타인의 입장과 논리를 고려하는 '탈중심적 사고'가 가능해지는 시기이기 때문이죠. 물론 3~4학년 교과에도 '생각 나누기'나 '의견 말하기' 같은 활동이 있지만, 이것은 '토의' 수준의 말하기이지 논리 구조를 갖춘 토론은 아닙니다.

그래서 토론을 너무 이르게 시작하면 오히려 아이에게 부정적인 기억을 남기기 쉽습니다. 발달 단계상 논리적 근거를 구성하기 어려운 저학년 아이들에게 토론 수업을 시켜보면 결국엔 말싸움처럼 흐르거나 감정만 상하고 끝나는 경우가 많습니다. 표현력과 사회성이 자랄 것이라는 기대와 달리, 아이는 자기도 모르게 '나는 토론을 잘 못 해', '말하는 게 어려워'라는 낙인을 안고 돌아서게 될 수 있어요.

토론은 읽고, 생각하고, 글로 써보고, 말로 표현하는 훈련의 집약판입니다. 따라서 고학년이 되어 학교 수업이나 독서 활동을 통해 자신만의 생각을 갖고 표현하는 재미를 느끼기 시작한 아이에게는 토론이 강력한 성장 기제가 됩니다. 특히 학급 단위의 전체 토론은 시간이나 인원상 깊이 있는 진행이 어렵기 때문에 아이가 관심을 보인다면 소규모 그룹 토론이나 토론 캠프, 동아리 활동 등으로 확장해보는 것도 좋습니다.

평소 발표에 대한 두려움이 있는 아이, 자기표현이 익숙하지 않은 아이에게는 토론 수업이 스트레스가 되기도 해요. 이럴 때 가장 좋은 방법은 가족이 함께하는 '가정 토론'입니다. 또래 친구들과는 달리 부모는 아이의 논리를 다그치지 않고 기다려줄 수 있는 유연한 상대이기 때문에 아이가 말하기에 훨씬 안전하다고 느낍니다. 아직 자기중심적 사고가 남아 있는 저학년 아이에게도 부드럽게 논리적 사고의 기초를 쌓아주는 데 효과적입니다.

가정 토론은 어렵게 시작할 필요 없습니다. 한 달에 한 번, 일주일에 한 번이라도 아이와 마주 앉아 '요즘 네가 궁금한 것, 화났던 일, 억울했던 일'을 이야기로 풀어보는 것부터 시작해보세요. 자연스럽게 의견이 오가다 보면 어느새 한 가지 주제로 입장을 나눠보는 '토론'으로 확장됩니다. 아이의 일상과 연결된 주제를 고르고, 정답이 정해지지 않은 열린 질문을 중심으로 대화를 이끌어보세요.

가정 토론 주제 예시

- 초등학생이 스마트폰을 사용하는 건 괜찮을까?
- 초등학생이 화장해도 될까?
- 친구와 다툰 날, 먼저 사과해야 할까?
- 초등학생에게 선행학습은 꼭 필요할까?
- 시험은 왜 필요할까? 시험 없이도 공부가 가능할까?
- 유튜버와 인플루언서는 좋은 직업일까?
- AI 로봇이 선생님을 대신해도 괜찮을까?
- 공휴일이 너무 많아지면 안 되는 이유가 있을까?
- 홍길동처럼 가난한 사람을 위해 도둑질하는 건 나쁜 일일까?

02 독서

입시 결과를 좌우하는 결정적 차이

* 초등 공부 키워드: 초등 독서의 중요성 | 독서 적정 시간 | 독서 환경 | 학습만화 | 독서 기록 방법 | 디지털 콘텐츠 활용

꾸준히 읽은 아이가 이깁니다

초등 매일 공부의 힘을 키우기 위해 가장 중요한 한 가지를 꼽으라면 단연 독서입니다. 하지만 문제는 다들 중요하다는 걸 알면서도 실천이 어렵다는 데 있습니다. 학원 다니랴, 숙제하랴, 문제집 풀랴……. 하루가 바쁘게 지나가다 보면 책 읽는 시간은 점점 더 뒷전으로 밀리곤 하지요. 많은 초등 부모가 '책 읽는 게 좋은 건 알지만 요즘 워낙 할 게 많아서 독서를 꾸준히 하기가 힘들어요'라는 하소연을 합니다.

하지만 직설적으로 말씀드리자면 독서할 시간이 없을 정도로 바쁘다는 건 아이의 일정에 문제가 있는 겁니다. 초등 시절 내내 올백을 놓치지 않았던 아이도 독서량이 부족해 중고등에 가서 뒤처지는 경우를 자주 봅니다. 이런 흐름을 눈치챈 경험 많은 초등학교 선생님들이 자신의 자녀에게 문제집보다 독서를 더 열심히 챙겨주는 모습도 오랜 시간 지켜보았습니다.

초등 시기에 성적에 도움될 일정을 추가한다면 진짜 우선순위는 독서 시간을 확보하는 것입니다. 독서를 먼저 챙기고 난 다음에 숙제와 문제집을 추가해도 늦지 않습니다. 독서가 만들어준 논리력, 사고력, 문해력이라는 힘은 사교육으로 얻을 수 없는 입시 체력의 원천입니다. 입시에서는 결국 스스로 버티는 아이가 이기는데, 그 아이의 내면을 지탱해주는 뿌리가 바로 독서입니다.

독서는 국어의 한 영역이기도 하지만 초등 시기에는 그 어떤 과목보다 중요하고 비중이 높은 공부의 근육입니다. 국어 지문을 잘 읽고, 사회·과학 개념을 스스로 이해하고, 긴 글을 쓰고 발표하고 토론하는 힘 모두가 독서에서 시작됩니다. 그래서 국어 과목과 별개로 독서를 좀 더 깊이 있게 다루어드리려 합니다. '언제부터, 어떻게, 무엇을, 얼마나' 읽으면 좋을지 하나씩 살펴보겠습니다.

 **초등 독서 적정 시간**

초등학생의 하루 독서 시간, 어느 정도가 적당할까요? 학년과 상관없이 매일 최소 30분, 가능하다면 그 이상을 권합니다. 아직 책 읽는 습관이 충분히 자리 잡지 않았다면 평일 10분 독서부터 시작해도 좋습니다. 중요한 건 '얼마나 길게 읽었느냐'보다 '얼마나 꾸준히 읽고 있느냐'입니다. 주말, 방학, 명절 같은 특별한 날에도 꾸준히 책을 읽는 아이는 이미 '책과 친구가 된 아이'라고 봐도 무방합니다.

아직 읽기 독립이 되지 않은 아이는 부모가 함께 책을 읽어주는 시간이 필요합니다. 부모가 읽어주고, 함께 그림을 보며 이야기하고, 한 문장을 따라 읽게 하는 것 자체가 이미 훌륭한 독서입니다. 스스로 책을 읽을 수 있는 아이도 처음에는 10분, 15분 단위로 시간을 나누어 차근차근 집중 시간을 늘려가세요. 처음부터 시간을 채우지 못한다고 조급해할 필요는 없습니다. 독서 근육도 체력과 같아서 노력한 만큼 천천히 자라납니다.

점점 더 많은 아이가 책을 좋아하더라도 스마트폰 앞에서는 무너집니다. 당연하죠. 아이들은 언제나 책보다 자극적인 것을 선택하고 싶어 하니까요. 그래서 오히려 책 읽는 시간은 가족 전체가 함께 지켜야 할 '가족의 시간'으로 정해두는 것이 좋습니다. 예를 들어, 저녁 8시부터 8시 30분은 모두가 조용히 책을 읽는 '우리 집 독서 타임'

으로 정하면 아이에게도 자연스럽게 루틴이 만들어집니다. 이때 책을 다 읽은 후 간단한 이야기를 나누거나 좋아하는 간식, 칭찬 스티커 등으로 독서 시간에 대한 긍정적인 기억을 심어주는 것도 큰 도움이 됩니다.

방과 후 일정이 날마다 다르므로 융통성도 필요합니다. 어떤 날은 20분밖에 시간이 없고, 어떤 날은 한 시간도 가능할 수 있어요. 그럴수록 하루 최소 30분, 주말 포함 총 독서 시간 3~4시간 이상을 기준으로 두고 아이와 함께 조율해보세요.

학교 도서관이나 지역 도서관도 훌륭한 독서 공간입니다. '도서관에 가면 학습만화만 봐요'라고 걱정하시는 분도 많지만, 학습만화를 발판 삼아 도서관이라는 공간에 익숙해지는 것만으로도 절반은 성공입니다. 도서관은 책을 사랑하는 아이가 되는 가장 쉬운 길이에요.

책가방에 아이가 좋아하는 책을 챙겨주는 것도 좋은 습관입니다. 교실에서는 개별 활동이 끝난 뒤 책을 읽는 시간이 종종 주어지기 때문에 이 시간을 잘 활용하면 하루 30분 이상의 독서량은 자연스럽게 확보됩니다.

안 읽는 아이? 거실을 점검해보세요

거실에 늘 텔레비전 소리가 들리고 스마트폰 사용이 자유롭다면 아이는 굳이 책을 찾지 않습니다. 책보다 더 쉽고 빠르게 자극을 주는 즐길 거리가 언제든 손에 닿는데, 굳이 더 어려운 활동인 독서에 집중하려 할까요? 방에 들어가 책 읽으라 해놓고 부모는 거실에서 유튜브를 보거나 스마트폰을 만지고 있다면 과연 아이 혼자 책에 집중할 수 있을까요? 아이에게 책을 권하기 전에 먼저 거실에서 '**책을 읽어도 어색하지 않은 분위기**'를 만들어주세요.

그렇다고 모든 전자기기를 끄고 금지하라는 뜻은 아닙니다. 텔레비전도, 유튜브도, 게임도 때로 필요한 휴식일 수 있어요. 다만 아이가 책을 읽는 시간만큼은 가족 모두가 함께 조용히 머무는 시간으로 지키려는 노력이 필요하다는 의미에요. 처음엔 어색하고 불편하게 느껴질 수 있지만 며칠만 지나도 아이는 분위기를 알아채고 자연스레 책을 꺼내 듭니다. 독서 습관은 하루아침에 만들어지지 않기 때문에 가족이 함께 만드는 조용한 환경이 가장 강력한 독서 훈련장이 됩니다.

또 하나, **책을 좋아하는 아이로 키우기 위해 부모는 아이의 독서 취향을 존중해야 합니다.** 부모가 추천하는 전집, 필독서가 아무리 훌륭해도 아이가 흥미를 느끼지 못한다면 책과 더 멀어지게 될 수 있어요. 책이 수십 권 있어도 친구가 가져온 한 권의 흥미로운 단행본에 반응하며 '나도 그 책 빌려줘' 하는 아이들을 교실에서 매년 봐왔습니다. 책을 고르는 과정, 읽고 싶은 책을 스스로 선택하는 경험이 독서를 편안하게 느끼도록 돕는 비결이랍니다.

책을 좋아하게 된 아이는 '책을 많이 읽은 아이'가 아니라, '딱 맞는 책을 발견해 재미를 느낀 아이'입니다. 자기 눈높이에 맞는 책을 스스로 골라 읽고, 그 안에서 재미나 감정을 느끼는 경험은 책과 친해지는 첫걸음이에요. 도서관이나 서점에서 아이가 충분히 머물며 이것저것 펼쳐보고 끌리는 책 한 권을 고르게 해보세요. 그렇게 스스로 고른 책은 시키지 않아도 읽게 되고, 읽고 나면 '다음엔 뭘 읽을까?' 하는 기대가 생깁니다.

학습만화, 독서의 마중물이 됩니다

책을 좋아하는 아이를 둔 부모라도 한 가지 고민은 늘 따라오는데요, 바로 '학습만화, 이대로 두어도 괜찮을까?'입니다. 글로 된 책은 금세 지루해하고 덮어버리면서도 학습만화만큼은 시간 가는 줄 모르고 집중하는 아이의 모습을 보면 흐뭇하면서도 불안한 마음이 동시에 밀려옵니다.

그럴 땐 떠올려 보세요. 책을 혼자 읽는 걸 어려워하던 아이가 만화책만큼은 스스로 읽겠다고 들고 오는 모습. 글밥이 많고 어려운 책은 도와달라고 하면서도 만화책 앞에서는 어떻게든 읽어보려고 애쓰는 모습. 아마 초등 부모라면 이런 장면을 본 적 있을 거예요.

그만큼 만화책은 '읽기 독립'을 돕는 데에 꽤 유용한 도구가 되어준답니다.

요즘 학습만화는 과학, 역사, 수학, 경제, 환경, 심리 등 생각보다 다양한 주제와 전문적인 정보를 다루고 있어요. 글 책이었다면 진입조차 어려웠을 개념을 아이들은 만화책 덕분에 "그거 알아! 나 책에서 봤어!" 하고 자신 있게 말하곤 합니다.

다만, 언제까지나 만화책에만 머물게 둘 순 없지요. 고학년이 되었는데도 여전히 만화책만 고집한다면 지금껏 글 책에서 재미와 몰입을 경험해본 적이 없기 때문일 수 있어요. 이럴 땐 "이제 만화책은 그만 봐!"라는 말보다, '더 재미있는 책'을 골라 제안해주는 쪽이 훨씬 효과적입니다. 어른도 재미없는 책은 못 읽습니다. 아이는 더더욱 그렇지요. 아이가 만약 '공룡 만화'를 좋아한다면 공룡에 관한 글 책, '마법 이야기'를 좋아한다면 판타지 동화로 연결해보세요. "이건 만화책은 아니지만 네가 좋아하는 이야기가 들어 있어"라고 살짝 권해보는 겁니다. 바로 반응하지 않더라도, 눈에 잘 띄는 곳에 살짝 두기만 해도 좋아요. 읽고 싶은 자극을 시각적으로 주는 것, 이것도 부모가 해줄 수 있는 다정한 전략입니다.

 독서록, 이렇게 지속해보세요

책을 읽는 즐거움도 크지만 '내가 이만큼 읽었구나!' 하고 눈으로 확인할 수 있을 때 아이의 성취감은 훨씬 더 커집니다. 그냥 '열심히 읽었다'라는 막연한 느낌보다, 실제로 남은 기록이 아이 스스로 뿌듯함을 느끼게 하거든요. 기록은 '열심히 한 나'를 눈에 보이게 만드는 도구입니다. <u>독서 기록을 통해 아이가 자신을 신뢰하는 힘을 기르게 도와주세요.</u> 거창하지 않아도 괜찮아요. 일상에서 자연스럽게 이어갈 수 있는 독서 기록 방법을 소개할게요.

1) 한 해 동안 읽은 책 목록을 한 곳에 모으기

읽은 책의 제목과 날짜, 작가 이름만 써도 멋진 리스트가 됩니다. 아이와 '올해의 책' 노트를 만들어 보세요. 리스트에 책 한 권 한 권이 쌓이면서 아이 스스로 '나, 생각보다 많이 읽었네?' 하고 느끼게 돼요. 일정 권수에 도달하면 스티커나 간단한 선물 같은 작은 보상을 주는 것도 아이에게 큰 동기 부여가 되죠.

2) 블로그나 카페에 간단히 기록하기

읽은 책의 제목을 글 제목으로, 인상 깊은 한 문장을 글 내용으로 쓰게 해보세요. 이렇게만 해도 멋진 독서 기록 한 편이 됩니다. 글을 길게 쓰라고 하면 부담스러워서 금방 포기할 수 있어요. 오히려 '5분이면 끝나는 기록'을 목표로 하면 훨씬 오래 갑니다. 글 제목에 번호를 붙여 보세요. 책을 읽고 기록할수록 숫자가 늘어나고, 그 숫자가 아이의 자부심이 되기도 해요. 사진이나 그림을 함께 올리면 더 생생한 독서 포트폴리오가 완성되죠. 타자 연습도 되고, 나중에 영어책으로 확장하기도 쉬워서 1~2학년부터 천천히 시도해 볼만해요.

3) 유튜브에 영상으로 남기기

아이들이 좋아하는 유튜브를 독서의 동반자로 삼아보는 건 어떨까요? 책 제목을 말하는 10초짜리 영상도 훌륭한 기록입니다. 책 속 가장 재미있었던 장면이나 느낀 점도 함께 이야기하면 말하기 훈련도 함께 되는 일석이조 활동이죠. 영상 노출이 걱정된다면 비공개로 설정하거나 부모 계정에서 관리하면 부담 없이 운영할 수 있어요. 사진 찍히는 걸 좋아하거나 영상 놀이에 흥미를 보이는 아이에게는 특히 효과적이에요.

책을 좋아해도 독서록 작성은 막막하다는 아이들이 많습니다. 어떤 해에는 일주일에 두세 편씩 과제를 받아오기도 하는데, 마감 전날

부랴부랴 쓰는 경우가 대부분이죠. 억지로 쓰는 독서록은 시간 낭비처럼 느껴질 수 있지만, 접근 방식을 바꾸면 글쓰기 훈련과 독서 습관 형성에 큰 도움이 됩니다. 부모가 도와주며 시작하되, 아이가 '어? 이 정도면 나도 할 수 있네?' 하는 경험을 하게 하는 것이 중요해요.

1) 책 속 문장 고르기

아이에게 책을 읽은 느낌을 적어보라는 말은 너무 막연할 수 있어요. 대신, 책 속에서 가장 인상 깊었던 문장 하나를 골라 적게 해보세요. 그리고 왜 그 문장이 좋았는지, 어떤 장면에서 나왔는지를 간단히 덧붙이게 하는 거예요. 분량이 부족하면 두 번째, 세 번째 문장도 같은 방식으로 확장해보세요. 비어있던 공책이 어느새 채워집니다.

2) 책 제목 다시 짓기

제목은 책의 인상을 좌우합니다. 아이에게 "네가 이 책의 제목을 다시 지을 수 있다면?" 하고 묻고, 그 이유까지 쓰도록 해보세요. 이유가 짧다면 제목을 두세 개 더 떠올려 보게 하면 자연스레 분량도 늘고 사고력도 자랍니다. 이런 훈련은 나중에 글의 중심 생각을 파악하고 정리하는 데도 큰 도움이 돼요.

3) 어휘 사전 만들기 + 짧은 문장 쓰기

책 속에서 처음 본 단어, 익숙하지만 뜻을 정확히 모르는 단어를 찾아 정리하도록 해보세요. 뜻을 사전에서 찾아 적고, 그 단어로 짧은 문장을 만들어보는 겁니다. 처음엔 부모가 문장 예시를 보여줘도 좋아요. 단어 3~5개로도 충분히 독서록 한 편이 됩니다. 이 활동은 글쓰기가 부담스러운 아이들에게 특히 잘 맞고, 어휘력도 함께 키워줍니다.

전자책, 오디오북, 비디오북 활용하기

많은 부모가 '전자책이나 오디오북은 종이책보다 덜 가치 있는 건 아닐까?' 걱정하곤 합니다. 하지만 요즘 아이들에게 디지털 콘텐츠는 이미 생활의 일부예요. 거부하거나 죄책감을 느끼기보다는, 아이와 독서를 연결할 수 있는 다양한 통로 중 하나로 활용하는 게 더 현명할 수 있습니다. **중요한 건 '무엇으로 읽느냐'보다 '얼마나 즐겁게, 얼마나 자주 이야기와 만나느냐'입니다.** 책에 대한 호기심이 생기고, 읽는 재미를 느낄 수 있다면 전자책도, 오디오북도 훌륭한 독서 도구가 될 수 있어요.

1) 전자책, 부담 없이 책과 친해질 수 있는 도구

　전자책은 종이책보다 접근성이 좋고 휴대가 간편하다는 장점이 있습니다. 특히 글씨 크기를 조절할 수 있고, 필요한 경우 음성 낭독 기능을 켤 수도 있어요. 아이가 글자에 대한 부담 없이 내용을 따라가는 데 도움이 되죠. 특히 영어 동화책을 전자책으로 접하면 반복 청취나 따라 읽기 기능을 함께 활용할 수 있어 언어 학습에도 유익합니다. 부모와 함께 전자책 앱을 정기적으로 둘러보며 '이번 주엔 어떤 책 읽어볼까?' 하는 대화를 나누는 것도 아이의 책 선택력을 키워주는 좋은 기회가 됩니다.

2) 오디오북, 귀로 듣는 상상의 즐거움

　혼자 읽는 것이 아직 익숙하지 않은 아이에게 오디오북은 책과 친해지는 좋은 방법입니다. 전문 성우가 읽어주는 책은 마치 라디오 드라마를 듣는 듯한 재미를 주고, 상상력과 집중력을 키워줍니다. 특히 잠자기 전, 장거리 이동 중, 산책 중 등 책을 펼치기 어려운 상황에서도 자연스럽게 이야기와 연결될 수 있어요. 처음엔 어색해할 수도 있지만, 반복 노출되면 아이 스스로 찾는 날이 올 거예요. 책을 싫어하던 아이가 오디오북은 웃으며 듣는 모습, 교실에서도 참 많이 보았답니다.

3) 비디오북, 영상 시대 아이들에게 맞춤 독서

영상에 익숙한 요즘 아이들에게는 비디오북이 더 쉬운 입문서가 될 수 있어요. 단순히 화면을 보는 것이 아니라, 들으면서 내용을 따라가고 그림과 문장을 함께 보는 과정이 책 읽기와 자연스럽게 연결됩니다. 특히 초등 저학년에게 효과적이며, 영어 비디오북의 경우 반복되는 문장 구조를 통해 언어 감각까지 익힐 수 있죠. 단, 자동 재생으로 이어지는 콘텐츠에 너무 오래 방치되지 않도록 부모가 플레이리스트를 미리 설정하거나 함께 보는 습관을 들여주세요.

그래도 결국은, 종이책입니다.
전자책도 오디오북도 비디오북도 모두 훌륭한 도구이지만, 결국 독서의 깊이는 종이책에서 가장 잘 쌓입니다. 종이책을 직접 펼치고, 문장을 되새기며 읽는 경험은 글쓰기, 사고력, 집중력의 기초가 되거든요. **디지털 매체는 독서로 가는 징검다리 역할로 활용하되, 종이책을 꾸준히 읽는 습관은 반드시 함께 만들어가야 합니다.** 아이에게 독서의 중심이 '책장 넘기는 즐거움'으로 자리잡힐 수 있도록, 다양한 매체를 활용하되 종이책의 자리를 지켜주세요.

 **수학**

하루 한 쪽부터 차근차근

* 초등 공부 키워드: 초등 수학의 중요성 | 복습 | 연산 | 단원평가 | 심화 학습 | 사고력 수학 | 선행학습

 ## 수학의 중요성이 강조되는 입시 흐름

요즘 입시에서 수학의 위상은 그야말로 독보적입니다. 주요 대학의 정시·수시 모두 수학의 영향력이 커졌고, 변별력을 만드는 과목으로 떠오르면서 부모들의 관심도 집중되고 있죠. '수포자(수학 포기자)'라는 단어가 생겨난 지는 꽤 오래이지만 이제는 수학으로 대입 결과가 갈린다는 말이 현실이 되고 보니, 초등부터 수학의 흐름을 놓치지 말아야 한다는 압박도 그만큼 커졌습니다.

그런 흐름 속에서 초등 수학은 점점 더 세분화되고 체계화되어가고 있습니다. 특히 고학년으로 갈수록 영어보다 수학의 비중이 커지면서, 사교육 시장도 빠르게 반응하고 있어요. 수학 사교육의 선택지가 늘어날수록 어떤 방향으로 가야 할지 결정하는 일은 점점 더 어려워지고 있는 것이 현실이랍니다.

초등에서의 수학은 연산 중심으로 출발했다가 심화 문제로 전환되는 3~4학년 시기부터 많은 아이가 벽을 느끼기 시작합니다. 이과형 사고력이 자연스럽게 발달한 일부 아이들은 "수학이 제일 재밌어요!"라고 말하기도 하지만 이런 아이들은 극히 소수입니다. 대부분은 심화 문제의 긴 문장을 읽는 것조차 버거워하고 문제를 풀기 전부터 포기해버립니다. 수학은 연산만 잘하면 된다는 착각 속에 한참을 보내다가 어느 순간 수학이 낯설고 무서운 과목으로 변해 있는 거예요.

안타까운 건 수학을 포기했다고 말하는 초등 아이들이 점점 더 많아지고 있다는 사실입니다. 하지만 아이들은 이 마음을 집에서는 잘 꺼내지 않아요. 솔직히 털어놨다간 혼날까 봐, '네가 못 하는 거다'라는 말을 들을까 봐 꾹 참고 있는 거죠. 수학이 싫어졌다는 마음을 너무 늦게 알아차리는 일이 없도록 부모의 관찰과 태도 변화가 중요해졌습니다. 입시 흐름이 수학 중심으로 강화되는 지금, 초등 시기 수학에 대한 경험은 중고등 수학의 첫인상을 결정합니다. 아직 늦지 않았습니다.

복습, 수학 자신감이 시작되는 시간

교실 속 수학 수업의 흐름은 대부분 비슷한 패턴을 따릅니다. 새로운 개념을 배운 뒤, 교과서에 있는 기본 문제를 함께 풀고, 이어서 수학익힘책 문제로 개념 활용 능력을 점검하죠. 이 시기의 수학을 포기하지 않기 위한 가장 확실한 방법은 바로 복습입니다. 수업 과정을 그냥 흘려보내지 않고, 집에서 다시 한번 '나 혼자' 해보는 연습을 하는 것이 복습의 핵심입니다.

학원 진도, 문제집 진도보다 '학교 진도'에 맞춰 복습하는 게 수학을 놓치지 않는 가장 기본이자 중요한 전략이에요. 특별한 비법도, 고난도 문제 풀이도 아니에요. 오늘 배운 내용을 오늘 혹은 그 주 안에 다시 살펴보는 것, 그게 바로 수학의 기초 체력을 키우는 일입니다. 간단해 보이지만 이 꾸준한 복습이 쌓이면 어느 순간부터 수학이 '어렵고 낯선 것'에서 '조금은 익숙한 것'으로 바뀌기 시작합니다.

복습은 아이가 자신감을 느끼게 해주는 좋은 수단입니다. 수업 시간에는 잘 이해한 것 같았는데 막상 집에 와서 문제를 풀어보려니 막히는 순간이 있잖아요. 그때 부모는 조급해하지 말고 아이가 다시 책을 펼치고 개념을 읽어보며 스스로 정리하도록 유도해보세요. "아, 이런 거였지!" 하고 다시 이해되는 순간이 바로 아이의 '실력'이 되는 순간입니다.

특히 초등 수학은 학교 수업을 중심에 두고 복습을 쌓아가면 중고등 수학으로 넘어갈 때도 탄탄한 기반이 됩니다. 심화나 선행보다도 '교과 개념을 정확히 이해하고 내 것으로 만드는 것'이 더 중요해요. 매끄럽게 척척 못 푸는 문제는 깨끗하게 지우고 다시 생각해볼 기회를 주세요. 이것도 못 푸느냐고, 수업 시간에 설명 안 듣고 뭐 했느냐고, 정신 똑바로 안 차리느냐고 호통친다고 해서 꽉 막힌 문제가 갑자기 풀리지 않습니다. 할 수 있을 거라고 격려하고 응원하고 살짝씩 힌트 주면서 천천히 가는 겁니다.

틀린 문제는 다시 짚어 풀어보고, 결국 해결한 문제들에는 잘했다고 동그라미 팍팍 날려주세요. 그렇게 매일 꾸준히 하다 보면 자연스럽게 실력이 늡니다. 부모가 도와줄 수 있는 가장 좋은 방식은 복잡한 해설이 아니라, 복습할 수 있는 환경과 습관을 만들어주는 것이에요. 하루 10분, 그날 배운 수학 개념을 다시 보며 간단한 문제 몇 개만 풀어도 충분합니다. 매일 그렇게 쌓이는 10분이 결국 아이를 수학 앞에서 '겁먹지 않는 아이'로 자라게 해줄 거예요. 복습은 빠르게 가기 위한 발판이 아니라 멀리 가기 위한 단단한 디딤돌입니다.

연산, 매일 조금씩이 지름길

연산 문제집만 보면 지루해하거나 실수투성이 연산 결과에도 당당한 아이의 모습을 보면 부모는 당황스럽기 마련입니다. 게다가 주변에서 '이젠 연산보다 사고력이나 선행이 중요하다'라는 말을 들으면, 연산 공부를 지속해야 하는 건지 혼란스러워지죠. 하지만 초등 시기의 연산 훈련은 수학 자신감을 지키는 가장 기본이자 중고등 수학으로 이어지는 준비 운동과도 같습니다.

연산은 하루아침에 실력이 오르지 않아요. 대신 매일의 작은 성취가 아이의 수학 자신감을 키워줍니다. 연산 훈련은 수학이라는 언어를 익히는 가장 기초적인 대화 연습이에요. 이 작은 대화를 매일 이어가다 보면, 어느새 아이는 수학이라는 세계와 친해져 있을 거예요.

연산은 '많이'가 아니라 '꾸준히'가 중요합니다. 하루 한 쪽, 많아야 30문제 정도로 가볍게 시작하세요. 아이가 "벌써 끝이야?" 하고 아쉬워할 정도의 양이 오히려 오래 갑니다. 문제집도 아이가 직접 고르게 하면 애정을 더 갖게 되죠. 잘 따라온다고 해서 갑자기 두 배로 늘리지 마세요. 아이가 "더 하고 싶다"라고 말할 때까지 기다리는 게 핵심이에요.

연산 훈련에서 속도보다 중요한 건 '정확도'입니다. 틀리면서 빨리 푸는 습관은 시험 실수로 이어질 수 있어요. 먼저 매일 백 점을 목표로 정확한 풀이 연습부터 충분히 하고, 이후에 스톱워치로 시간 재기 훈련을 더해보세요. 공부를 게임처럼 느끼게 해주면 아이는 자연스럽게 도전하고 성장합니다.

연산은 저학년 아이도 스스로 채점하기에 좋은 과목입니다. 문제를 푼 뒤 바로 채점하고, 틀린 문제는 별표로 표시해 다시 풀도록 해주세요. 점수 기록을 그래프나 스티커로 시각화하면 재미도 추가됩니다. 때로는 계산기로 채점해보세요. 아이들에게는 게임처럼 느껴져 흥미를 회복하는 데 효과적이에요.

단원평가, 이렇게 대비하세요

초등 수학 단원평가는 출제 범위와 난이도가 명확합니다. 대부분 수학 교과서의 보조교재인 수학익힘책 수준을 크게 벗어나지 않아요. 그만큼 공부 방향이 분명하다는 뜻입니다. 어렵고 복잡한 문제집을 찾아 헤매기보다, 수업 시간에 다룬 개념을 수학익힘책으로 한 번 더 확인하는 복습 중심의 공부가 훨씬 효과적입니다. 평가에서 나오는 응용 문항도 이미 익힘책 속에서 경험한 유형인 경우가 많죠.

그래서 단원평가 준비의 최우선 전략은 수학익힘책 속 문제 완전 정복입니다. 문제 수는 많지 않지만, 한 문제, 한 개념이 시험의 뼈대가 됩니다. 아이 혼자 풀어보게 하고, 모르는 문제는 다시 교과서 개념으로 돌아가 짚어주세요. 특히 서술형 문항은 답을 맞히는 것보다도 '어떤 식으로 설명하는 게 좋은지'를 함께 말해보며 연습하면 효과적입니다. 이 과정에서 수학적 사고력은 차곡차곡 쌓입니다.

수학 단원평가에서 자주 놓치는 가장 큰 복병, 연산 실수입니다. 개념도 알고, 문제도 이해했는데 연산을 잘못해서 틀리는 경우가 정말 많습니다. 특히 쉬운 문제일수록 '이건 금방 끝내야지' 하는 마음에 대충 풀어놓고는 점검하지 않아 실수가 발생하곤 하죠. 점수를 올리는 가장 현실적인 방법은 '연산 실수 줄이기'입니다. 평소 연산 훈련을 꾸준히 하며 정확도를 높이고, 다 푼 시험지를 처음부터 다시 읽는 습관을 길러주세요.

혹시 아이가 "이건 다 아는 건데 실수해서 틀린 거예요. 백 점이나 다름없어요"라고 말한다면, 그 말이 얼마나 위험한 신호인지 짚어 봐야 합니다. '알고 있어도 틀릴 수 있다'라는 감각이 무뎌지면, 비슷한 실수가 반복되기 마련이에요. **단원평가는 아이의 개념 이해와 학습 습관을 점검할 중요한 기회입니다.** 독해력, 개념 복습, 연산 정확도. 이 세 가지를 균형 있게 챙긴다면, 단원평가는 겁나는 시험이 아니라 잘 정리된 결과물로 다가올 거예요.

심화, 최상위 교재 활용의 적기

기초 개념 복습도 잘 마쳤고, 학교 진도도 큰 어려움 없이 따라가는 것 같지만, 부모 마음은 늘 한발 앞서 걱정하게 됩니다. '조금 더 어려운 문제도 풀게 해야 하지 않을까?', '이제는 심화 문제집도 시작할 때가 된 걸까?' 하는 생각이죠. 하지만 심화 문제집이 아이의 공부 시간을 지나치게 잡아먹고, 독서나 놀이 시간을 줄이게 된다면 그 선택은 오히려 독이 될 수 있습니다. '조금 더'가 아니라 '지금 필요한 만큼'이 가장 현명한 기준입니다.

심화 문제집은 개념을 탄탄히 다진 아이에게만 의미가 있습니다. 수학익힘책 수준의 문제도 이해가 흔들리는 상태에서 심화를 시작하면 아이는 문제 자체에 질리고, 부모는 학원비·교재비를 계산하며 속만 상하게 됩니다. 이럴 땐 심화보다 오히려 개념 복습과 연산 정확도를 다시 점검해야 할 때입니다. 기초가 탄탄해야 그 위에 무언가를 더 올릴 수 있다는 건 수학에 가장 잘 들어맞는 말입니다.

그렇다면 어떤 아이에게 심화 학습이 필요할까요? **단원평가에서 꾸준히 90점 이상을 받고, 문제 풀이에 거부감이 없으면서 수학에 흥미를 살짝 보이는 아이라면 심화 교재를 활용하는 것도 좋습니다.** 시중에 나와 있는 '최상위', '심화' 단계의 문제집들은 수학익힘책보다 훨씬 복잡한 문제 해결 능력을 요구하며, 수학적 사고의 폭을 넓혀주는 도구가 됩니다. 다만 문제를 '많이' 푸는 것이 아니라 '깊게' 푸는 것이 중요합니다.

심화 학습의 적정 분량은 하루 20분 이내, 또는 세 문제 이내가 적당합니다. 응용력이 필요한 문제인 만큼 한 문제를 푸는 데도 시간이 오래 걸릴 수 있기 때문입니다. 아이가 흥미를 보이며 '더 하고 싶다'라고 한다면 그때는 마음껏 밀어줘도 좋아요. 하지만 부모가 욕심내서 '한 권 뚝딱' 해치우려 들면 아이는 금세 지칩니다. 시간 단위나 문제 수 기준으로 루틴을 정해두고, 그 안에서 성취감을 쌓게 하는 것이 심화 학습의 핵심입니다.

마지막으로 기억해야 할 중요한 사실이 있는데요, 심화 문제는 아이의 자존감을 세우는 도구가 되어야지, 상처를 주는 무기가 되어선 안 된다는 것입니다. 아이가 생각하는 힘을 기를 준비가 되었을 때, 그리고 수학을 좋아할 여유가 있을 때 시작하는 심화야말로 '잘 고른 심화'입니다. 어려운 문제를 푼다는 건 아이에게 부담인 게 맞지만 동시에 성장을 위한 기회가 될 수 있어요. 적기에 시도한다면 말이죠.

사고력 수학, 점검하고 시작하세요

'사고력 수학'이라는 말, 교과서 어디에도 없지만 학부모라면 누구나 한 번쯤 들어봤을 겁니다. 공교육의 정규 과목은 아니지만 출판사와 사교육 시장을 통해 사실상 하나의 '과목'처럼 자리를 잡았거든요. 사고력 수학은 일반적으로 단순 계산을 넘어서 문제를 읽고, 상황을 해석하고, 전략을 세워야 풀 수 있는 문제들을 다루는 영역입니다. 연산이나 개념 확인 위주의 수학익힘책 문제와는 확연히 다른 결입니다.

어느새 이 과목은 연산, 심화, 선행과 더불어 초등 수학의 필수 루틴으로 여기는 흐름이 되었습니다. 문제집 시장에서는 창의 사고력 시리즈가 다양하게 나오고 있고, 학원에서도 2~4명 정도의 소수 수업으로 집중도 높은 커리큘럼을 구성합니다. 예전에는 경시대회 준비를 하는 일부 아이들의 전유물이었지만, 지금은 아이가 학교 수업을 잘 따라간다는 말을 들은 부모라면 한 번쯤 고민하게 되는 매우 보편적인 선택지입니다.

많은 부모가 사고력 수학을 고민하는 이유는 바로 막연한 불안 때문입니다. '내 아이가 공부를 잘한다고는 하지만 남들 다 하는 걸 안 하면 뒤처지지 않을까?'라는 불안이죠. 게다가 지루한 연산보다 흥미롭고, 소수 정예 수업에 교재도 '남다른 느낌'이라면 더욱 끌립니다. 하지만 이 시점에서 중요한 질문을 던져야 합니다. "우리 아이에게 지금 사고력 수학이 필요한가요?" 학교 복습, 기본 교재, 연산 훈련 등을 버거워하는 중이라면 아직 아닐 가능성이 매우 높습니다.

사고력 수학은 엄마표로도 충분히 경험해볼 수 있어요. 시중에 좋은 문제집이 다양하고, 짧은 시간에 한두 문제씩만 풀어도 아이의 사고를 확장해주는 효과가 있습니다. 중요한 건, 아이가 그 과정을 '재미있게 생각하는지'예요. 사고력 수학을 사교육 수업으로 시작하기로 했다면 점검해보세요. 정말 창의적 사고를 기르는 수업인지, 사실상 선행인지 말이죠. 사고력을 키우려다 오히려 개념을 압축해 배우고 진도에 쫓기다 흥미를 잃는 경우도 많습니다.

결국 사고력 수학은 문제 해결력을 기르기 위한 장기 프로젝트입니다. 시험 점수를 올리기 위한 단기 특훈도 아니고 반드시 해야 하는 필수 코스도 아닙니다. 시간적·정서적 여유가 있다면 좋은 시도가 될 수 있지만 무리하게 끼워 넣으면 금세 지치고 흥미도 잃게 됩니다. 시작 전에 반드시 아이의 성향과 상황을 점검하고 지나친 기대는 내려놓고 출발하세요. '괜히 시켰나' 싶지 않으려면 사고력 수학도 결국 내 아이에게 맞는 속도로, 내 아이에게 맞는 방식으로 접근해야 합니다.

선행학습, 언제 시작해야 할까요?

선행학습, 최근 대한민국 학부모의 마음을 가장 불안하게 하는 키워드입니다. 일반적으로 선행학습은 해당 과목의 교육과정을 제 학년보다 2년 이상 앞서가는 경우를 의미합니다. 이것은 누군가에겐 성적 향상의 지름길처럼 여겨지고, 또 누군가에겐 조급한 교육의 상징처럼 느껴지기도 합니다. 또한 같은 선행학습이라도 지역과 동네, 교육열에 따라 분위기가 완전히 달라요. 어떤 지역에서는 1학년부터 선행이 기본처럼 여겨지지만, 또 다른 지역에서는 과한 조기 교육이라며 눈총을 받기도 하죠.

그렇다면 선행학습은 정말 필수일까요, 불필요한 헛수고일까요? 딱 떨어지는 정답은 없지만 분명한 진리는 하나 있어요. 아이마다 다르다는 것입니다. 어떤 아이에게는 선행이 혼란과 부담을 줄 수 있고, 다른 아이에게는 자신감과 성취감을 줄 수도 있습니다. 복습도 벅차고 수업 따라가는 것도 어려운 아이라면 선행은 독이 될 수 있지만, 스스로 궁금해하며 다음 개념을 찾아보는 아이에겐 좋은 도전이 될 수 있어요. **선행은 '다들 하니까'가 아니라 '내 아이에게 필요하니까' 하는 것이 정답입니다.**

그렇다면 '언제' 시작하는 것이 좋을까요? 저도 잘 알고 있어요. 요즘 수학 선행학습은 미취학, 저학년 부모의 고민이 되어버렸다는 걸요. 하지만 아무리 빨라도 초등 4학년 이후였으면 합니다. 선행학습도 결국 새로운 개념을 이해하고 그것을 문제에 적용하는 일인데, 이건 어느 정도 '공부 근육'이 생긴 후에야 효과가 나요. 아직 기본기가 부족한 상태에서 무리하게 선행을 시도하면 개념은 날아가고 문제 풀이 습관만 남게 됩니다. 공부를 해봤던 아이가 더 어려운 공부도 빠르게 받아들입니다.

선행을 시도해보기로 마음먹었다면 그 시기와 방법을 신중히 선택하세요. 무작정 진도만 앞서는 학원이 아니라 아이의 속도에 맞춰 개별 진도를 조절해줄 수 있는 곳이 좋습니다. 집에서 해보려면 현재

학년의 다음 학기 또는 다음 학년 문제집을 활용하면 됩니다. 특별한 선행 전용 교재가 있는 건 아니니 설명이 충분하고 문제 구성까지 균형 잡힌 교재를 고르세요. 연습 문제만 가득한 교재보다는 개념 설명이 친절한 책이 선행학습용으로는 더욱 적합합니다.

중요한 건 선행이냐, 복습이냐보다 아이가 스스로 납득하고 흥미를 갖는 방식으로 공부하고 있는지입니다. 조급해하지 마세요. 누군가 앞서간다고 해서 우리 아이가 뒤처지고 있는 건 아닙니다. 공부는 단거리 경주가 아니라 아주 긴 마라톤이니까요. 선행도, 복습도, 지금 이 시기의 선택도 결국엔 모두 '우리 아이를 가장 잘 아는 부모'의 소신이 만드는 길이라는 걸 기억해주세요.

 **영어**

의지보다 습관의 힘으로

* **초등 공부 키워드:** 목표 | 교과서 | 듣기 | 말하기 | 읽기 | 독해 교재 | 쓰기 | 어휘 | 학원 | 화상 영어 | 문법

 초등 영어, 일상이 되어야 합니다

    영어 공부를 계획할 때 반드시 기억해야 할 것이 하나 있어요. 아이는 영어를 잘하고 싶다고 한 적이 없다는 사실입니다. 왜 영어를 배워야 하는지, 잘하면 뭐가 좋은지, 하지 않으면 어떻게 되는지……. 그 어떤 설명도 아이에겐 추상적일 뿐이에요. 글로벌 시대니, 4차 산업혁명이니 하는 말은 어른들의 언어입니다. 그러니 아이 앞에서 너무 진지하게 설명하거나 설득하려 들기보다는 영어를 밥 먹듯, 화장실 가듯 자연스러운 일상으로 스며들게 하는 것이 훨씬 효과적입니다.

    영어가 재미있어서 스스로 잘하는 아이도 물론 있지만, 대부분 아이는 그렇지 않아요. 그래서 초반에는 정교하게 설계된 보상 시스템이 필요합니다. 작고 명확한 보상을 통해 외적 동기를 자극하고, 매일매일 반복되는 영어 노출이 '귀찮은 일'이 아닌 '익숙한 일'이 되도록 도와주세요. 하다 보면 조금씩 실력이 쌓이고, 그렇게 습관이 만들어지면 어느 순간부터 보상이 없어도 아이 스스로 해나가기 시작합니다. 그게 외국어 공부의 현실적인 방식이에요.

또 하나, 영어는 언어이기 때문에 매일 노출되는 시간 자체가 핵심입니다. 아이가 학원에 다니고 있더라도 학원에 맡겼으니 됐다는 생각은 금물입니다. 학원에서의 공부를 확인하고 집에서는 가볍게라도 매일 반복할 수 있는 루틴을 만들어주세요. 아이가 말하기 위주로 수업을 듣고 있다면 집에서는 듣기나 읽기를 보완하는 식으로 영역을 나눠서 접근하면 훨씬 균형 잡힌 학습이 됩니다.

또한 기억해주세요. **부모가 아이의 영어 학습 내용을 알아야 제대로 된 질문을 할 수 있습니다.** 그냥 보내기만 하고, 어떤 영역을 어떻게 배우는지도 모른다면 아이는 그저 왔다 갔다만 하다 시간이 흐르고 남는 건 없습니다. 초등 시절은 영어만 하기도, 영어만 빠지기도 아까운 시간이에요. 그러니 조급해하지 말고 부모와 함께 매일 반복할 수 있는 '습관' 하나를 먼저 만들어보세요. 그것이 초등 영어의 가장 현실적인 시작입니다.

초등 영어 교과서 살펴보기

초등 영어는 3학년부터 정규 과목으로 편성되어 있어요. 3~4학년은 듣기·말하기 중심, 5학년부터는 읽기·쓰기가 본격적으로 도입됩니다. 교과서는 단원별로 하나의 주요 문장 패턴을 학습하도록 구성되어 있어요. 아이들은 해당 표현을 듣고, 말로 따라 하고, 노래·챈트·게임 등의 활동을 통해 자연스럽게 익히게 됩니다. 영어를 처음 시작하는 아이도 부담 없이 참여할 수 있고, 영어에 능숙한 아이들도 활동 중심의 수업을 즐겁게 따라갑니다.

학교 영어가 쉽다고 해서 무의미한 것은 아닙니다. 수업에 적극적으로 참여하고, 자신 있게 말하는 경험 자체가 영어에 대한 긍정적인 기억으로 남습니다. 부모 입장에서는 '이 수준으로 괜찮은 걸까?' 하는 걱정이 들 수 있지만, 교과 영어는 '시작의 장벽을 낮추는 데 의미가 있다'라는 점을 기억해주세요. 실제로 학교에서는 단어 테스트나 짧은 말하기 평가도 진행되지만, 쉬는 시간에 친구들과 외우는 정도로도 충분히 감당할 수 있는 수준입니다.

초등 영어는 유독 학교 수업과 사교육의 간극이 큰 과목입니다. 빠른 아이들은 학원에서 이미 중학생 수준의 챕터북을 읽고 영어 일기를 쓰는데, 학교는 정규 교육 과정에 맞춰 'Hello', 'What's your name?'을 가르칩니다. 같은 학년, 같은 교실 안에 영어를 처음 접하는 아이와 원어민 수준의 아이가 함께 앉아 있다는 점에서 수업 준비도 운영도 참 쉽지 않은 과목입니다.

현실적으로는 3학년에 올라가 영어 수업을 시작할 무렵까지 파닉스를 미리 익혀두면 수업에 훨씬 수월하게 참여할 수 있어요. 알파벳 소리만 더듬거리며 뒤처지는 경험을 하게 되면 아이는 쉽게 자신감을 잃고 '나는 영어 못해'라는 감정을 갖기 시작하거든요. 특히 또래 친구들이 영어책을 줄줄 읽는 모습을 보며 위축될 수 있기 때문에 기초 읽기 능력은 영어 수업의 발판이 됩니다.

결국 초등 영어 교과서는 영어에 대한 첫인상을 좋게 만들어주기 위한 설계로 이해하면 됩니다. 학교 수업이 쉬우니 따로 더 시켜야겠다는 조급함보다 교과서의 흐름에 맞춰 부담 없이 함께 따라가며 말하고 듣는 재미를 느끼도록 도와주세요. 그리고 그 과정에서 필요한 기초는 사전에 천천히 준비해주면 아이는 학교 영어를 충분히 즐길 수 있게 됩니다.

Listening: 초등 영어, 듣기로 시작하세요

영어 학습의 네 가지 영역 중 어떤 것도 소홀할 수 없지만 가장 기초가 되는 건 듣기입니다. 영어라는 언어가 어떤 식으로 들리는지 귀에 익숙해지고, '이 문장이 이런 뜻이구나' 하는 감각이 생기는 지점에서 비로소 학습이 시작됩니다. 하루 최소 30분 정도 흘려듣기를 권하지만, 처음에는 10분부터 천천히 늘려도 괜찮습니다. 아이가 이것을 공부로 느끼지 않도록 자연스럽게 일상에 스며들게 만드는 것이 가장 중요합니다.

듣기 습관을 만들기 위해 가장 먼저 해야 할 일은 아이만의 영어 영상 리스트를 확보하는 것입니다. 영상 선택 기준은 단 하나, 재미입니다. 수준이나 교재 연계보다 중요한 건 아이가 자발적으로 반복해서 보게 만드는 흥미예요. 유튜브나 넷플릭스 등에서 다양한 영어 영상을 함께 찾아보며 아이가 좋아하는 콘텐츠를 골라주세요. 처음엔 부모가 찾아주되, 점차 아이 스스로 검색해보게 하면 읽기·쓰기 경험도 함께 할 수 있습니다.

영상 시청 후 내용을 확인하려 하지 않는 것도 중요한 포인트입니다. "무슨 이야기였어?", "다 이해했어?" 같은 질문은 아이의 흥미를 꺾을 수 있어요. 그보다는 "와, 어려운 영어 영상도 끝까지 보다니 대단하다!"라며 칭찬과 격려만 해주세요. **처음엔 아이가 얼마나 이해했는지는 중요하지 않습니다. 듣기는 눈에 보이지 않는 학습이고 지금은 그 기초 체력을 쌓는 시기입니다.**

영상 시청 시간을 가장 편안한 시간으로 만들어주는 환경도 필요합니다. 간식과 함께 보는 시간, 누군가 옆에서 같이 있어 주는 안정감, 화면과 음향을 제대로 즐길 수 있는 TV 연결 등, 작은 세팅이 아이의 몰입도를 높입니다. 특히 학원이나 숙제, 독서 등으로 바쁜 아이가 듣기 시간을 '재미있는 휴식'으로 느끼게 해야 꾸준히 유지됩니다.

기초 듣기가 충분히 자리 잡았다면 집중 듣기도 시도할 수 있습니다. 책의 음원을 들으며 눈으로 단어를 따라 읽거나 손가락으로 짚어가며 듣는 방식인데, 이건 듣기와 읽기를 동시에 훈련하는 고난도 활동입니다. 처음부터 시도하지 말고 아이가 좋아하는 책이 생기고 듣기에 자신감이 붙은 시점에 천천히 시작하세요. **듣기 공부는 결국 '얼마나 꾸준히 노출되었는지'로 갈립니다.** 귀가 먼저 열려야 말도, 글도 따라온다는 것을 잊지 마세요.

Speaking: 말하기, 유창함보다 용기입니다

영어를 유창하게 말하는 옆집 아이를 보면 부러운 마음이 드는 건 당연한 일입니다. '영어 유치원이라도 보냈어야 했나?', '외국에 잠깐이라도 살아봐야 하나?' 싶은 생각이 들기도 하죠. 하지만 영어 말하기는 어느 날 갑자기 '잘하게 되는' 기술이 아닙니다. 아이가 한 살이 넘어 '엄마' 한마디를 말하기까지 몇천 번의 듣기를 반복한 것처럼 말하기의 시작은 듣기에서 출발합니다.

듣기가 되지 않는 상태에서 유창하게 말하는 건 불가능합니다. 발음이 좋아도, 많이 외운 문장이 있어도, 상대방의 말을 이해하지 못하면 대화는 이어지지 않아요. 그래서 아이마다 말하기가 시작되는 시점은 제각각입니다. 친구가 먼저 말문이 트였다고 조급해질 필요도, 내 아이의 발음이 한국식이라고 실망할 이유도 없습니다. **중요한 건, 한 문장을 알게 되었을 때 그걸 한 번이라도 더 소리 내어 말해보는 기회를 주는 겁니다.**

기회를 만드는 방법은 생각보다 단순합니다. 부모가 먼저 틀린 영어로 말을 걸어보세요. 어설픈 발음이 오히려 아이에게는 '아, 영어는 이렇게 해도 괜찮은 거구나' 하는 편안한 메시지를 줍니다. 하루 1분이라도 콩글리시로 대화해보세요. "I hungry!", "No eat?" 같은 엉성한 말도 괜찮습니다. 중요한 건 완벽한 문장이 아니라, 입을 여는 연습이에요. 이때 아이의 영어를 고쳐주거나 지적하지 마세요. 말하는 순간이 긍정적인 경험으로 남아야 말하기가 습관이 됩니다.

아이의 영어 말하기를 영상으로 찍어 기록하는 것도 좋은 방법입니다. 짧은 문장이라도 외워 말하게 하고, 영상을 가족 모두가 함께 시청하면서 칭찬해보세요. 명절에 친척들에게 자랑도 해보고, 아이 스스로 영상을 다시 보며 재미를 느끼게 해주세요. 아이는 자신이 말하는 모습을 보는 걸 굉장히 흥미로워하거든요. 매일 말하는 습관이 쌓이면, 그 자체가 훌륭한 말하기 훈련이 됩니다. 영어 말하기는 듣기 위에 세워지고 용기 위에 자랍니다. 그 시작은 언제나 '틀려도 괜찮은' 한 문장에서 시작됩니다.

Reading: 읽기, 영어 글쓰기의 뿌리입니다

한글 독서가 사고력 향상을 목표로 한다면 영어 독서의 목적은 어휘력과 독해력, 그리고 영어 글쓰기의 기반 마련입니다. 그래서 접근 방식도 달라야 합니다. 한글책은 아이의 수준보다 약간 높은 책도 시도해볼 수 있지만, 영어책은 그 반대예요. **아이가 재미있게 느끼고 충분히 이해할 수 있는 '과하다 싶을 정도로 쉬운 책'부터 시작해야 합니다.** 파닉스를 마쳤다면 짧은 그림책부터 천천히, 재미있게, 매일 읽어보는 습관을 만들어주세요.

영어책은 무작정 많은 양을 읽는다고 실력이 느는 것이 아닙니다. 쉬운 책을 반복해서 읽으며 익숙해지는 것이 훨씬 중요해요. 특히 영어는 읽고 의미를 이해하는 것도 어렵지만, 그 문장을 말하거나 써보는 건 더 높은 수준의 활동입니다. 반복을 통해 영어 문장이 눈에 익고 구조가 자연스럽게 입력될 때 아이는 스스로 다음 수준의 책으로 나아갈 준비가 됩니다. 부모의 조급함 때문에 어려운 책을 억지로 읽은 아이는 영어책 자체를 피하게 될 수 있어요.

영어 읽기를 시작할 때는 리더스북이나 단계별 리딩 교재를 활용하는 것이 가장 실용적인 방법입니다. 대표적으로 많이 활용되는 것이 ORT(Oxford Reading Tree) 시리즈인데, 흥미로운 이야기와 친숙한 그림이 담겨 있어 초등 저학년이 부담 없이 시작하기 좋아요. 단계별로 구성되어 있어 성취감을 느끼기에도 좋고 영어책에 대한 두려움을 줄여주는 입문용 시리즈로 널리 알려져 있습니다.

하지만 ORT만이 정답은 아닙니다. 요즘은 다양한 출판사에서 수준별로 잘 구성된 리더스북이나 리딩 워크북 형태의 교재들이 많이 나와 있어 아이의 취향과 학습 성향에 맞춰 고를 수 있습니다. 낱권으로 고르거나, 워크북이 함께 구성된 시리즈로 천천히 확장해나가는 것도 좋은 방법이에요. 중요한 건 아이의 속도와 흥미를 우선으로 삼아 '내 아이에게 맞는 책'을 찾는 것입니다. 너무 빠르게, 너무 어려운 책으로 옮겨가려 하지 말고 아이가 책을 '재미있게' 받아들이는지를 기준으로 책을 선택해주세요.

읽기 시간은 아이의 집중력과 영어 경험에 따라 조절하세요. **저학년은 5~10분, 중학년부터는 30분 이상을 확보하되, 무리하지 않는 범위 내에서 지속하는 것이 좋습니다.** 영어책이 재미있어 시간을 훌쩍 보내는 아이도 있지만, 대부분은 익숙해지기까지 시간이 필요해요. 중요한 건 '매일'이라는 리듬을 지키는 거예요. 짧게라도 매일 읽는 습관이 영어 실력의 뿌리가 됩니다.

영어 독서 습관이 어느 정도 자리를 잡았다면 쉬운 영어 독해 문제집으로 확장해보세요. 지문도 하나의 읽기 자료이기 때문에 책 읽기에 지루함을 느낄 때 좋은 변화를 줄 수 있어요. 단, 문제를 풀기 위한 독해는 지문을 완전히 이해할 수 있는 수준에서 진행해야만 효과가 있습니다. 미국 교과서 지문으로 구성된 문제집들이 시중에 다양하게 나와 있으니 참고해보세요. 이미 학원에서 독해 수업을 하고 있다면 문제집보다는 독서에 집중하는 편이 더 좋습니다. 영어 읽기, 억지로 끌고 가지 않아도 습관이 되면 반드시 실력으로 돌아옵니다.

영어 독해 교재, 이렇게 활용하세요

초등 시기, 영어 독해 교재를 몇 년간 꾸준히 푸는 경우가 있어요. 그럼 아이는 점차 '영어=문제집'으로 인식하게 되죠. 독해 교재만으로 영어 공부를 이어가는 방식은 오래 보면 불리할 수 있습니다. 문제를 푸는 기술은 생기지만 진짜 영어 읽기 실력은 자라기 어렵기 때문이에요.

문제보다 먼저 익혀야 할 건 '읽는 힘'입니다. 영어책, 영어 동화, 영어 기사 등 실제 영어 텍스트를 자주 접하는 경험이 중요합니다. 소리 내어 읽고, 그림과 함께 이해하고, 익숙한 문장 구조를 반복적으로 만나는 것만으로도 아이의 독해력은 자랍니다. 교재는 이 과정을 도와주는 '도구'이지 중심이 되어선 안 돼요.

그렇다면 영어 독해 교재는 언제 시작하면 좋을까요? 초등 고학년쯤, 영어 문장에 대한 이해력이 쌓이고 나면 독해 교재를 활용해보는 게 좋습니다. 단, 이 시점에서도 독해 교재만 푸는 공부는 피하고,

영어 텍스트 읽기와 병행하는 것이 핵심이에요.

오히려 초등 저학년~중학년 동안 영어 그림책이나 짧은 동화책을 즐겁게 읽어본 아이들이 고학년이 됐을 때 독해 문제 풀이도 빠르게 따라갑니다. 다양한 읽기 경험은 어휘력과 문장 이해력을 단단히 해주고, 이 기반 위에 문제 풀이 기술을 더하면 속도와 정확도 모두 성장하죠. 늦게 시작한 독해 교재가 더 효과적일 수 있는 이유예요.

중학생이 되면 내신 평가에 '지문 독해'가 본격적으로 등장합니다. 이 시기에 독해 훈련이 부족하면 벅차게 느껴질 수 있죠. 그래서 초등 고학년부터 독해 교재를 시작하되, '영어를 읽는 습관'이 먼저 자리 잡고 나서 천천히 들어가는 게 훨씬 안정적이에요. 조급해하지 마세요. 지금은 문제보다 문장을, 점수보다 경험을 쌓아가는 시기입니다.

Writing: 영어 글쓰기, 겁내지 말고 한 줄부터

영어 학습의 네 영역 중 '쓰기'는 부모도 아이도 가장 막막하게 느끼는 영역입니다. 듣고 말하고 읽는 것은 어느 정도 반복으로 따라가지만, 쓰기는 쉽게 손이 가지 않지요. 특히 한글 글쓰기도 어려워하는 아이에게 영어로 글을 써보자고 하면 말문부터 막히는 것이 현실입니다. 하지만 영어 쓰기도 꾸준한 노출과 연습, 그리고 무엇보다 칭찬과 격려가 가득한 분위기만 만들어지면 누구나 시작할 수 있습니다.

영어 글쓰기 실력을 키우기 위해서는 우선 충분한 영어 독서량이 바탕이 되어야 합니다. 그런데 독서를 아무리 많이 해도 막상 쓰려고 하면 글이 막히는 경우가 있어요. 이건 영어를 너무 어렵게 시작했거나 영어에 겁을 먹고 있다는 뜻이에요. 이럴 때 추천하는 방법은 영어책을 활용한 따라 쓰기(필사)입니다. 아이가 좋아하는 아주 쉬운 책을 고르고, 하루 한 문장부터 책 속 문장을 그대로 따라 쓰게 해보세요. 그 문장 구조들이 손에 익고 머리에 남기 시작하면, 어느 순간 스스로 문장을 조합해 쓰기 시작합니다. 모르는 단어가 몇 개 있더라도 내용을 전체적으로 알고 있고, 재미있어하는 책이라면 훌륭한 따라 쓰기 교재가 될 수 있어요. 영어 필사는 읽기와 쓰기를 동시에 훈련할 수 있는 매우 실용적인 방법입니다.

또, 구글 번역기와 챗gpt를 활용해보세요. 아이가 직접 한글 문장을 입력하고 영어로 번역된 문장을 공책에 써보게 하면, 번역의 흐름을 눈으로 익히고 문장을 쓰는 습관도 자연스럽게 시작됩니다. 이 과정에서 중요한 건 틀리고 어색해도 괜찮다는 분위기예요. 하루 한 줄이면 충분하니 욕심내지 말고 '아쉬울 만큼 짧게' 끝내세요.

아이의 영어 글쓰기가 아직 서툴고 부족하더라도, 지적은 잠시 내려놓고 칭찬만 해주세요. **틀린 표현을 빨간펜으로 고치고 싶은 마**

음이 들더라도 꾹 참으시고, 대신 형광펜으로 아이가 쓴 문장 중 가장 멋진 문장 하나를 칭찬해주세요. 아이는 '내 글 중에 부모가 좋아한 문장'을 기억하며 내일은 더 멋진 문장을 쓰고 싶어질 거예요. 처음 1년은 '성장 중인 영어'라는 관점으로 접근해 주세요. 정답보다 아이의 용기와 자발성이 더 중요합니다.

쓰기 습관이 자리 잡으면 점차 더 긴 글, 더 정확한 표현으로 나아갈 수 있습니다. 영어 글쓰기는 단기간에 실력이 보이는 영역이 아닙니다. 하지만 일기, 번역 놀이, 따라 쓰기, 아무 말 대잔치라도 매일 쓰기만 한다면 글을 쓰는 두려움이 사라지고, 점점 자신만의 문장을 만들어내는 날이 반드시 옵니다. 오늘 아이가 써낸 몇 줄이 엉성하더라도, 그 안에 담긴 노력과 생각을 진심으로 반겨주세요. 그게 영어 글쓰기의 시작이자, 가장 중요한 동력입니다.

영어 어휘, 욕심내지 않고 매일 조금씩

영어 단어 학습은 보통 파닉스를 익히는 과정에서 자연스럽게 시작됩니다. A for apple, B for banana 같은 익숙한 단어들을 외우며 단어 학습의 첫걸음을 떼지요. 하지만 본격적인 어휘 학습의 기본은 따로 있습니다. 바로 영어 독서입니다. 한글책을 읽으며 새로운 낱말을 하나씩 자연스럽게 익혀왔던 것처럼, 영어 단어도 책과 영상 속에서 조금씩 눈에 익히고 귀에 담으며 쌓아가는 것이 가장 자연스럽고 효과적인 방식입니다.

다만 영어는 한글과 달리 일상에서의 노출이 제한적이기 때문에 속도가 느릴 수밖에 없습니다. 그래서 아이가 책이나 영상을 보다 모르는 단어를 만났을 때 즉시 뜻을 찾기보다는 문맥 속에서 추측해보게 하거나 그냥 넘어가는 여유가 필요합니다. 새 단어마다 뜻을 찾고 암기하려 들면, 오히려 영상의 흐름과 독서의 재미를 깨고, 추론할 기회까지 빼앗게 되거든요. 모르는 단어가 절반 이상 나오는 수준의 영상이나 책은 오히려 학습 의욕을 꺾을 수 있으니 만만한 텍스트부터 반복 노출하는 것이 더 중요합니다.

초등 고학년쯤 되어 영어책의 두께도 늘어나고 본격적으로 읽는 속도가 붙기 시작하면, 단어장을 활용한 정리와 암기 학습도 시도해보세요. 시중에 나온 교재는 대부분 비슷한 수준이니 아이가 표지나 구성 등을 보고 직접 고르게 하세요. 이미 아는 단어는 형광펜으로 체크하고 새롭게 알게 된 단어는 따로 표시해 가며 교재 한 권을 완주하는 경험은 아이에게 큰 성취감을 줍니다.

어휘 암기는 소박하게 하루 5~10개 정도로 시작하면 충분해요. 부모의 조급함보다 '매일 조금씩'이 훨씬 강력한 힘을 발휘해요. 단어를 외웠는지 확인하고 싶을 때는 시험지나 구술 테스트보다는 그날 외운 단어를 백지에 영어와 한글로 스스로 써보게 하는 방식이 좋습니다. 스스로 떠올려 적는 과정이 뇌의 장기 기억을 자극하기 때문에 단순 암기보다 더 깊이 남게 됩니다.

무엇보다 중요한 건, 아이가 단어를 '억지로 외우는 공부'가 아니라 '읽고 쓰다 보니 익숙해지는 경험'으로 느끼도록 돕는 것입니다. 단어 암기는 당장의 효과보다는 서서히 쌓이는 반복과 노출 속에서 실력을 만들어갑니다. 부모는 그저 옆에서 아이가 어휘와 친구가 되어가는 시간을 지켜봐 주세요. 어휘력은 하루아침에 확 늘지 않지만, 멈추지만 않으면 반드시 쌓입니다.

영어 학원, 적기는 언제일까요?

영어 학원은 '충분한 노출' 이후의 선택이었으면 합니다. 영어 소리에 익숙해졌고, 간단한 문장을 듣고 따라 하는 데에 거부감이 없는 상태라면 학원 수업도 훨씬 수월하게 받아들입니다. 반대로 파닉스도 아직 어려워하고, 듣는 것조차 부담스러워 한다면 학원 수업이 오히려 역효과를 낼 수 있어요.

첫 영어 학원을 고를 때는 '작고 꼼꼼한 곳'이 좋습니다. 많은 부모가 처음부터 대형 브랜드 학원을 떠올리지만, 잘하는 아이들 사이에 갑자기 들어가면 주눅 들기 쉬워요. 아이 수준에 맞는 관리를 받기도 어렵고요. **처음에는 소수 정원으로 꼼꼼히 챙겨주는 작은 학원**

에서 기초를 다져주세요. 장기적으로 볼 때 아이가 더 안정적으로 성장할 가능성이 높습니다.

그렇게 단단한 기본기를 쌓은 아이는 초등 고학년이나 중학생 때 대형 학원에 가도 전혀 늦지 않아요. 오히려 학습 루틴이 익숙해지고 어느 정도의 실력과 자신감이 생겼기 때문에 학원의 다양한 프로그램과 레벨 시스템을 훨씬 효과적으로 활용할 수 있어요. 중고등 내신이나 수능 영어까지 생각한다면, 지금은 '빨리'보다 '바르게' 시작하는 것이 중요해요.

부모가 불안하면 아이도 조급해집니다. 영어는 조기 사교육이 아니라 장기 마라톤이에요. 기초가 탄탄하고, 영어에 대한 좋은 기억이 있는 아이가 결국 더 오래, 더 멀리 갑니다. '언제 보낼까'보다 '어떻게 즐기게 할까'를 먼저 고민해보세요.

화상 영어, 꼭 해야 할까요?

화상 영어는 '영어를 진짜 말로 써보는 경험'을 할 수 있는 좋은 도구입니다. 듣기가 어느 정도 자리 잡히고, 아이가 원어민과 대화해보고 싶다는 호기심을 보이기 시작할 때 자연스럽게 시작하세요. 처음에는 짧은 인사나 간단한 문장이라도 직접 입 밖으로 내보는 경험을 하면 아이는 "나 영어로 말했어!" 하는 자신감을 얻게 됩니다. 듣고 말하기가 연결되는 첫 순간을 만들어주는 역할이죠.

하지만 흔히 말하는 것처럼 초등 저학년이라면 무조건 화상 영어를 시작해야 한다는 공식은 없습니다. 이건 어디까지나 선택의 영역입니다. 영어는 언어이기 때문에 매일 조금씩이라도 노출되는 게 중요하지, 꼭 원어민과 대화를 해야만 실력이 는다고 단정 지을 수는 없어요. 아이가 아직 듣기에 익숙하지 않거나 말하는 것을 너무 부담스러워한다면 억지로 시작할 필요는 없습니다.

또한 화상 영어는 가정의 시간적·경제적 여유가 있을 때 선택해도 전혀 늦지 않습니다. 비용이나 스케줄이 부담스러운데도 억지로 끼워 넣다 보면 아이도 부모도 지치고, 그저 '참석하는 데 의의를 두는 수업'이 되기 쉽습니다. 가성비 높은 수업도 분명 존재하지만, 그보다 중요한 건 지금 내 아이가 이 수업을 받아들일 준비가 되어 있는지입니다.

화상 영어를 시작했다면 처음엔 기대보다 '멍'한 시간이 많을 수도 있어요. 낯선 얼굴, 빠른 말투, 어색한 분위기까지 아이를 긴장시키는 요소가 많기 때문입니다. 자막이 없어 당황하고, 알아듣지 못해 눈치만 보다 끝나는 날도 있습니다. 하지만 너무 걱정하지 마세요. 매일 듣고 읽고 말했던 표현이 수업 중에 실제로 들리는 순간이 오면, 그때부터 아이는 대화에 한 발씩 다가가기 시작합니다.

초등 영문법, 이렇게 시작하세요

영문법은 아이 영어 학습의 중요한 한 축이긴 하지만, 저학년부터 문법 교재를 들이밀며 시작할 필요는 없어요. 오히려 저학년에서의 문법 중심 공부는 아이에게 영어를 '재미없는 규칙 외우기'로 느끼게 할 수 있죠. 문법은 읽기와 듣기 경험이 충분히 쌓인 후에 자연스럽게 시작하는 게 가장 좋습니다.

초등 고학년이나 예비 중등 시기쯤, 읽기 경험이 어느 정도 되어 있다면 이때가 영문법 교재를 처음 접하기에 적절한 시기예요. 이 시기의 아이들은 문장을 구조적으로 바라보는 눈이 생기기 시작하고, '왜 이 문장이 이렇게 쓰였을까?'에 관심을 두기 시작합니다. 문법 교재도 그 관심에 자연스럽게 답해주는 도구가 되어야 해요.

중등 영어 교과서는 그 자체로 영문법 교재 역할을 합니다. 시제, 문장의 종류, 조동사 등 주요 문법 포인트들이 단계적으로 담겨 있죠. 그래서 초등에서 너무 조급하게 모든 문법을 끝내야 한다는 생각은 내려놓아도 괜찮습니다. 중학생이 된 후에 방학 특강이나 문법 요약 수업을 잘 활용하면 금방 따라잡을 수 있어요.

문법을 공부할 땐, **문제를 많이 푸는 것보다 '정확한 문장'을 많이 접하는 게 훨씬 효과적이에요. 그래서 문법 교재에만 매달리기보다는 다양한 영어 문장, 특히 정확하고 자연스러운 문장이 담긴 책, 동**

화, 기사 등을 반복해서 접하는 걸 추천합니다.** 문장을 눈으로 익히는 것만으로도 문법 감각이 자랍니다.

문법은 영어 실력의 확실한 뿌리가 맞지만, 그 뿌리는 억지로 박는다고 튼튼해지는 건 아니라는 점을 기억해주세요. 읽고 듣고 말하는 경험이 쌓인 후에 문법이 들어가면, 아이의 머릿속에서 '이해'로 연결됩니다. 너무 서두르지 마세요. 초등 시기에는 문장을 많이 접하게 하고, 고학년이 되어 필요할 때 천천히 영문법이라는 다음 단계의 문을 두드려도 충분합니다.

05 사회

문제 풀이보다 개념 확인

* **초등 공부 키워드:** 초등 사회의 범위 | 교과서 | 배경지식 | 단원평가 | 서술형 평가 | 한국사

처음 접하는 사회, 어렵게 느껴지시죠?

초등학교 1~2학년 때는 통합교과 속에서 슬쩍슬쩍 모습을 보이던 사회 과목이, 3학년이 되면 갑자기 '사회'라는 이름으로 본격 등장합니다. 용어도 생소하고, 개념도 낯설죠. 어휘는 어려워지고 외울 건 많아지고, 설명을 들어도 잘 이해되지 않는 부분들이 슬금슬금 생기기 시작합니다. 그래서 아이들은 처음엔 호기심으로 시작하다가 어느 순간부터 "사회는 재미없어"라는 말을 하곤 해요.

사회는 암기만으로 풀리지 않는 과목입니다. 단원평가의 서술형 문항을 보면 단순히 단어 몇 개 외운다고 해결되지 않아요. 문장을 제대로 쓰려면 전체 내용을 이해하고 개념을 정확히 알고 있어야 하니까요. 사회 과목이 어렵게 느껴지는 건, 어쩌면 새로운 개념에 대한 배경지식이 부족한 상태에서 갑자기 낯선 질문을 받아서일지도 몰라요. 그래서 부모님도, 아이도 괜히 위축되기 쉽죠.

그런데요, 미리 너무 겁먹지 않으셔도 괜찮아요. **초등 사회는 교과서 분량도 적고, 교과서 안에서 공부할 수 있도록 잘 짜여 있어요. 사실 복습만 꼼꼼히 해도 충분히 따라갈 수 있답니다.** 3학년 입학 전에 사회·과학 전집을 미리 사놓는 경우도 많은데, 아이가 좋아하는 분야가 아니라면 책장에 꽂힌 채로 몇 달 지나기 십상이에요. 읽지 않는 전집은 결국 장식이 되고 맙니다.

게다가 학습용 도서에만 익숙해지면, 이야기 흐름을 따라가는 동화나 소설을 부담스러워하는 경우도 생깁니다. 긴 문장을 읽고 이해하는 힘, 독해력은 결국 다른 교과까지 연결되는 중요한 기반이 되는데 말이죠. 그러니 굳이 사회를 위해 전집을 사야겠다고 조급해하지 마시고, 평소 다양한 분야의 책을 재미있게 읽을 수 있는 환경을 만들어 주는 것이 더 중요합니다.

초등 사회는 '우리 고장의 모습'에서 출발해 점점 정치, 경제, 문화, 인권, 역사로 나아갑니다. 아이가 배경지식을 조금씩 쌓기만 해도 생각보다 훨씬 흥미롭고 쉬워질 수 있어요. 중학교에 가면 사회 과목은 더 세분화되고 시험 범위도 넓어지기 때문에, 지금은 '지식을 암기하는 공부'보다 '실제 우리가 사는 사회에 흥미를 갖는 공부'를 먼저 시작하면 좋아요. 지금 아이가 해야 할 일은 단 하나, 사회가 재미있어지는 경험을 하나씩 쌓아가는 것입니다.

사회 공부는 교과서가 전부랍니다

사회 과목만큼 교과서 복습이 빛을 발하는 과목도 드물어요. 어렵고 복잡할 것 같지만, 알고 보면 초등 사회 교과서는 정말 친절하게 잘 만들어져 있답니다. 어휘 설명부터 개념 정리, 실제 사진, 지도, 그림 자료까지 알차게 구성돼 있어서 따로 전과나 문제집 없이도 충분히 공부할 수 있어요. 교과서가 곧 '가장 좋은 참고서'예요.

특히 초등 사회는 시험 문제도 대부분 교과서 내용 안에서 출제되기 때문에, 따로 사교육이나 교재에 의존하기보다 교과서를 잘 복습하는 것이 훨씬 효과적이에요. '오늘 배운 내용'을 집에서 다시 말로 설명하거나, 그림으로 표현하거나, 배움공책에 간단히 정리하는 것만으로도 공부가 탄탄해집니다. 복습이 밀릴 걱정도 줄고, 부담도 확 낮아지죠.

문제집으로 확인하는 것도 한 방법이지만, 아직은 '틀리지 않는 것'보다 '제대로 이해하는 것'이 더 중요합니다. 그러니 문제 푸는 데 시간을 쏟기보다는 아이가 스스로 오늘 배운 걸 정리하고 이야기할 기회를 자주 주는 것이 좋아요. 이렇게 직접 개념을 정리해 보는 습관은 중학생이 되어 서술형 평가를 준비할 때도 큰 힘이 됩니다.

3학년 때 처음 만나는 지역 교과서와 사회과 부도, 이 두 가지는 학교에서 충분히 잘 다루게 됩니다. 특히 사회과 부도는 사회 공부에 필요한 거의 모든 지도가 담긴 최고의 자료예요. 단순히 공부용으로 쓰기보다는 가족 여행을 준비할 때 꺼내서 함께 지도를 보고, 나라별 특징을 이야기해보는 식으로 생활 속에서 활용하면 훨씬 오래 기억에 남는 공부가 됩니다.

교과서 한 권, 잘 복습하고 제대로 소화하는 습관을 들인 아이는 중학생이 되어서도 사회 과목을 어렵게 여기지 않아요. 조급하게 외우기보다, 천천히 이해하고 말해보는 연습부터 시작해보세요.

배경지식이 쌓이면 흥미도 따라옵니다

사회 과목은 교과서만 보면 왠지 딱딱하고 어렵게 느껴질 수 있어요. '공공기관', '지방자치', '지형', '산업', '시민단체' 같은 단어들이 낯설게 느껴지기 때문이죠. 그런데 이 어려움의 실체를 들여다보면 결국은 배경지식 부족에서 비롯된 경우가 많습니다. 사회는 단순 암기보다 '이해'가 중요한 과목이기 때문에, 미리 조금씩 관련된 경험과 정보를 접해두면 훨씬 수월해집니다.

가장 좋은 배경지식 학습법은 생활 속 대화예요. 예를 들어 "우체국은 왜 공공기관일까?", "우리 동네엔 어떤 지하철역이 있지?", "도로 옆에 저 표지판은 왜 있는 걸까?" 같은 질문은 별것 아닌 것 같지만, 아이에게는 실제 사회 개념을 연결해보는 귀중한 경험이 됩니다. 교과서 속 문장이 우리 삶과 연결된다는 걸 알게 되면, 사회는 재미있는 과목이 됩니다.

책, 영상, 뉴스도 훌륭한 학습 도구입니다. 굳이 전집이나 문제집이 아니어도 괜찮아요. 시사 이슈를 다룬 어린이 잡지, 지도나 지리에 관한 그림책, 마을 탐방 이야기, 직업과 경제를 다룬 그림책 등 흥미를 끌 만한 콘텐츠가 넘쳐납니다. 아이가 관심 있는 분야부터 넓혀 나가면 됩니다. 주제 중심으로 가볍게 읽다 보면 어느새 사회 과목과 연결되는 지식이 쌓여 있죠.

박물관, 체험학습, 가족 나들이도 배경지식을 쌓는 좋은 방법입니다. 굳이 거창한 역사 유적지가 아니더라도 좋아요. 도서관, 주민센터, 소방서, 시청 등을 함께 방문하고, 어떤 일을 하는 곳인지 이야기해보는 것도 훌륭한 학습입니다. 중고등으로 갈수록 사회 과목이 세분화되고, 추상적인 개념도 많아지기 때문에 초등 시기에 이렇게 '생활과 연결된 사회'를 느껴보는 건 장기적으로도 도움이 됩니다.

중요한 건, 아이에게 사회를 '일상과 연결된 재미있는 과목'으로 인식하게 하는 것이에요. 배경지식은 하루아침에 쌓이지 않지만, 꾸준히 이어가면 아이는 어느새 서술형 문제 앞에서도 '말할 거리', '쓸 수 있는 예시'를 가지게 됩니다. 사회를 이해하고 말하는 과목으로 만드는 힘은 결국 교과서 바깥에서부터 시작됩니다.

서술형 단원평가, 이렇게 대비하세요

사회 과목도 예전과는 달라졌습니다. 단순 암기로도 꽤 높은 점수를 받을 수 있었던 시절과는 달리, 이제는 '서술형 평가'가 들어오면서 아이들이 사회를 어렵게 느끼기 시작했어요. "외우는 건 했는데, 뭘 써야 할지 모르겠어요"라는 말, 많이 들어보셨죠? 문제 유형이 달라지면 접근 방식도 달라져야 합니다.

과거의 단원평가는 객관식이나 단답형 중심이었어요. 개념을 정확히 외웠는지, 서로 비교할 수 있는지 정도를 물었죠. 하지만 서술형 문항은 두세 가지 능력을 동시에 요구합니다. 예를 들어, 개념을 정확히 알고 있는지, 예시를 들 수 있는지, 실제 상황에 연결해 설명할 수 있는지를 한꺼번에 평가하죠. 당연히 어려워 보일 수밖에요. 예를 들어볼게요.

- "사람들이 이용하는 교통수단이 서로 다른 이유를 예를 들어 설명하시오" (3학년)

- "시민 단체의 의미와 주요활동을 서술하시오"(4학년)
- "교통이 발달하면서 우리의 생활은 어떻게 변했는지 세 가지 변화를 각각 서술하시오"(5학년)
- "일제의 침략에 맞서 우리글과 역사를 지키기 위해 조상들이 했던 노력을 구체적으로 서술하시오"(6학년)

문제만 봐도 알 수 있듯, 단순히 외운 걸 쏟아내는 것으로는 부족해요. 말 그대로 '이해'하고 '설명'할 수 있어야 하죠. 하지만 겁먹을 필요는 없습니다. 이 문제들은 모두 교과서 속 문장을 약간만 바꿔 놓은 수준이에요. 매일 교과서 복습을 꾸준히 해온 아이라면 충분히 답할 수 있답니다.

가장 중요한 첫걸음은 개념어를 제대로 이해하는 것입니다. '공공기관', '교통수단', '사회 변화', '시민 단체' 같은 낯선 어휘는 그냥 외우기보다 예시를 함께 들어 설명해보는 연습이 필요해요. "시민 단체는 뭐 하는 데야?", "우리 동네 공공기관엔 뭐가 있지?" 같은 질문을 통해 일상에 연결해보면 개념이 훨씬 단단해지고, 서술형 답안으로도 자연스럽게 연결됩니다.

두 번째는 문장으로 말해보는 연습이에요. **사회 서술형은 논술처럼 길게 쓰는 것이 아니라, 핵심 개념을 2~3문장 안에 정확히 담아내는 훈련이 중요합니다.** 예를 들어, "교통수단이 다양한 이유는 지역의 지형과 사람들의 생활 방식이 다르기 때문이다" 같은 문장을 익히는 거죠. 말로 설명한 후, 그것을 그대로 써보게 하면 훨씬 부담 없이 접근할 수 있어요.

세 번째는 그림, 도표, 사진 자료와 함께 개념을 묶어 이해하는 습관입니다. 사회 교과서는 말보다 시각 자료가 많은 과목이에요. 지역별 지형, 지도, 공공시설 배치도 같은 자료를 함께 보며 설명을 붙여보는 연습은 서술형 문항에 큰 도움이 됩니다. 특히 중학교 사회로 올라가면 지도와 자료 해석형 서술형 문제가 훨씬 많아지기 때문에 지금부터 이런 감각을 기르는 것이 좋습니다.

마지막으로, 교과서 문장을 자주 읽고 '내 말로 바꿔보기' 훈련을 해보세요. 사회 교과서는 서술형 문제의 모범답안을 품고 있는 아주 친절한 책입니다. 읽고, 말하고, 써보는 반복이 자연스럽게 쌓이면 어느새 서술형 문제도 아이의 언어로 풀 수 있게 돼요. 부모는 그 과정을 조급하게 끌어당기기보다, 아이가 사회를 '이해하는 공부'로 받아들이도록 도와주면 됩니다.

사회는 교과서를 꾸준히, 반복해서 복습하는 것만으로도 충분히 고학년 서술형 평가까지 대비할 수 있어요. 그리고 이 힘은 중학교는 물론 고등학교의 평가에서도 똑같이 통합니다. 복잡하게 돌아가지 마세요. 정답은 늘 가까이에 있어요. 그게 바로 교과서입니다.

한국사, 경험을 통해 흥미를 느끼도록

초등 5학년 2학기 사회 교과부터 역사 영역이 살짝 고개를 들더니, 6학년이 되면 드디어 '고조선부터 근현대사까지' 본격적인 한국사 수업이 시작됩니다. 역사책을 좋아하던 아이에겐 흥미로운 여정이 되지만, 그렇지 않은 아이에겐 낯설고 복잡한 단어와 사건이 한꺼번에 쏟아지며 꽤 버겁게 느껴질 수 있어요. 그래서일까요, 4~5학년 무렵부터 '역사 논술', '역사 토론', '한국사능력검정시험' 같은 키워드가 부모들 사이에서 급부상하곤 합니다.

하지만 사교육으로 급하게 시작할 필요는 없습니다. **역사 분야는 다른 교과에 비해 집에서 즐겁게 접근할 수 있는 책과 영상이 정말 많아요. 아이 수준에 맞는 역사 만화, 다큐멘터리, 유튜브 강의도 넘쳐나고요.** 중학년부터 '조금씩 노출'만 해줘도 충분히 역사와 친해질 수 있습니다. 중요한 건 '누가 더 먼저'가 아니라 '누가 더 꾸준히, 재미있게'예요.

특히 역사 토론 수업은 아이가 흥미를 느끼고 직접 원할 때 시작하는 게 가장 좋습니다. 물론 가정에서 토론 수업처럼 체계적으로 지도하기는 어렵지만, 책을 읽고 "이건 왜 그랬을까?", "그 시대에 내가 살았다면 어땠을까?" 같은 질문을 던지며 대화를 나누는 것만으로도 훌륭한 출발이 됩니다. 아이와 자주 대화를 나누고 있는 부모가 가장 좋은 역사 선생님이 될 수 있어요.

박물관 체험, 역사 캠프, 문화재 답사 등도 초등 중고학년을 중심으로 다양하게 열리고 있어요. 하지만 모든 아이에게 효과적인 건 아니에요. 관심 없는 아이를 억지로 데려가면 장난만 치다 돌아오는 경우도 많거든요. 반대로 평소 역사에 관심이 많지만, 여건상 가족여행이 어려운 경우에 이런 프로그램이 좋은 대안이 되기도 해요. 결국 기준은 아이의 관심도와 성향입니다.

한국사능력검정시험에 도전하는 초등학생도 점점 늘고 있어요. 역사에 깊은 관심이 있고, 시험 준비를 통해 성취감을 느끼는 아이라면 좋은 경험이 될 수 있습니다. 교실에서도 역사에 눈에 띄는 실력을 보이는 경우가 많죠. 하지만 모든 아이에게 권할 만한 시험은 아닙니다. 단지 사회 교과 대비를 위해, 혹은 부모의 욕심으로 시작했다면 아이가 금세 지치고 역사 자체를 싫어하게 될 수도 있어요. 시험보다 더 중요한 건 '역사를 좋아하게 되는 경험'입니다. 아이에게 맞는 속도로, 아이의 걸음에 맞춰 함께 걸어가 주세요.

 **06 과학**

문제집보다 교과서와 실험관찰

* 초등 공부 키워드: 초등 과학의 목적 | 일상 속 과학 | 교과서 | 단원평가 | 서술형 평가

과학, 호기심에서 출발해요

초등 3학년이 되면 아이들은 처음으로 '과학'이라는 이름의 교과를 정식으로 만나게 됩니다. 사회와 같은 시기에 등장하는 과목인데, 이상하게도 사회보다 과학을 좋아하는 아이들이 훨씬 많아요. 이유는 단순해요. 거의 모든 단원마다 '실험'이 있기 때문이죠. 아이들은 과학실에 들어서는 순간, 설렘을 감추지 못합니다.

국어나 수학 수업에선 늘 자신 없던 아이조차 과학 시간엔 유독 눈빛이 반짝여요. 실험 도구를 만지고, 직접 관찰하고, 결과를 예측하는 활동은 아이들에게 나도 할 수 있다는 자신감을 심어줍니다.

게다가 요즘 아이들은 과학 학습만화, 유튜브 영상 등을 통해 우주, 날씨, 생물, 인공지능 같은 다양한 과학 주제에 이미 꽤 익숙해져 있어요. 알고 있는 내용이 수업에 등장하면, 교과서가 갑자기 '내 이야기'처럼 느껴지기도 하죠.

이렇게 과학 시간에 아이가 자신감을 보인다면, 그 반짝이는 순간을 꼭 붙잡아주세요. "너는 과학에 소질이 있구나!", "오늘 수업 즐거웠겠다!"라는 말 한마디가 아이의 전반적인 학교생활에 긍정적인 에너지를 불어넣습니다. 학교가 재미있는 이유는 거창하지 않아요. 실험 하나, 관찰 하나, 칭찬 한 마디가 학교를 좋아하게 만들고, 공부를 대하는 태도까지 바꾸니까요.

물론 모든 아이가 과학에 흥미를 느끼는 건 아닙니다. 실험보다 이야기나 창작 활동을 더 좋아하는 아이들도 있어요. 이런 아이들에게 관련 전집이나 과학 영재 수업을 억지로 들이밀면 오히려 부담만 커질 수 있어요. 과학은 아이의 진로와도 직결되는 영역이라 조급해지는 마음도 이해되지만, 지금 흥미가 없다고 해서 과학과 인연이 없는 건 아니랍니다.

초등 과학은 관찰, 탐구, 사고력을 기르는 데 목적이 있어요. 성실히 수업에 참여하고 교과서 흐름만 따라가도 충분합니다. 중학교에 가면 과학이 물리, 화학, 생명, 지구과학으로 나뉘어 더 체계적으로 등장하니, 지금은 억지로 좋아하게 만들기보다 다양한 경험 속에서 자연스럽게 흥미의 싹이 자라나도록 기다려주는 게 더 현명해요. 부모가 과학을 좋아하지 않아도, 아이는 어느 날 갑자기 별을 좋아하게 될 수도 있거든요.

과학, 일상에서부터 흥미를 쌓아보세요

과학 공부라고 하면 실험 도구, 문제집, 과학관 같은 것부터 떠오르지만 사실 가장 훌륭한 과학 교실은 바로 아이의 '일상'입니다. **초등 과학은 우리가 사는 세상에 대한 호기심을 기반으로 구성되어 있기 때문에, 과학적 배경지식은 거창한 수업이 아니라 생활 속 관찰과 대화만으로도 차곡차곡 쌓을 수 있어요.**

가장 쉬운 방법은 아이의 질문에 질문으로 되돌려주는 것이에요.

"왜 비 오는 날 머리카락이 부스스해질까?"
"냉장고 문을 오래 열면 왜 김이 생길까?"
"자석에는 왜 쇠붙이만 붙지?"

이런 질문을 받으면, 정답을 바로 말해주기보다 "넌 어떻게 생각해?"라고 되묻는 것만으로도 아이는 과학적으로 생각하는 연습을 하게 됩니다. 이렇게 시작된 대화는 교과서에서 다루는 개념과 자연스럽게 이어지죠.

　TV 다큐멘터리, 유튜브 영상, 학습만화 등 미디어도 과학 상식을 넓히는 데 아주 유용한 도구입니다. 꼭 과학만화가 아니어도 좋아요. 요리 프로그램, 동물 다큐, 환경 캠페인 영상 속에도 과학 개념이 숨어 있습니다. 아이가 흥미를 보이는 콘텐츠를 중심으로 과학 이야기를 꺼내보세요. "이건 무슨 원리지?" 하는 대화 하나가 과학의 문을 여는 열쇠가 될 수 있어요.

　가정에서 하는 간단한 실험이나 관찰 활동도 추천합니다. 예를 들어, 거름망으로 물을 걸러보거나, 날씨 앱을 켜고 기압과 기온 변화를 관찰해보거나, 화초를 키우며 성장 조건을 비교해보는 식의 활동도 모두 과학입니다. 정식 실험이 아니더라도, 아이가 손으로 만지고 눈으로 확인한 경험은 머릿속에 오랫동안 남습니다. 이 경험은 교과서 개념을 만났을 때 이해의 기반이 되어줍니다.

　과학은 결국 궁금해하고, 관찰하고, 말해보는 것에서 시작됩니다. 아이가 뭔가를 궁금해할 때, 정답을 가르치는 대신 함께 탐구하는 태도를 보여주는 것만으로도 아이는 이미 과학을 공부하고 있는 거예요. 문제집을 푸는 것보다, 오늘 본 해 질 무렵의 구름을 말로 표현해보는 게 더 깊은 배움이 될 수 있다는 것. 부모가 그걸 믿고 기다려준다면 과학은 아이에게 훨씬 재미있고 자신 있는 과목이 됩니다.

과학 교과서, 그 자체로 최고의 교재

아이들이 좋아하는 과학 교과서, 그 안을 들여다보면 참 잘 만들어졌다는 걸 느끼게 됩니다. 동물, 날씨, 우주, 자석처럼 아이들의 흥미를 자극하는 주제들이 가득하고, 단원별 개념 설명은 물론 관련 사진과 읽을거리까지 곳곳에 배치되어 있어요. 교과서 한 권을 찬찬히 읽어보는 것만으로도, 아이는 '과학을 읽는 눈'을 키울 수 있어요.

과학에는 '실험관찰'이라는 보조 교과서가 따로 있어요. 이름 그대로, 수업 시간에 했던 실험을 기록하고 관찰 내용을 정리하는 워크북입니다. 그런데 이 책, 단순한 기록장이 아니에요. '왜 그렇게 되었는지', '다른 경우엔 어떻게 될지', '이 결과에서 알 수 있는 사실은 무엇인지'를 스스로 적어보게 하면서 자연스럽게 서술형 쓰기 연습을 하도록 돕거든요.

실제로 단원평가나 수행평가에서 실험관찰에 썼던 문장들이 그대로 문제로 나오는 경우도 많아요. 수업을 잘 듣고, 실험에 적극적으로 참여하며, 워크북을 정성껏 작성한 아이는 평가에서도 유리할 수밖에 없습니다. 과학은 요약 노트보다도 수업 시간의 '몰입도'에 성적이 좌우되는 과목이라고 할 수 있어요.

그래서 과학 복습을 계획할 때는 꼭 두 권의 교과서를 함께 활용해야 합니다. '과학 교과서'로 개념을 정리하고, '실험관찰'을 통해 그 개념을 실제 상황에 적용해보는 훈련을 하는 거죠. 이 과정에서 아이는 단순한 암기가 아닌, 생각하고 추론하는 힘을 키웁니다. 서술형 문제도 자연스럽게 익숙해지고요.

어떻게 보면, 과학 교과서와 실험관찰은 아이가 '이해→표현'의 과정을 오롯이 연습해볼 수 있는 완벽한 짝꿍입니다. 아이가 실험을 하며 몰입한 그 순간, 흥미롭게 썼던 그 문장들이 나중엔 '과학적 사고력'이란 이름으로 평가에 등장하니까요. 세상에 이렇게 잘 만든 교재가 또 있을까요? 문제집부터 풀어보기 전에 교과서 두 권을 아이와 함께 천천히 읽어보는 것부터 시작해보세요.

과학 단원평가, 무리하지 않아도 괜찮아요

과학 단원평가는 그 자체로 '수업 복습의 완성'이에요. 많은 부모님이 시험을 앞두고 문제집을 한 권 더 사야 하나 고민하시지만, 과학은 정말로 교과서와 수업만으로도 충분히 대비할 수 있는 과목입니다. **특히 실험관찰에 정리한 내용이 단원평가의 서술형 문항으로 그대로 나오는 경우가 많죠.** 그러니 부모는 아이가 평소 수업에 성실히 참여하고 실험 내용을 직접 정리해보는 습관을 잡을 수 있도록 차분히 도와주면 됩니다. 실제 서술형 문항은 이런 식으로 출제됩니다.

- "필통에 자석을 이용하면 편리한 점은 무엇인지 서술하시오" (3학년)
- "이암, 역암, 사암의 특징을 각각 서술하시오" (4학년)
- "북극성이 다른 별들과 구별되는 특징을 서술하시오" (5학년)
- "뿌리털은 식물의 어느 부분에 어떤 모양으로 있으며, 그 역할은 무엇인지 설명하시오" (6학년)

서술형 문항은 여전히 낯설고 어렵습니다. 특히 과학은 '암기'보다는 '이해'와 '표현'을 함께 요구하기 때문에 더더욱 그래요. 하지만 서술형 평가라고 해서 겁먹을 필요는 없어요.

과학 서술형 평가에서 가장 중요한 건 '외우는 힘'이 아니라 '이해하고 표현하는 힘'입니다. 교과서와 실험관찰, 그리고 일상 속 대화만 잘 활용해도 충분히 준비할 수 있어요. 부모가 조금만 천천히 기다려주면, 아이는 어느새 자기 말로 과학을 설명할 수 있는 힘을 갖게 될 거예요.

실험관찰을 소홀히 하지 마세요. 실험 결과를 정리하고, 이유를 설명하고, 예상을 덧붙이며 쓰는 과정이 자연스럽게 서술형 문제의 연습이 됩니다. "왜 그렇게 되었나요?", "어떤 원리 때문인가요?" 같은 질문에 익숙해지면 서술형 문항도 덜 부담스러워져요.

교과서 문장을 소리 내어 읽고 따라 써보는 연습도 함께 해보세요. 과학 교과서는 추상적인 설명보다는 간결하고 정확한 문장으로 개념을 설명해주기 때문에 문장 구성 자체가 서술형 답안의 좋은 모델이 됩니다. 예를 들어, "식물의 뿌리털은 흡수를 도와준다"는 문장을 아이가 자기 말로 바꿔 설명해보거나, 한 문장으로 요약해보는 연습도 도움이 됩니다.

그 연습을 충분히 했다면 '말로 설명해보기' 훈련도 도움이 됩니다. 서술형 문제를 쓰는 데에 어려움을 느끼는 아이들 대부분은 '쓰는 게 어려운 게 아니라, 무슨 말을 써야 할지 몰라서' 막히는 경우가 많아요. 그럴 땐 아이가 말로 설명해보게 하세요. "자석은 왜 떨어지지 않았지?", "별은 왜 낮에 안 보여?" 같은 질문을 가볍게 던지고 아이가 이야기해보는 과정이, 글쓰기로 연결됩니다. 부모는 그저 고개를 끄덕이며 들어주면 충분해요.

무언가를 더 시켜야 할 것 같은 조급함, 우리 모두 이해합니다. 하지만 과학 단원평가는 오히려 '더하지 않고 덜어내는 공부'가 필요해요. 무작정 문제를 많이 푸는 것보다, 오늘 수업에서 배운 내용을 말로 설명해보고, 실험관찰에 천천히 정리하는 연습이 훨씬 효과적이에요. 과학은 이해와 표현이 전부예요. 단순히 외운다고 풀리는 시험이 아니니까요.

사교육 위주 과목 살펴보기

* 초등 공부 키워드: 사교육 선택 기준 | 한자 | 운동 | 악기 | 미술 | 코딩 | 제2외국어

 이 과목도 학원에 보내야 할까요?

    학부모가 되면 한 번쯤 고민하게 되는 과목들이 있습니다. 필수는 아닌 것 같은데 안 시키자니 불안하고, 하자니 아이의 일정에 무리가 가는 과목들. 대표적으로 코딩, 한자, 예체능, 역사 논술, 수학 심화, 독서 논술, 화상 영어 등이 여기에 해당하겠죠. 앞에서 다룬 국어, 수학, 영어, 사회, 과학이 기본 학습 과목이라면, 이 과목들은 선택의 여지가 많은 과목이에요.

    그래서 기준이 필요합니다. 그 기준은 늘 "아이가 원하는가?", "이걸 꼭 사교육으로 해야 하는가?"라는 두 가지 질문에서 출발해야 합니다. 그 과목을 왜 시작하려 하는지, 부모가 아닌 아이의 입장에서 들여다보는 거죠.

무조건 다 시켜야 한다는 생각은 오히려 역효과를 낳을 수 있어요. 아이는 학원을 전전하느라 피곤하고, 이동하는 데에만 하루 한두 시간을 쓰면서 정작 책 읽을 시간 30분도 가지지 못하면 곤란합니다. 진짜 놓치고 있는 건 과목이 아니라, 하루 중 온전히 집중해서 배우는 짧고도 소중한 시간일지도 몰라요.

'학원 안 보내면 안 되는 과목'은 생각보다 많지 않답니다. 중요한 건 시간을 쓰는 방식의 전환입니다. 버리는 시간 없이, 오히려 아끼는 마음으로 알짜배기 10분을 매일 채워보세요. 하루 10분이면 일주일에 70분, 한 달이면 5시간이 넘습니다. 작은 과목 하나라도 그렇게 시간이 쌓이면, 그건 사교육 못지않은 힘이 됩니다. 꼭 해야 해서가 아니라, 내가 원해서 내 삶에 맞게 선택하는 공부가 결국 아이에게 가장 오래가는 힘이 됩니다.

한자, 빠른 시작이 정답은 아니에요

한자 공부는 '어릴 때 해두면 좋다'라는 인식 때문에 조기 교육의 단골 과목이 되곤 합니다. '유아 한자', '초등 한자'라는 이름의 학습지가 인기인 것도 그 때문이지요. 그런데 한자는 소리로 익히는 것이 아니라 '글자 모양을 외우는 문자'다 보니, 입학 전 열심히 외운 한자도 꾸준히 반복하지 않으면 금세 잊힙니다. 그래서 유치원 땐 한자를 줄줄 읽던 아이가 초등학교에 들어가 다시 시작하려 하면, "이거 본 적은 있는데 기억이 안 나요"라는 말을 하게 되죠.

물론 한자는 어휘력 향상에 도움이 됩니다. 하지만 반대로, 한자를 몰라도 초등 시기의 어휘력이 떨어지지는 않습니다. 어휘력은 책을 읽고, 이야기를 나누고, 스스로 써보는 과정에서 충분히 자랄 수 있어요. 그래서 막연한 불안감에 한자 공부를 서두르기보다는, 아이가 필요성을 느낄 때 자연스럽게 시작하는 편이 훨씬 건강한 접근입니다. '얼마나 먼저 시작했느냐'보다 '얼마나 꾸준히 했느냐'가 훨씬 중요합니다.

요즘은 학교에서 '한자 인증제'를 운영하는 경우도 많습니다. 학년별로 50자 내외의 필수 한자를 정해두고 연 1회 평가를 보는 방식인데, 이것만 성실히 따라가도 6년 동안 무려 300자 이상의 한자를 익힐 수 있어요. 이 정도 수준만 되어도 중학교 교과서에 나오는 주요 어휘의 한자 풀이를 어렵지 않게 이해할 수 있습니다. 굳이 사교육을 하지 않아도, 학교 안에서 차곡차곡 실력을 쌓을 수 있는 똑똑한 방법인 셈이지요.

한자에 유난히 흥미를 느끼거나, 암기력이 뛰어난 아이들은 한자 급수 시험에 도전해보기도 해요. 한국어문회, 대한상공회의소, 한

자교육진흥회 등 여러 기관에서 시험을 주관하고 있고, 급수 체계나 난이도는 약간씩 다릅니다. 시험장에 가보면 초등 저학년인데도 상급자 시험에 도전하는 아이들도 있고요. 아이가 원한다면, 그 자체로 성취감을 느낄 수 있는 좋은 도전이 되기도 합니다.

운동, 성장을 위한 가장 확실한 투자

초등 시절의 운동은 단순한 활동 그 이상입니다. 이 시기의 운동은 성장판을 자극하고, 뼈와 근육을 튼튼하게 하고, 체력을 다지는 중요한 활동이에요. 그리고 이때 만들어진 몸의 기본기가 평생 건강의 토대가 됩니다. 아이가 하루 종일 책상에 앉아 있는 생활이 익숙해지기 전에, 몸을 움직이고 노는 습관을 먼저 만들어주는 것이 가장 효과적인 건강 교육입니다.

초등학교에 입학하면서 아이들은 다양한 운동을 접하게 됩니다. 축구, 수영, 줄넘기, 발레, 리듬체조, 태권도, 농구, 스케이트, 스키까지 정말 다양하죠. 어떤 운동을 계속할지, 어느 시점에 마무리할지를 두고 부모는 고민이 깊어집니다. **그런데 이때 너무 일찍 '특기'를 정하려 하기보다는, 중·저학년 시기엔 다양한 종목을 가볍게 경험해보게 하는 것이 중요해요.** 다양한 몸의 움직임을 익히는 경험이 결국 '내가 즐길 수 있는 운동'을 찾는 기회가 되거든요.

물론 현실적인 고민도 생깁니다. 운동 하나하나가 다 사교육이라면 비용 부담이 만만치 않지요. 그래서 가능한 한 운동은 학교의 방과후 프로그램을 적극 활용하는 것을 추천해요. 농구, 탁구, 줄넘기, 체력 교실 같은 수업들은 비교적 저렴하게 운동 경험을 쌓을 수 있는 좋은 기회입니다. 방과후 수업에서 흥미를 느끼고 고학년까지 이어질 정도라면, 이후 사교육은 굳이 추가하지 않아도 충분하답니다.

게다가 운동은 꼭 학원에서만 가능한 활동이 아니에요. 달리기, 산책, 자전거 타기, 가벼운 등산은 누구나 시도해볼 수 있는 좋은 전신 운동이에요. 정해진 프로그램이 없어도, 매주 주말마다 가족과 함께 걷거나 달리는 시간만 만들어줘도 아이의 체력과 자존감은 눈에 띄게 자라납니다. 오히려 이런 자연스러운 운동 루틴이 평생 습관으로 이어지기도 해요.

중학교에 가면 대부분 아이의 운동량이 급격히 줄어듭니다. 수행평가, 시험 준비, 내신 경쟁으로 인해 수면 시간이 줄고 체력이 떨어지기 쉽죠. 이때 진가를 발휘하는 것이 바로 초등 시절부터 꾸준히 해온 운동 습관입니다. **체력이 뒷받침되는 아이는 학업 스트레스도 더 잘 견디고, 컨디션 조절도 훨씬 수월해요. 그래서 초등 시기는 어떤 운동을 잘하느냐보다, 어떤 운동을 즐겁게 기억하고 꾸준히 하느냐가 더 중요합니다.** 운동은 점수를 위한 공부가 아니기 때문에, 아이의 리듬과 성향에 맞게 그리고 조금은 여유 있게 바라봐 주세요.

악기, 즐겁게 시작 자연스럽게 정리

1~2학년 시기 피아노 학원에 다니는 아이들이 많은 이유, 다들 아시죠? 음악 수업과 연계해서 실질적인 도움이 되기 때문이에요. 초등 3학년부터 본격적으로 시작되는 음악 수업은 다양한 악보 읽기와 간단한 연주 활동이 기본입니다. 이때 계이름을 알고, 악보를 자연스럽게 읽고 따라갈 수 있는 아이들은 확실히 수업에 자신있게 참여합니다.

학교마다 운영되는 '1인 1악기 제도'에서도 이런 차이가 나타나요. 피아노 학원 경험이 있는 아이들은 익숙하게 계이름을 읽고 연주에 도전하지만, 악기를 처음 접하는 아이들은 어쩔 줄 몰라 당황하기도 하죠. 그렇다고 해서 모든 아이가 피아노를 반드시 배워야 하는 건 아닙니다. 학교 수업 안에서도 계이름과 기본 리듬 읽기는 충분히 배울 수 있고, 음악에 대한 이해도는 수업 참여만으로도 자랄 수 있으니까요.

악기를 배우는 건 어디까지나 '선택'의 문제입니다. 기본 피아노 외에도 바이올린, 첼로, 우쿨렐레, 플루트, 드럼, 기타 등 다양한 악기들이 요즘 아이들에게 인기인데요. 아이가 음악에 흥미를 느낀다면 이런 다양한 악기를 체험해보는 것도 좋은 기회가 됩니다. 특히 중·저학년 시기의 음악 경험은 음악을 즐기는 취미를 가진 성인으로 성장할 수 있는 귀중한 씨앗이 되지요.

하지만 현실적인 판단도 필요해요. 악기 수업은 대부분 시간과 반복 학습이 필요한 사교육이기 때문에, 고학년이 되면서 정리되는 경우가 많습니다. 아이가 음악 활동에 더 이상 흥미를 느끼지 않거나, 시간적 여유가 줄어드는 상황이라면 자연스럽게 정리해도 괜찮아요. 중요한 건 부모의 바람이 아니라, 아이의 의견과 리듬에 맞춘 선택입니다.

중학생이 되면 음악도 수행평가 중심의 감상과 이론으로 무게가 옮겨갑니다. 그러니 초등 시기에는 '얼마나 잘하느냐'보다, '얼마나 즐겁게 배웠느냐'가 더 중요해요. 악기는 점수보다 마음과 감정의 표현 수단이잖아요. 억지로 배우게 하기보다 아이가 즐겁게 연주할 수 있는 악기 하나쯤 마음에 품고 자란다면, 그건 이미 충분히 아름다운 음악 공부입니다.

참고로 악기별로 추천 시기를 살펴보면, 피아노는 손가락 힘이 안정되는 초등 1~2학년이 적기입니다. 이 시기에 기본기를 잡아두면 이후 어떤 악기로도 자연스럽게 확장이 가능해요. 리코더, 우쿨렐레, 단소는 3~4학년 학교 수업과 연계하기에 좋고, 기타나 드럼, 플루트, 바이올린 같은 악기들은 악보 읽기와 연주 감각이 어느 정도 갖춰지는 4~5학년 이후가 부담이 덜합니다. 첼로는 체격이 받쳐줘야 하니 고학년부터 천천히 접근해도 늦지 않아요. **무엇보다 중요한 건 시기**

가 아니라, 아이의 호기심이 시작되는 순간입니다. 그 타이밍을 놓치지 않고 따뜻하게 응원해 주세요.

미술, 수행평가는 걱정하지 마세요

시간적 여유가 있는 중·저학년 시기에 아이의 흥미에 따라 미술 수업을 경험해보는 건 아주 좋은 선택이에요. **정해진 답이 없고, 결과보다 과정이 더 중요하기 때문에 아이의 개성과 감정 표현이 마음껏 발휘될 수 있는 소중한 시간이 되기도 합니다.** 다양한 재료를 다뤄보거나, 상상한 걸 눈앞에 그려내는 경험은 아이에게 특별한 자신감도 심어줘요.

만약 아이가 미술을 좋아하고 꾸준히 배워보고 싶어 한다면, 그 마음이 있을 때 시작하는 것이 가장 좋습니다. 그리고 꼭 학원이 아니어도 괜찮아요. 가정에서 주말마다 크레파스나 색연필, 물감으로 자유롭게 표현해보는 활동만으로도 충분히 예술 감각은 자랍니다. 무엇보다 중요한 건 아이가 '그리는 시간을 즐거워하는지'입니다.

"수행평가 때문에 미술 학원을 보내야 하나요?"라는 질문, 참 많이 받습니다. 중고등 교과 연계를 생각하다 보면 왠지 미리 준비해야 할 것 같고, 그림을 안 그려본 아이는 평가에서 손해를 볼까 봐 걱정되기도 하죠. 그런데요, **미술 수행평가는 '얼마나 잘 그렸느냐'가 아**

니라, '얼마나 성실하게 참여하고 완성했느냐'를 보는 평가입니다. 평가의 본질은 창의성과 표현력이지, 기술적인 완성도가 아니에요.

수행평가를 염두에 두고 억지로 미술 학원을 시작할 필요는 없습니다. 억지로 시작한 미술은 점수는커녕 오히려 자신감을 떨어뜨릴 수 있어요. 아이가 평소에 그림 그리기를 좋아했다면 학교 미술 시간에도 주도적으로 참여하고, 표현에 대한 즐거움을 그대로 드러냅니다. 그 마음이 바로 미술 평가에서 가장 중요한 요소예요.

미술은 점수를 위한 과목이 아니라, 감정을 표현하고 마음을 안정시키는 중요한 활동입니다. 초등 시기에 미술을 통해 자기표현의 기쁨을 알게 된 아이는 중고등 시기에도 미술을 스트레스가 아닌 휴식처럼 받아들이게 됩니다. 억지로 시작하지 않아도 괜찮아요. 아이의 리듬과 여유에 맞춰, 즐거운 미술 경험 하나쯤 가볍게 선물해주는 것, 그걸로 충분합니다.

코딩, 불안해서 서두를 필요는 없어요

'코딩 수업'이라는 바람이 한 차례 불고 지나갔습니다. 인공지능 시대, 미래 역량, 디지털 문해력 같은 말들이 넘쳐나면서, 왠지 지금 당장 학원을 추가하지 않으면 뒤처질 것 같은 불안이 밀려오곤 하죠. 하지만 말씀드리고 싶은 건 단 하나예요. **불안해서 시작하는 코딩은**

오히려 아이에게 '어려운 과목'이라는 인식만 남깁니다.

코딩 교육은 2022 개정 교육과정에 따라 고등학교까지의 필수 과목이 되었지만, 초등 시기에 꼭 사교육으로 시작해야 하는 과목은 아닙니다. 기초 개념만 익혀두면 고학년의 실과 과목에서 배워 충분히 따라갈 수 있어요. 특히 초등 코딩은 문제 해결, 알고리즘 감각, 논리적 사고력을 기르는 것이 핵심이기 때문에, 이걸 위해 다른 중요한 시간을 희생하면서까지 학원을 추가할 필요는 없습니다.

코딩을 접해보고 싶다면 방과후 학교의 컴퓨터 수업을 이용해보세요. 대체로 초등학교에는 1학년부터 정보·컴퓨터 수업이 개설되어 있어요. 6학년까지 매 학기 꾸준히 참여하면 자연스럽게 기초가 쌓입니다. 블록 코딩, 간단한 게임 만들기, 알고리즘 흐름 이해 등 대부분의 방과후 수업은 아이들이 재미있게 접근할 수 있도록 잘 구성되어 있어요.

중요한 건 지금 뭘 얼마나 더 시키는지가 아니라, 어떤 마음으로 접하는지예요. 아이가 코딩을 놀이처럼 즐길 수 있다면, 그 경험 하나로도 훗날 컴퓨터를 활용하는 태도가 달라집니다. 반대로 학원에서 반복적인 과제와 어려운 개념만 주입받으면, 오히려 코딩에 대한 흥미를 잃고 나는 컴퓨터를 잘 다루지 못한다는 생각을 먼저 하게 되기도 해요.

초등 시기의 코딩 교육은 '미래를 준비하는 기술'이 아니라 '즐겁

게 배우는 도구 경험'이어야 합니다. 아이가 흥미를 보인다면 방과후 수업부터 가볍게 시작해보세요. 컴퓨터를 좋아하지 않아도 괜찮고, 아직 관심 없어도 전혀 늦지 않았습니다. 마음의 여유를 갖고 천천히 접근하면, 필요한 때에 필요한 만큼 잘 따라갈 수 있어요.

제2외국어, 해야 할까? 해도 될까?

초등 시기에 가장 많이 접하는 제2외국어는 단연 중국어입니다. 유치원 방과후 수업으로 중국어를 시작한 아이들도 꽤 많고, 중국어 동요나 학습만화도 쉽게 접할 수 있다 보니 요즘은 영어 다음으로 자연스럽게 배우게 되는 언어가 되었죠. 하지만 대중화되었다고 해서 중국어가 영어처럼 꼭 배워야 할 필수 과목인 건 아닙니다.

중학교에 진학하면 제2외국어를 선택하는 경우가 생기지만, 모든 학교가 중국어를 필수로 채택하는 건 아니에요. 어떤 학교는 일본어, 어떤 학교는 스페인어, 어떤 곳은 아예 제2외국어를 선택하지 않기도 한답니다. 따라서 중학교 성적을 염두에 두고 초등 시절부터 무리하게 시간을 쏟을 필요는 없습니다. 그 시간에 영어를 탄탄히 다지고, 독서와 글쓰기 시간을 놓치지 않는 것이 오히려 더 중요해요.

다만, 아이가 새로운 언어에 흥미를 느낀다면 가볍게 시작해보는 건 좋습니다. 방과후 학교나 학습지처럼 부담 없는 방식으로 노출을 늘려가면서, '외국어를 배운다'라는 즐거움을 경험하는 정도면 충분해요. 단, 이로 인해 하루 30분 책 읽을 시간조차 없어지는 상황은 피해야 해요. 제2외국어는 재미로 시작하되, 학습의 중심에 둘 과목은 아니라는 걸 기억해 주세요.

꾸준히 흥미를 이어가는 아이라면 중국어, 일본어 주니어 급수 자격시험에 도전해보는 것도 의미 있어요. 말 그대로 아이 수준에 맞춘 입문자용 시험이기 때문에 실력을 확인해보고, 작은 성취감을 맛보는 좋은 계기가 될 수 있죠. 하지만 어디까지나 아이가 원할 때, 부담 없는 속도로 준비하는 걸 전제로 해야 합니다.

결국 제2외국어도 마찬가지예요. '해야 할까?'보다는 '해도 될까?'의 마음으로 접근하는 게 더 현명합니다. 초등 시절은 언어를 즐겁게 받아들이는 유연함을 기르는 시기예요. 꼭 성적이나 시험이 아니어도, 아이가 다양한 언어에 호기심을 느끼고 자연스럽게 도전해보는 경험만으로도 충분히 의미 있는 시간이 됩니다.

초등, 다양한 공부 방법 시도하기

* **초등 공부 키워드:** 교과서 | 문제집 | 학습지 | 태블릿 학습 | 학원

공부, 어떻게 시작해야 할까?

아이도 원하고 필요하기도 해서 시작하기로 결심은 했는데, 교과서를 가지고 엄마표로 할지, 학습지를 신청해야 할지, 문제집을 사서 풀려야 할지, 학원에 보내야 할지가 또 고민입니다.

예체능 등의 전문적인 영역에 관해서는 사교육이 필요하지만, 학습에 관해서는 되도록 부모가 주도하여 습관을 잡아보세요. 다만 부모님 중 한 분이 집에서 아이와 함께 시간을 보낼 여유가 있어야만 가능한 방법이다 보니 모두가 할 수 있는 건 아닙니다. 퇴근이 늦은 맞벌이 부모가 주변 도움 없이 초등 저학년 아이의 공부 습관을 만들어야 하는 경우, 공부를 이끌어줄 엄마나 아빠가 몸이나 마음이 일시적으로 건강하지 못한 경우, 어린 동생들 때문에 집에서 집중하기 힘든 경우는 사교육의 도움이 필요합니다. 이 경우 아이가 자라고, 부모가 건강을 되찾고, 어린 동생들이 커가면 언제든 다시 집 공부를 시작할 수 있다는 마음으로 사교육에 대한 막연한 죄책감, 거부감에서 벗어났으면 합니다.

저 역시 바쁘고 힘에 부쳤을 때 사교육의 도움으로 공부 슬럼프를 이겨낸 경험이 있습니다. 엄마표는 공부를 시작하고 틀을 잡기 위한 가장 기본이 되는 방법일 뿐, 모든 상황에서 최선은 아닙니다. 모든 과목을 반드시 부모님과 집에 앉아서 해야 하는 것이 매일 공부의 의미가 아니란 것, 잘 아시죠?

제가 걱정하는 건 무턱대고 '우리 아이 성적 책임져주세요'라며 사교육에 의지하는 모습입니다. 아이의 성향과 부모님의 상황, 가족 전체의 상황에 맞게 적절히 사교육을 활용하되 거기에 끌려가지 않기를 바랍니다. 부모가 주도권을 잡고 아이에게 가장 적절한 방법으로 엄마표와 사교육을 적재적소에 배치하여 가성비 만점, 아이도 부모도 만족스러운 초등 공부를 계획하길 바랍니다. 이제 어떤 무기를 가져야 최상의 효과를 끌어낼 수 있을지 함께 고민해보겠습니다. 지혜로운 선택을 하기 위해서는 정확히 알아야 할 것들이 있습니다.

교과서, 초등 공부의 가장 확실한 기준

초등 공부의 출발점은 언제나 '학교 진도'입니다. 아이가 지금 학교에서 배우고 있는 내용을 잘 이해하고 있는지, 매일의 수업 흐름을 놓치지 않고 따라가고 있는지를 확인하는 것이야말로 초등 공부의 핵심이에요. 사고력 수학 문제를 잘 풀고 선행 진도가 빠르게 나가고 있어도 학교 공부에 구멍이 생기면 그 모든 공부는 위태로운 탑이 되고 맙니다. 그래서 '학습의 중심은 언제나 학교 진도'라는 원칙을 잊지 말아야 해요.

학원에 다니고 문제집을 푸는 이유도 결국은 학교 진도를 잘 따라가고 있는지를 확인하기 위해서죠. 그 확인을 도와주는 최고의 도구가 바로 교과서입니다. 공교육에 몸담았던 사람으로서 드리는 말씀이 아니라, 실력 있는 교수님들과 현직 교사들이 팀을 이뤄 국가 교육과정에 맞춰 오랜 시간 연구하고 만든 교과서는 정말 잘 만든 책이에요. 수업 시간에만 쓰고 덮어두기엔 아까운, 그 자체로 최고의 문제집이자 개념서입니다.

제가 교사로 근무하던 시절, 자주 했던 말이 있어요. "교과서가 너무 좋아서 문제야" 교과서가 워낙 잘 만들어져 있다 보니, 아이들의 연필 끝이 겨우 스치고 지나가는 수준으로만 쓰이고 버려지는 게 너무 안타까웠어요. 내용, 삽화, 종이의 질, 편집 모두 동급 최강입니다.

시중 문제집이 아무리 비싸고 유명해도, 지금의 교과서만큼 탄탄하고 정제된 구성은 드물어요. 아이가 공부에 흥미가 없다면 문제는 교과서가 아니라 활용 방식에 있을 가능성이 큽니다.

교과서 복습이라고 해서 거창한 것이 아닙니다. 오늘 배운 단원을 다시 읽고, 나만의 말로 개념을 설명해보고, 문제를 스스로 풀어보는 것만으로도 충분합니다. 국어는 지문을 다시 읽고 질문을 던져보는 식으로, 수학은 수학익힘책을 함께 풀어보는 방식으로, 사회와 과학은 삽화와 활동지를 활용해 요약 정리를 해보세요. 교과서에 대한 이해 없이 문제집부터 풀기 시작하면, 그건 모래 위에 집을 짓는 격이에요. 교과서 복습이 선행된 후에야 심화나 선행, 사고력 문제 풀이가 제대로 제 역할을 해냅니다.

무엇보다 교과서는 가성비가 뛰어납니다. 제일 훌륭한 교재를 저렴한 비용으로 활용할 수 있는데, 활용하지 않는다면 그게 오히려 낭비죠. 국어, 수학익힘책, 사회, 과학, 실험관찰 교과서 다섯 권만 따로 구입해 집에 두고 복습용으로 활용해보세요. 학교 사물함에 두고 온 교과서를 기다릴 필요 없이, 집에서도 매일 차분한 복습이 가능합니다. 교과서로 기초를 다지고, 아낀 시간과 비용은 아이와의 여유 있는 하루에 투자해 주세요. 그것이 진짜 교육의 힘입니다.

문제집, 제대로 활용하면 무기가 됩니다

문제집은 아이가 배운 내용을 잘 이해하고 있는지를 확인하고, 조금 더 어려운 수준에 도전해볼 수 있는 훌륭한 도구입니다. 특히 교과서와 배움 공책으로 기본 복습을 마친 후, 심화나 독해, 사고력 문제에 도전하며 성취감을 느끼는 아이에게는 문제집이 매우 효과적인 학습 무기가 될 수 있어요.

문제집 선택의 가장 큰 원칙은 간단합니다. 기본은 교과서 복습, 이후에 추가하는 문제집은 목적별로 선택하는 거예요. 아이의 수준과 학습 목표에 따라 심화, 독해, 사고력, 선행 등 다양한 문제집을 활용할 수 있지만, 그 순서를 바꾸면 학습 효과는 떨어지고 아이는 금세 지칩니다. 학부모 상담을 하다 보면 "어느 출판사 문제집이 제일 좋아요?"라고 묻는 분들이 많지만, 사실 대부분의 시중 문제집은 일정 수준 이상의 완성도를 갖추고 있어요. 문제집 선택의 기준은 '어떤 문제집을 고를지'보다, '어떻게 꾸준히 끝까지 잘 활용할지'에 두셔야 해요. 만약 학원에 다니고 있는 과목이라면, 그곳에서 사용하는 교재를 우선 알차게 활용하세요.

아이에게 문제집을 고르게 할 때 가장 흔한 실수는 '선택권을 주는 방식'을 잘못 해석하는 것입니다. **선택권을 준다는 건 '덧셈을 할지 뺄셈을 할지'가 아니라, '덧셈을 하기로 했을 때 어떤 출판사의 문**

제집이 더 마음에 드는지'를 고르게 해주는 것이에요. 먼저 부모가 아이의 수준과 필요한 영역을 판단해 문제집의 종류와 난이도를 정한 뒤, 그 안에서 디자인, 색깔, 구성이 마음에 드는 책을 고르게 해주세요. 아이가 직접 책을 고르면 애착도 생기고, 공부에 대한 주도성도 조금씩 자라납니다.

얇은 문제집 하나를 처음부터 끝까지 완성하는 경험이 아이에게는 매우 중요합니다. 두껍고 어려운 책을 사줬는데 몇 장만 풀고 지겨워하면 서로에게 스트레스만 쌓이죠. 그래서 처음에는 한두 달 안에 마무리할 수 있는 얇고 실속 있는 문제집을 추천해요. 책 한 권을 다 풀었을 때 아이가 느끼는 '내가 해냈다!'라는 감정은 다음 공부의 연료가 됩니다. 문제집을 다 풀면 아이와 함께 서점에 가서 다음 책을 고르게 해보세요. "이번엔 어떤 걸 골라서 어떤 선물을 받아볼까?" 하며 아이의 눈이 반짝일 거예요.

그리고 마지막 팁 하나, 다 푼 문제집은 절대 버리지 마세요. 책장 한 편에 다 푼 문제집들을 차곡차곡 쌓아두면, 그 자체로 아이의 공부 히스토리가 되고 자존감 성장의 발판이 됩니다. 한 해가 끝날 때쯤, 그 문제집들을 탑처럼 쌓아놓고 온 가족이 함께 아이의 성장을 칭찬해보세요. 아이는 '내가 정말 많이 했구나'라는 감정을 온몸으로 느끼며, 다음 공부를 향한 내적 동기를 더 단단히 세울 거예요.

학습지, '의존'이 아니라 '활용'이 되어야 합니다

한글을 떼기 위해 시작했던 학습지가 어느덧 초등 고학년이 되었는데도 이어지는 경우가 있습니다. 부모가 아이 공부를 매일 챙기기 어렵고, 모든 과목을 학원에 맡기기도 버거운 상황이라면 학습지는 분명 현실적인 대안입니다. 비교적 저렴한 비용으로 시작할 수 있어서 많은 아이의 첫 사교육으로 자연스럽게 선택되는 이유이기도 하죠. 하지만 아무리 가성비가 좋아도 활용하지 못하면 시간과 돈 모두 낭비될 수 있어요.

학습지는 특히 공부 습관이 부족한 저학년 아이들에게 큰 도움이 됩니다. 매주 방문하는 선생님이 진도를 점검해주는 시스템은 부모의 잔소리보다 훨씬 부드럽고 꾸준한 자극이 되거든요. 특히 반복해서 실패 경험을 겪고 있는 과목, 또는 부모가 직접 도와주기 어려운 중국어나 한자 같은 과목은 학습지로 흥미를 붙여보는 것이 좋은 시작이 될 수 있습니다. 부모와는 늘 충돌하던 공부도, 잘 맞는 선생님과 만나면 달라지는 아이들, 종종 보셨을 거예요.

하지만 학습지를 잘 활용하지 못하면 오히려 나쁜 습관이 굳어질 수도 있습니다. 수업 전날 밀린 학습지를 몰아 하느라 늦게까지 공부하고, 교실에서 급하게 문제를 푸는 아이들의 모습은 안타깝기만 해요. 이런 식의 '벼락치기 숙제'가 반복되면, 공부는 습관이 아닌 고통으로 남고 맥락 없는 채우기식 학습이 됩니다. **학습지는 매일, 짧게, 꾸준히 해야 제 역할을 합니다.** 수업 전날 몰아서 하는 학습지라면, 차라리 그 비용으로 맛있는 빵을 사드시는 게 낫습니다.

그렇다면 학습지는 언제까지 해야 할까요? 이 질문을 정말 자주 받습니다. 목표 없는 학습지는 오래 할수록 무의미합니다. **시작할 때부터 6개월, 혹은 1년이라는 기간을 정해두고, 그 안에서 공부 습관을 만들며 선생님과의 수업을 충분히 누려보세요.** 그동안 공부 습관이 자리 잡았다면, 수영을 익힌 아이에게 더 이상 킥판이 필요 없듯 학습지도 그만둘 시점이 된 것입니다. 이후엔 아이 스스로 공부를 계획하고 실천해보는 자기주도 학습으로 자연스럽게 넘어가야 해요.

태블릿 학습, 지혜롭게 활용하세요

교과서와 문제집 대신 패드 하나로 전 과목을 공부하는 시대가 되었습니다. 온라인 학습지 서비스가 쏟아지면서 게임처럼 설계된 학습 보상 시스템 덕분에 아이가 공부를 '재미있게' 느끼기 시작했다는 이야기도 종종 들려요. 태블릿 학습은 식상하고 지루했던 종이 공부에서 벗어날 수 있다는 점이 매력적이죠.

하지만 반짝이는 화면 뒤에는 꼭 챙겨야 할 현실도 있습니다. **태블릿 학습은 '보는 공부'가 많고, '쓰는 공부'가 적다는 특징이 있어요.**

연산 실수, 철자 실수, 문장 구성력 부족은 대부분 '손으로 써보는 훈련'의 부족에서 시작돼요. 특히 중고등으로 갈수록 서술형 평가가 중요해지는데, 이건 손 글씨로 훈련하지 않으면 실전에서 힘을 발휘하기 어렵습니다.

따라서 연산, 받아쓰기, 일기, 영어 작문 같은 과목은 여전히 종이와 펜이 필요합니다. 패드로 개념을 익히고 게임처럼 복습을 하더라도, 실제로 '종이에 써보는' 시간이 반드시 병행돼야 해요. 그 균형이 무너지면 결국 기초가 흔들리고, 중고등에서 "왜 실력이 안 나오지?"라는 의문이 생길 수 있습니다.

또 하나 기억해두세요. 학습지는 어디까지나 도구입니다. 우리 아이에게 맞는 도구인지, 잘 활용할 수 있을지는 써보기 전엔 알 수 없어요. 덜컥 신청하기보다는 꼭 무료 체험을 통해 아이가 얼마나 집중하고, 흥미를 보이는지부터 살펴보는 게 좋습니다. 아이가 "이거 재밌어!"라고 말하는지, 아니면 "그냥 눌렀을 뿐인데 문제를 풀었대"라고 시큰둥해하는지, 그 차이는 부모만이 알아볼 수 있어요.

태블릿 학습은 공부 흥미를 돋우는 데엔 분명 도움이 될 수 있습니다. 하지만 그 흥미가 '깊이 있는 학습'으로 이어지려면 반드시 종이 공부와 나란히 걸어가야 해요. 도구는 그 자체로 답이 아닙니다. 우리 아이가 잘 활용할 수 있도록 도와주는 부모의 시선과 조율이 무엇보다 필요하다는 점, 잊지 마세요.

공부방, 소규모 학원

　선택이던 학원이 필수가 되었습니다. 맞벌이 부모에게는 방과 후 아이가 혼자 있는 시간을 줄여주는 고마운 공간이고, 예체능이나 외국어처럼 직접 가르치기 어려운 과목은 즐겁게 배울 기회를 주는 곳이죠. 주요 과목의 선행도, 그룹 수업도, 때로는 학습 습관까지도 잘 짚어주는 경우가 있어요. 물론 너무 어린아이가 학원 일정에 쫓기며 지치는 모습을 보면 마음이 아프지만, 그래도 '학원이 있어서 다행이다'라는 생각, 해보신 적 있으시죠?

　실제로 교실에서도 그런 아이들을 자주 만났었어요. 집에 혼자 있는 시간이 길어 학원에 다니기 시작했는데, 생각보다 좋은 선생님을 만나 공부 습관을 잡아가는 경우가 있거든요. 수업 시간에 "선생님, 이건 학원에서 배웠어요"라며 자신 있게 설명하는 모습을 보면, 그 시간이 헛되지 않았구나 싶어요. 물론 학원 시스템이 처음엔 낯설고 버거워서 지쳐 보이던 아이도 있었지만, 시간이 지나면서 자신만의 공부 루틴을 찾아가는 모습을 보면 '학원도 잘만 만나면 힘이 되는구나'라는 생각이 들어요. 이런 경험이 쌓이면 중고등에서도 스스로 계획을 세우고 학습을 이어가는 힘으로 연결됩니다.

　학원은 대부분 레벨 테스트를 봅니다. 문제는 이 테스트의 형식이나 난이도가 학원마다 천차만별이라는 거예요. 아이가 같은 날 두

군데 테스트를 봐도 결과가 전혀 다르게 나올 수 있어요. 그런데도 부모는 그 결과에 따라 학원을 결정하고, 괜찮다 혹은 안 된다 판단해버리죠. 절대적인 기준이 될 수 없는 걸, 너무 절대적으로 믿고 있는 건 아닌지 돌아보셔야 해요.

학원은 '누가 좋대'보다 '우리 아이에게 어떤 도움이 필요한지'를 먼저 따져야 해요. 예를 들어 영어학원이라면, 독서를 늘리고 싶은 건지, 말하기 중심인지, 쓰기나 토론 수업을 원하는 건지 목적을 분명히 해야 해요. 듣기는 잘하지만 읽기가 약한 아이라면 리딩 중심의 프로그램이 필요하고, 에세이를 잘 못 쓰는 아이라면 작문에 특화된 과정이 맞겠죠. 목적 없이 주변 추천만 듣고 덜컥 등록하면 학원 가기 싫다는 아이와의 갈등만 남습니다.

학원은 부모의 시간과 마음, 아이의 흥미와 적성, 그리고 실질적인 학습 효과가 모두 균형을 이뤄야 좋은 선택이 됩니다. 단순히 성적만 올리는 학원이 아니라, 아이가 공부에 자신감을 느끼게 하고 스스로 "나, 좀 늘었어!"를 말하게 해주는 학원을 찾으세요. 그리고 만약 결정이 어렵다면, 무조건 가까운 곳부터 고려하세요. 멀고 좋은 학원보다 가깝고 꾸준히 다닐 수 있는 학원이 결국 더 좋은 결과를 만들어준다는 걸 많은 부모가 고등학생 아이를 보며 깨닫곤 하니까요.

대형 학원, 서두르지 않아도 괜찮아요

공부에 눈을 뜨기 시작한 초등 아이, 대형 학원에 보내야 하나 고민되시죠? 주변에서 "벌써 다닌대" 하는 말에 마음이 조급해질 수 있지만, 조금만 숨을 고르고 아이의 현재를 먼저 살펴보세요. **공부방이나 소규모 학원에서 기본기를 차근차근 다진 후, 고학년쯤 대형 학원에 도전해도 충분합니다.** 학원 숙제, 레벨 테스트, 주간 테스트처럼 '학원 시스템'을 경험해본 아이는 대형 학원에 가서도 덜 당황하고 훨씬 수월하게 적응합니다. 또 열심히 하는 친구들 틈에서 긍정적인 자극을 받으면 공부 의욕도 한층 살아날 수 있어요.

하지만 대형 학원은 '진도'와 '레벨' 중심으로 움직입니다. 실력이 아니라 속도에 맞춰 수업이 흘러가기 쉽지요. 그러다 보니 부모가 아이의 학습 상태를 꼼꼼하게 확인하지 않으면, 속도만 앞서고 실력은 제자리에 머물 수도 있습니다. 숙제만 잘 내고 다닌다고 안심하다가 "언제 이렇게 구멍이 생겼지?" 하고 뒤늦게 깨닫는 경우도 적지 않아요. 초등 교실에서도 자주 봅니다. 대형 학원 다닌다고 자랑하던 아이가 정작 쉬운 문제 앞에서 멈칫할 때가 있어요. "이건 학원에서 안 했어요"라는 말이 입에 붙은 아이도 있고요. 말 그대로 '진도는 앞섰지만, 실력은 없는' 학습 상태가 될 수 있다는 얘기죠.

그래서 대형 학원은 다닌 시간보다 무엇을 제대로 배웠느냐가 중요합니다. 학원이 크면 클수록 부모가 신경 써야 할 것도 많아져요. 아이가 어떤 내용을 배우고 있는지, 어디에서 막히고 있는지, 수업 후 어떤 피드백을 받았는지를 꼭 체크해주세요. 담당 선생님과 소통하거나, 매일 짧게라도 아이와 학원 이야기를 나누는 게 좋습니다. "우리 부모님이 내 공부에 관심을 갖고 있구나" 하는 느낌은 아이 스스로 학습을 점검하게 하는 힘이 됩니다.

학원의 규모보다 더 중요한 건 아이의 학습 스타일과 현재 상태에 맞는지 여부입니다. 준비된 상태에서 대형 학원에 가면 분명 성장의 기회가 됩니다. 그러나 준비되지 않은 채 '남들도 다니니까'라는 이유로 덜컥 보냈다가 아이가 길을 잃을 수도 있어요.

초등은 기초와 자기주도 학습의 씨앗을 심는 시기임을 잊지 마세요. 조급해하지 마세요. 지금은 천천히 가도 괜찮습니다. 아이는 각자의 속도로 차근차근 성장하고 있어요. 부모의 믿음이, 그 속도를 지켜주는 가장 든든한 힘이 됩니다.

Chapter 3

초등 매일 공부 1년 계획

01

초등 매일 공부 계획 세우기

 초등 공부 시간의 진짜 의미

    초등학생은 하루에 몇 시간 공부해야 할까요? 부모라면 누구나 한 번쯤 고민해봤을 질문이죠. 저 역시 수많은 상담 자리에서 이 질문을 받습니다. 그런데 늘 대답하기가 쉽지 않습니다. 왜냐하면 공부 시간은 단순한 숫자의 문제가 아니기 때문이에요. 똑같이 1시간을 공부해도 어떤 아이는 그 시간 안에 집중해서 많은 걸 배우고, 또 어떤 아이는 멍하니 앉아만 있다가 끝내기도 하니까요. 공부의 '시간'보다 더 중요한 건, 그 시간 동안 어떻게 공부했는지예요.

    그렇다고 아무 기준도 없이 아이를 키울 수는 없지요. 그래서 우리는 늘 다른 집 아이들이 궁금해집니다. "다른 애들은 얼마나 하지?", "우리 아이는 너무 적은 걸까?", "혹시 너무 많이 시키는 건 아닐까?" 하지만 주변에 물어보기도 어렵습니다. 도움을 얻고 싶어 말을 꺼냈다가 "너무 시키는 거 아니야?"라는 핀잔이나, "그렇게 안 시켜서 어쩌려고?" 하는 반응에 불안해지거나 마음이 더 복잡해지곤 하죠. 결국 부모는 검색창과 씨름하며 '적정 공부 시간'을 찾지만, 딱 떨어지는 답은 어디에도 없습니다.

부모 입장에서 가장 두려운 건 '내가 너무 부족하게 시키는 건 아닐까', 혹은 '이 정도만 시켜도 괜찮은 걸까' 하는 불안이에요. 특히 사교육 없이 집에서 매일 공부를 시키고 있다면, 다른 집과 비교해서 우리가 잘하고 있는지 확인하고 싶은 마음이 더 커지죠. 그런 부모님들을 위해 학년별 공부 시간, 과목별 비율, 현실적인 공부 계획에 대한 가이드 라인을 차근차근 제시하려고 합니다.

하지만 그 전에 꼭 기억해주세요. 공부 시간은 결과가 아니라 과정입니다. 아이가 자기 속도에 맞게 공부와 친해지고 있는지, 매일의 공부가 부담이 아니라 습관이 되어가고 있는지를 먼저 살펴보세요. 정해진 시간이 중요한 게 아니라, 그 시간을 통해 아이가 '공부하는 힘'을 조금씩 기르고 있는가가 진짜 핵심입니다. 본격적인 이야기는 이제 시작입니다. 함께 하나씩 차근차근 짚어보도록 해요. 너무 조급해하지 마세요.

공부 계획의 핵심, 시간 활용

매일의 공부, 누구의 계획으로 시작되고 있나요? 부모가 잡아주는 공부 목표가 결국 아이 스스로 계획하고 실천하는 자기주도 학습으로 이어져야 한다는 사실, 알고는 있지만 현실적으로는 쉽지 않죠. 그래도 시도해보세요. 특히 초등 고학년쯤 되면 아이 스스로 생각하고 결정하는 경험을 자주 해야 합니다. 그래야 중고등에서 '어떻게 공부해야 할지 모르는 아이'로 남지 않아요. 이 시기의 작은 계획 세우기는 그 자체로 훌륭한 연습이 됩니다. 반사적으로 움직이는 사람은 마감이 닥쳐야 허둥대며 시작하지만, 주도적인 아이는 스스로 시간을 관리하고 일정을 조율할 줄 압니다. 매일, 매주, 매달 계획을 세우고 실천해보는 습관, 1학년부터도 충분히 가능합니다. 그리고 이 습관은 '자기주도 학습'의 든든한 뿌리가 되어줍니다.

공부 계획의 중심에는 늘 '시간'이 있습니다. '얼마나 오래 했는지'가 아니라 '어떻게 시간을 활용했는지'가 핵심이에요. 교실에서 보면 놀 시간도 없이 학원과 숙제에 쫓기던 아이가 정작 수업 시간에는 멍하니 앉아 있을 때가 있어요. 반대로 여유롭고 느긋한 아이가 집중력 있게 수업에 참여하고, 발표도 적극적으로 하는 모습도 자주 봅니다. 결국 시간의 양이 아니라 질의 문제입니다. 특히 초등 시절에는 책상에 오래 앉아 있는 것보다, 정해진 시간 안에 집중해서 학습

을 끝내고 나머지 시간은 마음껏 뛰놀 수 있도록 계획을 세우는 것이 더 효과적입니다. 이 과정을 통해 아이는 시간의 소중함과 집중의 힘을 자연스럽게 배웁니다.

부모로서 중요한 역할은 아이가 시간의 주인이 되도록 돕는 것입니다. 공부 계획을 부모가 대신 짜주기보다 아이가 스스로 시간표를 구성하고, 해보고, 수정하는 기회를 자주 주세요. 잘 안 되는 부분은 함께 점검하고, 실패하더라도 격려하며 기다려주는 여유가 필요해요. 초등 시절부터 자신의 시간을 스스로 관리해본 경험은 중고등에서 '학습 독립'으로 이어집니다. 특히 중학생이 되면 과목 수도 늘고 시간도 더 촘촘해지기 때문에, 초등 시절의 시간 활용 능력은 큰 자산이 됩니다.

무작정 공부 시간을 늘리는 것보다 아이가 자신의 시간에 책임을 갖고 쓰는 연습이 훨씬 중요합니다. 자기주도 학습은 하루아침에 할 수 없어요. 지금 이 순간부터 스스로 시간표를 짜고 실천하는 작은 시도들이 쌓여야 합니다. **공부 계획의 핵심은 단순한 일정표가 아니라 '시간을 다루는 힘'을 키우는 데 있어요.** 그 힘은 아이의 미래를 조금씩 바꿀 수 있습니다. 하루 10분이라도 스스로 계획하고 실행해본 아이는, 분명 한 걸음 성장 중입니다.

매일 공부 계획, 조율하는 것까지 실력입니다

공부 계획, 하루 한 장짜리 시간표로 끝나는 게 아니죠. 아이의 나이, 성향, 방과 후 일정, 컨디션까지 고려해야 현실적인 계획이 완성됩니다. 예를 들어, 일주일에 한 번 늦게 귀가하는 운동 수업이 있다면 그날은 당연히 공부 양도 조절해야 해요. 그런데도 매일 똑같은 양을 고집하면 어떨까요? 지친 아이는 억지로 책상 앞에 앉아도 집중은커녕 '공부는 힘든 거야'라는 부정적 감정만 남게 됩니다. 그럴 땐 과감히 줄여주세요. 영어책 두 권을 한 권으로, 연산 두 쪽을 한 쪽으로, 듣기는 5분만, 이렇게 평소보단 적은 양이라도 알차게 마무리하면 공부에 대한 부담이 줄어듭니다. 아이도 "이 정도는 할 수 있다"라는 자신감을 가지게 되지요.

문제는 예기치 않은 변수들입니다. 갑자기 아프거나, 계획에 없던 외출이나 가족 일정으로 공부 시간이 사라질 때가 있죠. 이럴 땐 불안해지기 쉽습니다. "이러다 습관 망가지는 거 아니야?" 싶기도 하고요. 하지만 하루 공부 빠졌다고 큰일 나는 거 아닙니다. 중요한 건 그 이후의 대처입니다. "어제 못했으니 오늘 두 배로 하자"라는 말은 아이에게 벅차기만 해요. 대신, 이렇게 제안해보세요. "어제 못한 공부를 오늘 다 하긴 힘들겠지? 어떤 방법이 좋을까?" 아이에게 선택권을 살짝 넘겨주는 거예요. 때로는 "오늘은 오늘 것만 할래요"라고 답할 수도 있지만, 괜찮습니다. 아이가 자신의 판단과 책임감을 존중받는 경험이 쌓이면, 자기주도 학습의 씨앗이 자랍니다.

이런 상황은 초등 고학년은 물론 중고등 시기에도 계속됩니다. 중학생이 되면 수행평가, 동아리, 친구 약속처럼 변수가 더 많아져요. 그러니 '계획대로 안 되는 날을 대처하는 연습'은 초등 때부터 중요합니다. 하루 일정이 흔들려도 무너지지 않고, 유연하게 다시 계획을 세우는 능력이야말로 진짜 실력입니다. 계획을 세운 후 지키는 것만이 아니라, 상황에 맞게 조정하는 힘까지 함께 키우는 게 목표입니다.

부모의 태도도 중요합니다. 공부 못 했다고 불안해하며 잔소리를 늘어놓기보다, 아이가 자기주도적으로 해결할 기회를 주는 편이 더 낫습니다. 작은 계획 조정도 아이가 직접 하게 해주세요. 그 과정에서 "공부는 강요가 아니라 내가 주도하는 거구나"라는 감각을 얻게 됩니다. 그리고 그 감각은 중고등 시기, 아이가 스스로 시간표를 짜고 실천하는 데 큰 힘이 됩니다.

하루 공부가 빠졌다고 해서 그날의 의미까지 잃지는 않았으면 합니다. 그 하루를 통해 아이는 '내 계획을 조절할 수 있다'라는 자율성과 유연성을 배웁니다. 부모는 '오늘은 이렇게 지나갔구나' 하고 받아들이는 넉넉함으로, 내일을 응원해주면 됩니다. '함께 짜는 계획, 함께 조정하는 경험'이야말로 초등 매일 공부의 핵심입니다.

공부 계획, 가장 중요한 건 아이의 생각

모든 부모의 바람은 하나일 거예요. "내 아이가 스스로 공부하는 아이로 자랐으면 좋겠다." 그런데 자기주도 학습이라는 큰 목표를 향해 나아가려면, 우리가 반드시 기억해야 할 사실이 하나 있습니다. 공부 계획과 수정 과정에 '아이의 고민'이 반드시 들어가야 한다는 것입니다. **처음엔 부모가 100% 주도하지만, 점점 그 주도권을 아이에게 자연스럽게 넘겨주는 과정, 그게 바로 자기주도 학습의 핵심이에요.** 얼렁뚱땅 시작해도 괜찮아요. 완벽할 필요 없습니다. 다만 매일의 작은 시도와 경험을 통해 아이가 "계획 세우기"라는 기술을 연습하고 발전시켜 나가는 기회가 되어야 해요.

또 하나 중요한 건 계획은 현실적이어야 합니다. 이미 잡혀 있는 사교육 스케줄, 방과후 수업 등을 꼼꼼히 고려해서 '실제로 가능한' 계획을 세우는 게 우선입니다. '어차피 다 못할 텐데' 식으로 무리한 계획을 세우고, 매번 실패하고 좌절하는 경험만 쌓인다면 공부에 대한 자신감도 함께 무너집니다. 반대로 하루 10분이라도 계획한 대로 해내는 작은 성공이 쌓이면, 아이는 "나는 할 수 있다"라는 자신감을 키웁니다. 그 작은 성공들이 결국 스스로 공부를 이어가는 힘으로 자라납니다.

그리고 계획에는 매일의 공부 시간만이 아니라, 방과 후 시간, 주말과 방학, 여행 중의 시간, 심지어 집안일이나 이동 중의 틈새 시간까지도 포함할 수 있어요. "언제 어디서 어떻게 공부할까?"를 아이와 함께 고민하고 나누는 과정이야말로 자기주도 학습의 시작입니다. 꼭 책상 앞에 앉아서만 공부하는 시대는 아니잖아요. 다양한 시간과 공간에서 공부를 '유연하게' 대하는 습관은 중고등 이후에도 매우 중요합니다.

초등 시절은 공부만 잘하는 아이보다는 시간을 잘 활용해서 하고 싶은 것도 해보고, 좋아하는 걸 찾아가는 아이가 되는 시기예요. 그래서 공부는 최소한의 시간으로 최대한의 효과를 누리는 방향으로 설계하는 게 좋습니다. 남은 시간엔 실컷 놀고, 다양한 경험을 하며 배우는 것, 그게 진짜 초등 공부의 완성입니다. 지금은 부모의 손길이 조금 더 필요하지만, 그 손길이 아이를 억누르는 방향이 아니라, 스스로 설계하고 실행해보는 기회를 주는 방향이면 충분합니다.

"오늘은 어떻게 공부할까?"라는 질문을, 이제는 부모가 아니라 아이가 던질 수 있도록 만드는 것, 그게 우리가 함께 그려야 할 가장 큰 그림입니다. 조급해하지 말고, 오늘도 한 걸음 물러서서 아이의 생각을 기다려주세요. 그 기다림이 언젠가 '진짜 자기주도 학습'이라는 열매로 돌아올 테니까요.

02 학기 중 평일 공부하는 법

 방과 후 매일 공부 시간

학기 중, 학교에서 돌아온 아이가 매일 얼마나 공부해야 할까요? 흔히 물어보시지만 답은 늘 애매한 질문입니다. 그래서 부모님들이 참고할 수 있는 가장 간단한 기준을 하나 소개해드릴게요. '학년 × 30분', 이 공식을 기억해두세요. 1학년은 30분, 2학년은 1시간, 3학년은 1시간 30분, 이런 식입니다. 이 시간에 독서 시간은 포함하지 않습니다. 방과 후에 아이가 스스로 책상에 앉아 공부하는 순수한 학습 시간만을 기준으로 삼는 거예요. 학년이 올라갈수록 공부량도 늘고, 집중할 수 있는 시간도 점점 길어지니까요.

하지만 꼭 먼저 고려하셔야 할 것이 있습니다. **계획은 시간보다 '공부량'을 중심으로 세우는 것이 훨씬 효과적입니다.** 30분 동안 공부하자고 말하면, 아이는 시계를 쳐다보며 '언제 끝나지?' 하고 기다리기 마련이에요. 대신 "오늘 연산 두 쪽, 영어책 한 권, 받아쓰기 준비"처럼 30분 안에 마칠 수 있을 만한 공부량을 구체적으로 정해주면 훨씬 집중력 있게 공부할 수 있습니다.

물론 공부 속도는 아이마다 천차만별입니다. 같은 연산 한 쪽을 푸는 데 어떤 아이는 3분, 다른 아이는 10분이 걸리기도 하죠. 그래서 우리 아이의 평균 공부 속도를 살펴보는 게 중요합니다. 매일의 학습 분량이 아이에게 너무 많거나 적지는 않은지 확인하고, 계획보다 오래 걸리면 양을 줄이고, 너무 금방 끝내면 조금 늘려서 집중 시간을 확보해주는 것, 이것이 가장 현실적인 공부 계획이에요.

방과 후 공부는 하루하루의 반복이 핵심입니다. 매일 지킬 수 있는 '적당한 분량'을 정하고, 그 분량을 아이가 스스로 체크하도록 도와주세요. 그러면 자연스럽게 시간 관리 능력도 함께 길러집니다.

마지막으로 공부를 끝낸 뒤의 아이 표정을 관찰해주세요. "오늘도 해냈다!"라는 작은 성취감이 쌓이면, 그 시간이 아이에게는 단순한 공부 시간이 아니라 성장 시간이 돼요. 방과 후 30분, 그 시간을 '양으로 계획하고, 결과로 격려하는' 방식으로 채워주세요. 공부는 억지로 하는 게 아니라 스스로 해내는 경험으로 남을 수 있도록요.

아침 시간, '공부'보다 더 중요한 게 있어요

아침 공부, 해야 할까요, 말아야 할까요? 부모에게 아침 시간은 놓치기 아까운 황금 같은 시간처럼 느껴집니다. 하루가 워낙 바쁘다 보니 책 한 장 읽을 틈도 없는 아이에게 '아침 20분, 뭐라도 해보자'라는 생각이 드는 건 너무도 자연스러운 마음이에요. 그런데 사람의 뇌는 잠에서 깬 후 최소 30분 이상의 워밍업이 필요하다는 사실, 알고 계셨나요? 늦잠 자고 허둥지둥 교실에 도착한 아이가 1교시 내내 멍하니 앉아 있는 이유, 바로 여기에 있습니다.

아침 시간의 1순위는 공부가 아니라 몸과 마음을 깨우는 것입니다. 상쾌하게 일어나, 적당히 몸을 움직이고, 간단한 아침 식사로 속을 채우며, 가족과 나누는 짧은 대화로 기분 좋게 하루를 여는 것이 가장 중요해요. 만약 아침마다 무거운 눈꺼풀을 억지로 들어 올린 채 하기 싫은 공부를 마주한다면 아이에게 아침은 두려운 시간이 되겠죠. 아침이 반갑지 않으면 하루를 가뿐하게 시작하기 어려워요.

아침 공부를 무조건 피하라는 얘기는 아닙니다. 아이의 컨디션과 일정에 여유가 있을 때는 아침을 가볍게 활용할 수 있어요. 예를 들어 등교 준비가 예상보다 빨리 끝났다면 영어 흘려듣기, 짧은 독서, 간단한 연산 문제 풀이처럼 시간은 짧지만 성취감이 높은 활동을 추천합니다. 단, 이때도 중요한 기준이 있어요. 아침 공부는 절대 '부담이 되면 안 돼요. 오히려 아이가 '이건 가볍게 할 수 있어'라고 느껴야 그 시간이 긍정적으로 남습니다.

먼저 아이의 의견을 들어보세요, 아침 공부의 시작은 거기서부터예요. "아침에 20분 정도 공부해보는 건 어떨까? 어떤 걸 해보면 좋을지 네가 골라봐"처럼 아이에게 선택권을 주세요. 처음부터 시간과 분량을 빡빡하게 정하기보다, 아이가 원하는 방식대로 일주일 정도 시도해보는 것이 좋습니다. 공부 자체보다 스스로 계획하고 실행해보는 경험이 더 큰 의미가 있으니까요.

만약, 아이가 아침에 일어나기 싫어하고, 괜히 밥 먹는 속도를 늦춰서 결국 학교에 지각하게 된다면? 그 아침 공부는 중단해야 합니다. 하루의 기분과 컨디션을 결정하는 아침 시간에 아이가 '스트레스'를 느끼기 시작했다면, 그건 공부보다 더 중요한 문제예요. 작은 공부 하나를 위해 활기찬 하루 전체를 망치는 실수는 하지 마세요.

초등 시절의 아침은 하루의 리듬을 배우는 시간입니다. 공부는 이 리듬 속에 자연스럽게 녹아들어야 힘이 되지요. 아침이 공부로도, 일상으로도 '기분 좋은 시작'이 될 수 있도록, 무엇보다 부모의 여유와 배려가 필요한 순간입니다. 그리고 그 여유는 아이가 '오늘 하루를 잘 살아낼 힘'이 됩니다.

취침 시간, 공부보다 먼저 지켜야 할 약속

하루의 공부를 마무리하지 못했더라도 정해진 시간에 잠자리에 드는 것, 이것만큼은 원칙으로 삼아주세요. 초등 아이에게는 수면의 질과 규칙성이 학습보다, 심지어 성적보다 더 중요합니다. 아무리 아침 시간을 잘 활용하고 싶어도 밤늦게까지 깨어 있다면 그 다음 날은 온종일 피곤하고 무기력할 수밖에 없어요. 공부의 효율은 뚝 떨어지고, 감정도 예민해지기 쉬운 상태가 되는 거죠.

물론 사람은 기질에 따라 '아침형', '저녁형'으로 나뉘기도 합니다. 어떤 아이는 밤이 깊을수록 눈이 반짝이고, 책상에 더 오래 앉아 있을 수 있다고 말할 수도 있어요. 하지만 초등 시절만큼은 '저녁형 인간'이라는 기질은 잠시 접어두는 게 좋습니다. 성장과 학습의 골든타임을 보내고 있는 시기이기 때문에, 규칙적인 수면 습관이 몸과 뇌의 건강한 발달에 절대적인 영향을 미치거든요. "밤에는 충분히 자고, 아침에는 가볍게 일어나기" 이 단순한 루틴이 쌓여야 학습 능력도 정서적 안정감도 함께 자라납니다.

초등 6년 동안은 밤 10시 이전에 잠자리에 드는 습관을 강력히 권하고 싶습니다. 가능하다면 9시쯤이면 더 좋고요. 그래야 아침 7시쯤 자연스럽고 기분 좋게 일어나, 여유 있게 등교할 수 있어요. 물론 그 시간에 맞춰 아이를 재우기란 결코 쉬운 일이 아니란 걸 잘 압니다. 잠든 아이를 바라보며 "드디어 하루가 끝났구나……." 싶을 정도로, 저녁 시간은 전쟁 같죠. 숙제에 내일 준비물에 씻기고 재우기까지, 어느 하나 쉬운 일이 없습니다.

그래도 잠드는 시간만큼은 부모가 지켜줘야 할 최소한의 선입니다. 조금 정신 놓고 있으면 어느새 10시를 훌쩍 넘기게 되죠. 그래서 밤 9시 30분에 알람을 맞춰두고, 이 시간까지는 모든 숙제와 공부, 준비물을 마치는 것으로 아이와 약속해보세요. 아이가 "해야 할 일이 끝났다"라는 개운한 마음으로, 좋아하는 책 한 권을 들고 침대로 가는 편안한 마무리의 루틴이 만들어지면 그것만으로도 성공입니다.

취침 시간은 단순히 잠자는 시간이 아니라, 아이의 하루를 잘 마무리하는 시간입니다. 어른과 마찬가지로 아이도, 이 시간이 평화롭고 안정적이어야 다음 날 활기찬 하루를 시작할 수 있어요. 작은 공부 하나를 더 하려고 늦게까지 책상 앞에 붙들어 두는 것보다, 제시간에 잠들어 아침을 기분 좋게 맞는 아이가 훨씬 건강하고 자기주도적인 아이로 성장할 수 있습니다.

학년별 매일 공부 예시

과목 \ 학년	미취학	1학년	2학년	3학년	4학년	5학년	6학년
국어		20분	20분	20분	20분	20분	20분
		교과서/일기쓰기	교과서/일기쓰기	교과서/일기쓰기	교과서/일기쓰기	교과서/일기쓰기	교과서/일기쓰기
영어	5분	5분	10분	20분	30분	30분	30분
	영어영상	영어영상	영어영상	영어영상	영어영상	영어영상	영어영상
	5분	5분	10분	10분	20분	30분	40분
	영어책 읽어주기	영어책 읽어주기	영어책 읽어주기	영어책 혼자 읽기	영어책 혼자 읽기	영어책 혼자 읽기	영어책 혼자 읽기
				10분	10분	10분	20분
				영어일기	영어일기	영어일기	영어일기
사회				10분	10분	10분	10분
				교과서 복습	교과서 복습	교과서 복습	교과서 복습

과목 \ 학년	미취학	1학년	2학년	3학년	4학년	5학년	6학년
수학	10분	5분	10분	10분	10분	10분	10분
	연산	연산	연산	연산	연산	연산	연산
		5분	10분	10분	10분	10분	10분
		교과서	교과서	교과서	교과서	교과서	교과서
						20분	30분
						심화, 선행	심화, 선행
과학				10분	10분	10분	10분
				교과서 복습	교과서 복습	교과서 복습	교과서 복습
총시간 (독서제외)	20분	40분	1시간	1시간 40분	2시간	2시간 30분	3시간
독서	10분	20분	20분	30분	30분	30분	30분
	읽어주기	읽어주기 혼자 읽기 낭독	읽어주기 혼자 읽기 낭독	읽어주기 혼자 읽기	읽어주기 혼자 읽기	혼자 읽기	혼자 읽기

03

방학 중 매일 공부하는 법

📊 엄마, 아빠만 바쁜 방학 공부?
'습관의 힘'으로 바꿔보세요

방학이 시작되면 다짐합니다. "이번 방학엔 진짜 매일매일 공부하는 습관을 만들어보자!" 하지만 며칠 지나지 않아 현실은 달라지죠. 아이는 놀고 싶고, 부모는 계획에 쫓겨 조급해지고……. 결국 방학이 끝날 무렵, "또 실패했어……."라는 아쉬움만 남기 쉽습니다. 사실 방학 중 공부는 부모도 아이도 꾸준히 하기가 정말 어렵습니다. 그래서 애초에 방학을 학기 중처럼 빡빡하게 보내려는 계획 자체가 무리일 수 있어요.

방학은 본래 쉼과 충전의 시간입니다. 여행, 체험, 만남, 그리고 아무것도 하지 않는 휴식까지 모두 방학의 중요한 의미예요. 공부만 하는 방학은 아이에게도 부모에게도 버겁고, 반대로 놀기만 하는 방학은 다시 일상으로 돌아오는 데 큰 에너지가 들죠. 핵심은 '유연하면서도 실천 가능한 공부 계획'을 세우는 것입니다. 무리한 목표는 내려놓고, 하루에 딱 이것만은 하자는 작은 계획. 그걸 지키는 습관의 힘을 경험하도록 해주는 게 방학 공부의 진짜 목적이에요.

놀 땐 마음껏 놀고, 할 땐 짧게라도 꼭 하는 것. 이 '최소한의 루틴'이 방학의 리듬을 만들어줍니다. 예를 들어 매일 아침 식사 후 30분, 혹은 자기 전 20분처럼 시간을 정해두고 가벼운 학습을 꾸준히 이어가는 거죠. 방학 숙제, 연산 한 장, 영어책 한 권, 짧은 일기 쓰기, 이 정도 분량이면 충분해요. 방학은 성적을 올리는 시기가 아니라, 공부 습관을 잃지 않게 '유지'하는 시간입니다.

또 한 가지 팁! 공부한 후에는 체크리스트나 스티커로 성취감을 보여주세요. 작지만 눈에 보이는 성과는 아이에게 "내가 해냈다"는 기분을 줍니다. 그 기분이 쌓이면, 방학이 끝난 후에도 "나 공부하는 아이야"라는 정체성이 이어집니다. 중고등으로 올라갈수록 '공부는 습관'이라는 말이 실감 나는데, 초등 방학이 바로 그 습관의 씨앗을 심는 시기예요.

방학 동안 부모만 바쁘고 아이는 느긋하게 보내는 것 같아 속상하시죠? 하지만 부모가 조율자 역할을 잘 해주면 아이도 자기 페이스 안에서 공부와 쉼을 조화롭게 경험할 수 있어요. 방학 공부, 실패로 남기지 마세요. 습관의 힘을 경험하는 시간으로 바꾸면 방학의 의미도, 공부의 느낌도 완전히 달라질 수 있습니다.

방학 중 복습과 예습, 가볍고 흥미롭게!

방학이면 "이번엔 예습, 복습 제대로 해보자!" 하고 의욕이 샘솟습니다. 그런데 막상 시작하면 어디서부터 어떻게 해야 할지 막막하고, 너무 많은 걸 하려다 지치고 포기하는 경우가 많아요. 방학의 예습, 복습은 '부담 없이, 필요한 만큼만' 하는 것이 핵심입니다. 아이가 공부에 흥미를 잃지 않으면서도, 학기 중 배웠던 내용과 다음 학기에 배울 내용이 자연스럽게 연결되는 공부를 경험하게 해주세요.

먼저 **복습은 무조건 처음부터 끝까지 다시 하는 게 아닙니다. 학기 중에 이미 공부한 내용에서 약한 부분만 핀셋으로 집듯이 골라서 복습하세요.** 이미 풀었던 문제집은 훌륭한 복습 교재입니다. 특히 문제를 다시 풀기보다 오답 노트처럼 문제를 다시 '분석'하는 경험이 아이의 실력을 확실히 다져줍니다. 단, 너무 깊이 파고들면 지칩니다. 복습은 기억을 되살리고 자신감을 회복하는 시간이어야 합니다. 아이가 어려워했던 단원, 틀린 문제들이 많았던 문제집의 페이지를 중심으로 가볍게 다시 보는 것만으로도 충분합니다.

예습의 핵심은 '개념에 대한 가벼운 노출'임을 기억하세요. 방학 동안 미리 다음 학기 교과서를 꺼내어 목차를 훑어보고, 흥미로운 단원부터 가볍게 읽어보는 방식으로 시작해보세요. "이 단원 재미있겠다", "이건 배워보고 싶어" 하는 호기심을 느끼게 해주는 것이 예습의 첫걸음이에요. 개념을 한 번 읽고, 교과서 그림이나 도입 부분을 같이 보고 이야기 나누는 것도 좋습니다.

문제집을 활용할 경우, 새 문제를 잔뜩 풀게 하기보다 교과서의 개념과 연결된 부분만 가볍게 풀어보는 방식을 추천합니다. 혹은 문제는 풀지 않더라도 설명 부분만 읽고 함께 이야기 나누는 방식도 효과적이에요. 특히 고학년 아이들은 예습을 통해 스스로 공부 계획을 세우는 연습도 할 수 있습니다. 예습의 목적은 완벽한 이해가 아니라 '익숙해지는 것'입니다. 학기 초 수업 시간에 "어, 이거 알아!" 하고 손을 들 수 있는 그 감각, 그것만으로 예습은 성공입니다.

복습과 예습 모두 방학이라는 시간의 여유 안에서 아이의 속도에 맞춰 가볍게 접근하는 것이 가장 중요합니다. 딱 필요한 만큼만, 즐겁게 할 수 있을 만큼만 하세요. 복습은 자신감을 심어주는 시간, 예습은 호기심을 자극하는 시간입니다. 그 두 가지 감각이 아이에게 공부를 더 '가까운 일'로 만들어줍니다. 이번 방학, 가볍고 똑똑한 예습과 복습으로 아이의 새 학기를 응원해보세요.

방학 '문해력 프로젝트'
- 매일 독서, 주 1회 글쓰기 루틴 만들기

방학은 문해력의 힘을 키울 절호의 기회입니다. 학기 중에는 시간에 쫓기느라 미뤄두기 쉬운 독서와 글쓰기, 이 두 가지를 루틴으로 만들어보세요. 특히 초등 시절의 문해력은 모든 과목의 기초가 되기 때문에, 방학 동안 매일 독서와 주 1회 글쓰기 루틴을 실천하면 학기 중 학습 효율도 자연스럽게 올라갑니다.

먼저 '매일 독서'를 루틴으로 만드는 것이 가장 기본입니다. 하루 10~30분, 아이의 수준과 일정에 맞춰 부담 없이 즐길 수 있는 책 읽기 시간을 만들어주세요. 중요한 건 분량보다 꾸준함과 즐거움이에요. 책 선택은 아이가 좋아하는 책으로 시작하고, 점점 다양한 주제로 넓혀가면 됩니다. 독서를 강요하지 말고, 책 읽는 환경을 자연스럽게 조성해주세요. 부모가 함께 읽거나, 홈 카페식 책 읽기 시간과 공간을 만들어주는 것도 좋은 방법이에요.

독서와 함께 꼭 연결해야 할 활동이 바로 '주 1회 글쓰기'입니다. 매일 쓰는 일기는 부담이 될 수 있으니, 방학 동안에는 일주일에 한 번, 자신이 읽은 책이나 경험한 일에 대해 글을 쓰는 시간을 정해보세요. 책에 대한 감상, 인상 깊었던 한 장면, 여행 중 느꼈던 점, 또는 친구와의 에피소드 등 주제는 자유롭게 정하고, 자신의 생각을 말로 풀어보고 글로 옮기는 연습을 하는 겁니다. 이때 부모는 평가자가 아니라, 대화 상대이자 독자로서 아이의 글을 읽어주면 아이는 글쓰기에 자신감을 가지게 됩니다.

이렇게 매일 독서, 주 1회 글쓰기 루틴이 자리잡으면 아이는 스스로 "나는 책 읽고 글 쓰는 아이야"라는 문해력 정체성을 갖게 됩니다. 이 습관은 단순히 국어 실력을 넘어서, 모든 교과 학습과 사고력의 기반이 됩니다. 중고등 시기에도 독서와 글쓰기 습관이 잘 잡힌 아이는 수행평가, 서술형 평가, 발표 과제 등에 강한 모습을 보입니다. 즉, 방학의 이 작은 루틴이 긴 학습 여정의 큰 힘이 되어주는 거죠.

아이에게 "이번 방학, 문해력 프로젝트에 도전해보자"라고 제안해보세요. 부담 없이, 즐겁게, 그리고 꾸준히, 이 세 가지가 지켜진다면 그 방학은 성공입니다. 결국 문해력은 공부가 아니라 삶을 풍요롭게 만드는 힘이니까요. 이번 방학, 매일 독서와 주 1회 글쓰기로 그 힘을 키워보세요. 아이의 생각도, 표현도 한 뼘 더 자라날 거예요.

일석이조! 방학 과제도 공부 계획의 일부로

요즘은 예전처럼 일괄 과제를 주기보다 아이 스스로 과제를 선정하도록 하는 학교가 많아졌습니다. 겉으로 보면 자유롭고 좋아 보이지만, 실은 계획 없이 방치되기 쉽고, 결국 개학 직전 '과제 전쟁'이 벌어지기 쉬운 구조죠.

그래서 방학 공부와 방학 과제를 따로따로 계획하지 말고, 하나로 묶는 전략이 필요합니다. 방학 동안 매일 실천할 공부의 결과물이 곧 방학 과제물이 되도록 계획하면 효율도 오르고, 아이의 성취감도 훨씬 커집니다. 보통 방학 과제로는 세 가지 자율 과제를 고르게 되어 있어요. 이때 부모가 도와줘야 할 중요한 포인트! 매일 할 수 있는 꾸준한 활동을 중심으로 과제를 선정해보세요. 예를 들어, 매일 읽은 책을 기록하면 독서록 과제가 되고, 주 1회 꾸준히 쓴 일기는 그대로 제출 가능하며, 매일 연산 공부를 기록하면 학습 포트폴리오가 될 수 있어요. 매일의 루틴이 곧 과제가 되는 구조를 만들면, 공부도 과제도 자연스럽게 이어집니다.

이런 활동은 단순히 과제물이 아니라 방학을 규칙적으로 보내는 기준점이자 습관 훈련의 기회가 됩니다. 물론 과제 선정 과정에서 아이의 희망을 충분히 반영해야 하고요. 부모는 아이가 결정하기 어려워하면 '이건 어때?' 하고 선택지를 제시하는 조언자 역할만 해도 충분합니다. 강요보다 함께 고민하는 대화 속에서 아이는 스스로 '책임 있는 선택'을 배우게 됩니다.

방학은 길어 보여도 사실 금방 지나갑니다. 휴가, 여행, 가족 행사 등으로 바쁜 일정 속에서 방학 후반이 되어야 아차, 싶을 때가 많죠. 그래서 매일 무리 없이 할 수 있는 분량을 정하고, 여행 중에도 가능한 방식으로 계획을 세워야 합니다. 예를 들어, 여행지에서 찍은 사진으로 짧은 일기 쓰기, 돌아와서 여행 독후감이나 보고서 만들기 등도 좋은 방법입니다. 중요한 건, 과제를 벼락치기 하지 않고 매일 조금씩 완성해가는 과정을 경험하게 하는 것이에요.

'미술 작품 만들기'나 '보고서'처럼 한 번에 완성해야 하는 과제도 물론 의미는 있지만, 이 경우 매일 공부와 방학 과제가 따로 놀게 되어 결국 개학이 두려운 상황으로 이어질 수 있어요. 방학은 아이가 자기 시간을 설계하고 실천해보는 멋진 훈련 기간입니다. '과제를 잘 했다'라는 결과보다, '매일 조금씩 해냈다'라는 과정이 남게 해주세요. 그게 바로 방학 과제를 똑똑하게 활용하는 방법입니다.

방학 중 특강, 알차게 활용하기

방학이면 '특강'이라는 이름으로 다양한 프로그램이 쏟아집니다. 방과후 학교, 지역 도서관, 체험센터, 학원 등 학교 밖에서도 배움의 기회는 무궁무진하지요. 아이가 하루 종일 집에만 머물며 무료해하는 것도 걱정이고, 반대로 학원에만 갇혀 지내는 것도 걱정이라면, 특강을 활용해 방학을 알차게 설계해보세요. 중요한 건 무조건 많이 듣는 것이 아니라, 아이의 흥미와 리듬에 맞는 특강을 선택해 시간을 균형 있게 나누는 것입니다.

먼저 가까운 방과후 학교 프로그램이나 지역 도서관의 특강을 확인해보세요. 저렴하거나 무료로 운영되는 프로그램도 많고, 체험형·예술형 특강은 아이의 재능 발견과 스트레스 해소에도 큰 도움이 됩니다. 또래 친구들과 함께하는 특강은 사회성 훈련에도 효과적이며, 아이가 학기 중엔 접하기 힘든 다양한 분야에 도전해보는 기회가 될 수 있어요. **특강을 공부가 아닌 '탐색의 장'으로 활용해보세요.**

학원의 방학 특강도 잘 활용하면 좋습니다. 특히 부족했던 과목이나 관심 과목을 단기간에 집중해서 보완할 기회이기 때문이에요. 하지만 조심해야 할 점도 있습니다. 종일 학원에만 있다가 방학이 끝나는 경우는 오히려 학기 중보다 더 지치게 만들 수 있어요. **특강 시간 외의 나머지 시간은 반드시 자유 시간과 독서 시간으로 남겨두는 것, 이 균형이 중요합니다.** 아이가 쉼 없이 스케줄만 소화하다 보면 개학 이후, 학교 적응이 오히려 더 힘들어집니다.

하루 시간을 '반나절 활동, 반나절 여유'로 설계해보는 것도 추천합니다. 오전엔 학원이나 특강 참여, 오후엔 도서관에서 독서, 산책, 가벼운 놀이 시간으로 보내며 하루의 흐름을 안정적으로 만들어주는 거예요. 방학 동안 이런 루틴을 경험하면 아이 스스로 "하루를 어떻게 써야 할지" 감각이 생기고, 일상 복귀도 자연스러워집니다. 너무 빡빡하지 않으면서도 공부와 쉼이 적절히 배치된 시간표가 가장 현실적인 방학의 성공 전략입니다.

특강은 방학을 풍성하게 만드는 좋은 도구입니다. 그러나 그것에 끌려다니지 않고, 우리 아이에게 필요한 경험을 선별해 '도구로 활용' 할 수 있어야 진짜 공부가 됩니다. 하루 종일 집에 머물며 늘어지는 것도, 종일 학원에만 있다가 지치는 것도 방학의 목표는 아니에요. 특강으로 하루를 활기차게 열고, 여유로운 쉼으로 하루를 마무리하는 방학, 그 균형을 부모가 함께 설계해준다면 아이는 방학이 '성장의 시간'이 될 수 있다는 걸 몸으로 느끼게 될 거예요.

미디어와 스마트폰 사용도 계획적으로!

방학이 되면 아이가 미디어와 스마트폰에 빠져드는 시간이 눈에 띄게 늘어납니다. 학기 중에는 학교, 학원, 과제에 쫓기느라 사용할 시간이 많지 않지만, 방학에는 여유가 생기면서 자연스럽게 스마트폰이나 태블릿을 들여다보는 시간이 길어지죠. 방학은 '사용량 폭증의 시즌'이라고 해도 과언이 아닙니다. 이럴 때 중요한 건 무조건 금지하거나 방치하지 말고, '사용 계획'을 세우는 것입니다. 부모가 미리 방향을 잡아주지 않으면, 아이는 종일 화면 속에 갇혀 지낼 수도 있어요.

먼저 아이와 함께 하루 중 미디어를 사용할 수 있는 시간과 상황을 정해보세요. 예를 들어 "오후 공부 끝난 뒤 1시간만 사용하기", '저녁 식사 후 함께 TV 보기' 같은 명확한 규칙과 시간표를 만들면 아이도 납득하고 지키기 쉬워요. 특히 스마트폰은 학습용과 오락용 앱을 구분해서 사용하는 습관을 만들어주는 게 중요합니다. 유튜브, 게임만 하는 게 아니라 영어 듣기, 오디오북 듣기 등 유익한 콘텐츠를 함께 탐색하는 것도 좋은 방법입니다. '무엇을' 보는지가 아이의 뇌에 큰 차이를 만들어요.

그렇다고 미디어 사용을 공부 보상용으로 활용하는 건 조심해야 합니다. "연산 두 쪽 하면 30분 스마트폰" 식의 방식은 아이에게 공부를 '고통'으로, 스마트폰을 '보상'으로 인식하게 만들 수 있기 때문입니다. 대신, 미디어 사용도 아이의 선택과 계획에 포함되도록 도와주세요. 예를 들어 "오늘은 어떤 영상을 볼지 미리 정해보고, 시간도 함께 체크해 보자"라는 식의 접근은 아이가 자신의 시간을 관리하는 감각을 키울 수 있게 해줍니다.

또 하나 중요한 건 스마트폰을 사용하지 않는 '스크린 프리 타임'을 확보하는 것입니다. 가족과의 식사 시간, 산책 시간, 책 읽는 시간만큼은 미디어에서 벗어나도록 하루 중 일정한 시간을 정해두는 거예요. 이 시간은 단순히 미디어를 끄는 것이 아니라, 미디어 없이도 충분히 재미있고 평화로운 시간이 있다는 걸 아이가 경험하는 시간이 됩니다. 특히 밤에는 블루라이트 노출을 줄이기 위해 잠들기 1시간 전부터는 스마트폰 사용을 멈추는 습관도 만들어주세요.

방학 동안의 미디어 사용은 아이의 습관을 바꾸는 기회가 될 수 있습니다. 무조건 통제하기보다 함께 계획하고, 스스로 점검해보는 경험이 필요해요. 그렇게 해야 학기 중에도 스마트폰 사용에 대한 자기 조절력이 생깁니다. 방학이 끝난 후 "내가 나름대로 잘 조절했어"라는 자기 효능감이 생기면, 아이는 미디어에 끌려가는 것이 아니라 스스로 컨트롤하는 주체가 됩니다. 이번 방학, 스마트폰과의 건강한 거리두기, 아이와 함께 도전해보세요. 스마트폰보다 훨씬 즐거운 방학이 기다리고 있을 거예요.

여행 중에도 공부는 계속된다
- 집 아닌 곳에서의 지속 가능한 공부법

방학은 아이가 일상에서 벗어나 새로운 환경과 경험을 만나는 시간입니다. 여행, 외출, 방문 일정 등으로 온종일 바깥에서 시간을 보내는 날이 많아지죠. 그렇다고 공부를 완전히 멈출 수는 없고, 그렇다고 집에서처럼 책상 앞에 앉을 수도 없는 게 현실입니다. 이럴 때 유용한 방법이 바로 '이동학습'입니다. 움직이는 시간, 낯선 공간에서도 가볍게 공부를 이어가는 방법을 알면 방학 동안 '공부와 쉼' 모두 풍성해질 수 있어요.

이동학습은 말 그대로, 이동 중에 할 수 있는 가볍고 부담 없는 학습 활동입니다. 예를 들어, 자동차나 기차를 타고 이동할 때 오디오북 듣기, 영어 흘려듣기, 짧은 단어 암기, 낱말 맞히기 게임을 할 수 있어요. 외출 중 짧은 대기 시간에는 책 한 권 챙겨 읽기도 좋습니다. 특히 자연이나 박물관, 전시회 등을 방문할 땐 관찰 기록이나 간단한 그림일기 쓰기로도 충분히 학습이 가능합니다. 중요한 건 공부의 양보다 '꾸준히 공부와 연결되어 있다'라는 감각을 잃지 않는 것입니다.

이동학습을 잘 활용하려면 아이와 미리 가볍게 계획을 세우는 것이 좋아요. 예를 들어 "이번 여행에서는 영어 듣기 하루 10분, 여행지 관찰 일기 하루 한 줄"처럼 부담 없는 목표를 정하고 함께 실천하는 경험을 해보세요.

이동 중 공부는 아이에게 '자유로운 상황에서도 할 수 있다'라는 자신감을 줍니다. 책 한 권, 태블릿 하나, 작은 노트만으로도 이동학습은 충분히 가능합니다. 여행 준비물에 '공부 아이템'을 한두 가지만 넣어도 아이의 방학은 달라질 수 있어요.

그리고 이동학습의 진짜 가치는 여행 후에 남기는 기록이에요. 찍은 사진을 모아 여행 일지 만들기, 다녀온 곳을 정리한 간단한 보고서나 발표 자료 만들기도 좋은 방학 과제이자 공부가 됩니다. 이 과정에서 아이는 단순히 여행을 '갔다 왔다'가 아니라, 경험을 정리하고 표현하는 힘을 키울 수 있어요. 이 힘은 중고등 이후의 자기주도학습과 수행평가, 발표력으로 자연스럽게 연결됩니다.

결국 방학은 '쉼'의 시간인 동시에, 아이가 스스로 시간과 배움의 균형을 익혀보는 기회이기도 합니다. 이동학습은 집을 벗어난 순간에도 공부는 무리 없이 이어질 수 있다는 경험을 주고, 아이의 공부 자존감을 유지해줍니다. 공부는 장소가 아니라 습관으로 하는 것, 이 감각을 익힌 아이는 방학 후에도 흔들림 없이 일상을 살아낼 수 있어요. 이번 방학, 이동하는 순간도 배움으로 연결해보는 경험을 아이와 함께 나눠보세요. 공부보다 더 큰 즐거움이 남을지도 모릅니다.

진짜 하고 싶은 공부에 도전해보기

방학은 아이가 스스로 자유롭게 시간표를 짜볼 수 있는 시기입니다. 학기 중에는 학원, 숙제, 시험 등으로 늘 시간에 쫓기지만, 방학만큼은 아이가 진짜 해보고 싶은 공부에 도전해볼 수 있는 기회가 됩니다. 공부가 꼭 교과서 속 내용일 필요는 없어요. 아이가 스스로 선택하고 몰입해볼 수 있는 주제를 찾아 자기주도 프로젝트를 만들어보세요. 이 경험은 공부에 대한 흥미를 키워주고, 자율성과 책임감을 함께 길러줍니다.

먼저 아이에게 "요즘 뭐가 궁금해?", "뭐에 관심 있어?"라고 물어보세요. 동물, 우주, 스포츠, 환경, 게임, 그림책 등 아이의 관심사 속에 공부의 씨앗이 숨어 있습니다. 그 주제를 중심으로 책을 읽고, 영상을 찾아보고, 간단한 자료조사를 해보는 것만으로도 훌륭한 '진짜 공부'가 됩니다. 여기에 간단한 보고서나 발표 자료를 만들어보게 하면 표현력과 정리력까지 자연스럽게 성장하게 됩니다.

학년이 높아질수록 '내가 선택한 공부'를 해본 경험이 중요해집니다. 학교 공부는 늘 정해진 범위 안에서 진행되지만, 방학 프로젝트는 아이가 직접 주제를 정하고, 계획하고, 실행하고, 마무리하는 과정 전체를 경험할 수 있는 특별한 기회입니다. 이 과정에서 아이는 자신만의 학습 스타일을 발견하고, "공부도 재미있을 수 있다"라는 감각을 몸으로 느낄 수 있어요.

예를 들어, '우리 동네 역사 조사', '내가 좋아하는 작가 탐구', '야구의 과학', '그림책 한 권 만들기'처럼 결과물이 남는 프로젝트는 아이에게 큰 성취감을 줍니다. 나중에 개학 후 방학 과제로도 활용할 수 있어 공부와 과제를 동시에 해결하는 똑똑한 선택이 되기도 해요. 부모는 아이의 선택을 응원해주고, 방향이 흔들릴 때만 살짝 도와주는 '조력자' 역할이면 충분합니다.

방학의 공부는 성적이 아니라, 자신감을 키우는 공부가 되어야 합니다. 진짜 하고 싶은 공부를 해본 아이는 개학 후에도 "나 공부할 줄 아는 아이야"라는 자신감으로 새 학기를 맞이할 수 있어요. 방학 동안 그 작은 도전을 함께 시작해보세요. 그 경험이 아이의 공부 인생을 바꾸는 전환점이 될지도 모릅니다.

그리고 꼭 기억해주세요. 지금 이 시간, 정말 많은 고등학생이 진로와 전공 선택 앞에서 고민하고 있습니다. 그런데 그 결정적 순간에 초등 시절의 자유로운 탐색 경험이 큰 역할을 한다는 걸 아시나요? 방학 동안의 '하고 싶은 공부'는 결코 낭비가 아닙니다. 자유롭게 탐색하며 배우고 도전했던 그 시간이 훗날 아이가 자신에게 맞는 길을 찾고 스스로 결정하는 힘으로 이어집니다. 아이가 자유롭게 몰입할 수 있는 방학 공부는 미래를 여는 시간임을 잊지 마세요.

즐거운 집 공부, 방학엔 '홈 카페'를 열어보세요

방학이 되면 집 공부의 매력이 제대로 빛을 발합니다. 학교도 학원도 잠시 멈춘 이 시기, 아이가 집에서 공부하는 재미를 한번 맛보면 개학 이후에도 그 느낌을 자연스럽게 이어갈 수 있어요. "공부는 집에서도 충분히 재미있게 할 만하다"라는 경험을 통해 집 공부가 '즐거운 루틴'으로 자리 잡으면, 아이의 공부 자존감을 높여주는 큰 자산이 됩니다.

방학 중 집 공부의 황금 시간대는 바로 오전입니다. 아직 머리도 맑고 에너지도 충분할 때, 그날의 공부를 마무리하고 나면 점심 이후엔 자유 시간! 견학, 체험학습, 바깥 놀이, 산책, 영화관람까지 하고 싶은 걸 실컷 할 수 있어요. 물론 학원이나 방과후 프로그램으로 일정이 다르겠지만, "할 것 먼저 끝내고 놀자"라는 원칙만 세워두면 매일의 일정이 한결 수월해집니다. 아이도 무작정 노는 방학이 아니라, 공부와 놀이가 균형 잡힌 방학을 경험하게 되죠.

혼자 방에 들어가 조용히 공부하는 걸 좋아하는 아이라면 그 취향을 존중해주세요. 하지만 그런 게 아니라면 '방학용 홈 카페'를 제안해보는 건 어떨까요? 요즘 아이들도 카페를 참 좋아합니다. 부모와 함께 다닌 기억도 많고, 카페에서 공부하는 대학생의 모습도 멋지다고 느끼죠. 그렇다면 우리 집을 아이만의 홈 카페로 바꿔보는 거예요. 공부 공간을 살짝 꾸미고, 기분 좋은 음악과 좋아하는 음료 한 잔 곁들이면 아이도 공부 시간을 조금은 기다리게 됩니다.

맞벌이 가정이라면 주말을 활용해보세요. 상대적으로 시간이 여유로운 주말 아침엔 가족이 식탁에 모여 각자 하고픈 일을 하고, 읽고 싶은 책을 읽으며 홈 카페 기분을 내보는 거죠. 해야할 숙제가 몰아치는 학기 중에는 엄두를 내기 어렵습니다.

방학 동안 집 공부는 단순히 '공부 시간 확보'가 목적이 아니라, 공부와 삶이 자연스럽게 연결되는 감각을 아이에게 심어주는 시간입니다. 공부가 좋은 공간에서 좋아하는 사람과 함께 하는 '괜찮은 시간'이 될 수 있다는 것, 그걸 느낀 아이는 개학 이후에도 공부 앞에서 덜 힘들어하고, 덜 도망가게 됩니다. 즐거운 집 공부, 방학이면 충분히 가능합니다. 부모의 작은 기획력으로요.

직장맘의 방학, 지혜롭게 활용하기

전업맘의 방학이 더 피곤하고 바쁜 날들의 연속이라면, 직장맘에게 방학은 그야말로 전쟁 같은 시간입니다. 매일 아침 "오늘은 아이를 어디에 맡겨야 하나?"부터 시작해, 퇴근 후에는 '오늘 뭐 먹였지?'라는 죄책감으로 하루를 마무리하곤 하죠. 저학년은 돌봄교실의 도움을 받기도 하지만, 현실적으로 온종일 완벽한 돌봄은 불가능하고, 오후 시간에 대한 대비가 꼭 필요합니다.

만약 점심 해결까지 가능한 돌봄교실이 있다면 정말 다행이지만, 그마저 여의치 않다면 조부모님의 도움을 적극 고려하는 것도 방법입니다. 물론 조심스러운 부탁이지만, 방학 동안만이라도 아이가 건강하고 안전하게, 정서적으로 안정된 공간에서 지낼 수 있다면 그게 최선일 수 있어요. 저학년까지는 조부모님께 신세를 지는 것도 충분히 고려해봐야 할 선택입니다. 부모는 일하느라 바쁘고, 아이는 혼자 끼니를 해결하며 종일 빈집에서 시간을 보내는 건 여러모로 걱정스러운 상황이니까요.

조부모님 도움도 어렵고 학원으로만 시간을 채우는 것도 부담이라면, 학교와 지역 도서관을 적극 활용해보세요. 다양한 학원을 옮겨 다니며 시간을 보내게 하면, 아이도 지치고 부모도 회사 눈치보며 학원 시간표에 맞춰 뛰느라 정신이 없어요. 그보다는 조용하고 안전한 도서관에서, 아이가 책에 푹 빠질 여유를 주는 건 어떨까요?

'도서관에 보내봤자 만화책만 읽는다'라고 걱정하시나요? 그래도 괜찮습니다. 빈집에서 혼자 영상이나 게임으로 시간 보내는 것보다는, 학습만화라도 책을 가까이하는 게 훨씬 낫습니다. 도서관에는 늘 책을 챙겨주시는 사서 선생님이 계십니다. 아이의 하루를 지켜봐 주는 어른이 있다는 사실만으로도 부모는 안심할 수 있어요. 도서관은 아이에게는 자유롭고도 안전한 공간, 부모에게는 미안함을 덜 수 있는 든든한 아군입니다.

조금씩 공부 습관이 잡히면, 아이는 공부할 책들을 챙겨서 도서관에서 하루를 보내는 생활에 익숙해집니다. 그렇게 하루를 알차게 보내고 집에 돌아오면, 아이는 '오늘도 잘 살았다'라는 느낌으로 부모를 맞이할 수 있어요. 그 순간, 직장맘은 죄책감 대신 아이와 함께 보내는 짧지만 소중한 시간의 행복을 더 깊이 느낄 수 있습니다.

방학, 직장맘에게는 여유가 아니라 생존입니다. 하지만 조금만 시선을 바꾸면, 이 전쟁 같은 방학도 지혜로운 전략으로 버틸 수 있는 시기가 될 수 있어요. 아이도, 부모도 무너지지 않도록 완벽한 하루보다는 무리 없는 하루를 쌓아가는 방학이 되길 응원합니다.

방학 끝자락, '개학 준비 주간'으로 부드럽게 일상 복귀하기

즐겁게 놀고, 쉬고, 경험하며 보낸 방학도 어느덧 끝자락. 아이도 부모도 아쉬운 마음이 크지만, 개학은 금세 훅 찾아옵니다. 이때를 대비해 방학 마지막 1주일은 '개학 준비 주간'으로 정해 부드럽게 일상 복귀 훈련을 시작해보세요. 갑자기 아침 일찍 일어나고, 숙제 벼락치기를 하고, 뒤죽박죽 된 생활 리듬을 되돌리려 하면 아이도 지치고, 부모도 불안해지기 쉽습니다.

'개학 준비 주간'의 핵심은 생활 리듬 재정비입니다. 방학 동안 늦게 자고 늦게 일어나던 습관을 다시 학기 중 리듬으로 바꾸는 것이 가장 우선이에요. 기상 시간과 취침 시간을 하루에 15~30분씩 앞당기며 조정해보세요. 아침에 일찍 일어나면 자연스럽게 오후에도 활동성이 높아지고, 저녁에는 일찍 잠들 수 있습니다. 특히 아침 식사와 준비 시간을 정해 '등교 시뮬레이션'을 해보는 것도 효과적입니다.

이 시기에는 방학 숙제를 마무리하고, 가벼운 예습을 시도해보는 것도 좋습니다. 개학 전 일주일은 공부를 많이 하기보다, 책상 앞에 앉아 집중하는 연습을 다시 시작하는 시간으로 활용해보세요. 방학 동안 쉬었던 독서와 글쓰기 루틴도 다시 가동해보면, 개학 후 학교 수업에도 빠르게 적응할 수 있습니다. 중요한 건 무리하지 않고, 아이의 페이스에 맞춰 조금씩 일상으로 복귀하는 것입니다.

또한, 학교 준비물 점검, 새 학기 목표 세우기 같은 활동도 아이에게 긍정적인 긴장감을 줍니다. 예쁜 새 필통을 고르거나, 책가방 정리를 하며 "이번 학기에는 어떤 걸 해볼까?" 이야기 나누는 시간은 아이에게 '새로운 시작'을 준비하는 마음가짐을 키워줍니다. 이 과정에서 아이는 "나는 준비됐어!"라는 자기효능감을 가지게 되고, 개학에 대한 부담도 줄어듭니다.

방학의 끝자락은 새로운 출발을 준비하는 시간입니다. 개학 준비 주간을 통해 아이는 다시 리듬을 찾고, 부모는 안심할 수 있습니다. "방학 끝났네……"가 아니라, "이제 새 학기 시작이야!"라는 기분 좋은 전환, 그 부드러운 연결을 위해 개학 준비 주간, 지금부터 시작해보세요. 이 한 주의 여유가 다음 한 학기의 힘이 되어줄 거예요.

04

주말, 휴일 활용하는 법

 주말 공부, 얼마나 해야 할까?
  - 최소한의 루틴 만들기

주말이 되면 부모는 또 고민합니다. "쉬게 해야 하나, 조금이라도 공부를 시켜야 하나?" 주중에는 바빠서 제대로 못 챙겼으니 주말이라도 붙잡아야 할 것 같은 불안함에 공부 계획을 세우지만, 현실은 아이와의 실랑이로 끝나기 일쑤죠. 사실 초등 시기 주말 공부의 핵심은 최소한의 루틴을 꾸준히 이어가는 것입니다. 그 최소한이란 바로 간단한 복습 + 독서 + 글쓰기, 이 세 가지면 충분합니다.

먼저 복습은 가볍게 그 주에 배운 내용을 확인하는 정도면 됩니다. 학교 숙제나 문제집 한두 쪽, 틀렸던 문제 다시 보기 정도로 부담 없이 복습하면서 배운 내용을 머릿속에 정리해보는 시간입니다. 그다음은 독서, 주중엔 바빠서 책 읽을 시간이 부족했던 만큼 주말엔 좋아하는 책을 편하게 읽으며 독서의 즐거움을 되찾는 시간이 되어야 합니다. 마지막으로 글쓰기, 일기 한 편, 독후감 한 줄, 주말의 특별한 순간에 대한 짧은 글 등으로 아이의 생각을 글로 풀어보는 연습을 해보세요.

이렇게 공부는 딱 필요한 만큼만, 나머지 시간은 아이가 몸을 움직이고, 좋아하는 것을 하며, 가족과 함께 보내는 자유로운 시간으로 채워주세요. 운동, 취미 활동, 가족 나들이, 친구와의 놀이, 모두 좋은 공부입니다. 주말에도 책상 앞에만 앉혀 놓는다고 성적이 올라가지 않습니다. 오히려 아이는 지치고, 공부는 싫어지고, 자기주도력은 생기지 않습니다. 초등부터 주말까지 달린다고 해서 성적이 보장되는 거였으면, 실패 사례는 없었어야죠. 하지만 우리 모두 알고 있습니다. 그 방식이 통하지 않는다는 것을요.

진짜 중요한 건 주말에 삶의 균형을 경험하고, 공부는 습관처럼 자연스럽게 이어가는 리듬입니다. **부모가 조급한 마음으로 계획을 밀어붙이기보다, "이 정도면 충분해"라고 인정해줄 때 아이를 오히려 자율적인 공부로 이끌 수 있어요.** 그리고 이 작은 루틴은 중고등으로 이어지는 자기관리의 기초 체력이 됩니다. 주말마다 조금씩, 하지만 꾸준히, 그 힘을 믿어주세요.

주말은 아이에게 단지 공부하는 날이 아니라, 자기만의 속도와 리듬을 찾는 날이어야 합니다. 공부는 최소한으로, 나머지는 삶을 살아가는 시간으로. 이 균형을 지키는 것이 초등 시기 가장 지혜로운 공부법입니다. 주말마다 삶과 공부의 균형을 배운 아이는, 긴 학업 여정도 지치지 않고 끝까지 완주할 힘을 갖게 됩니다. 그러니 이번 주말부터는 딱 필요한 만큼만 시키고 나머지는 아이의 시간으로 돌려주세요. 그것이 최고의 주말 공부입니다.

주말 학원, 꼭 다녀야 할까?
- 쉼과 배움의 균형 찾기

점점 더 많은 지역에서 토요일마다 학원 차량이 바쁘게 오갑니다. 초등학생들도 토요일 종일 학원 수업에 참여하며 평일처럼 바쁘게 움직이죠. 하지만 주말까지 촘촘히 학원 일정으로 채우는 것이 과연 아이에게 도움이 될까요? 초등부터 달리기 시작하면 중고등에 이르러 지쳐버리는 경우가 많습니다. 주말 학원은 신중하게 선택해야 합니다. 무조건 많은 수업을 듣는 것보다, 아이가 충분히 몰입하고 의미 있게 참여할 수 있는지를 먼저 따져봐야 합니다.

특히 초등 저학년일수록 오랜 시간 앉아 있는 것 자체가 어려운 나이입니다. 주말 학원 수업도 결국 앉아서 듣는 시간이라면, 아이는 집중하지 못하고 오래 앉아 있는 노하우만 늘어가는 경험을 하게 됩니다. 수업은 지루함을 견디는 연습이 되는 셈이죠. 이렇게 흘러가는 주말은 아이에게 학습 동기보다 학습 피로감과 무기력감을 쌓아줄 수 있습니다. 공부를 많이 했는데도 남는 게 없는 주말, 그것은 부모도 아이도 원치 않는 결과일 거예요.

물론 주말에 학원을 전혀 보내지 말라는 뜻은 아닙니다. 아이 스스로 배우고 싶어 하는 수업, 예를 들어 미술, 음악, 스포츠, 코딩처럼 흥미 기반의 수업이라면 주말 활용이 가능합니다. 다만 꼭 필요하지 않은, 선행학습이나 반복 학습 중심의 수업은 주말보다 평일에 배치하는 것이 바람직합니다. **주말은 학습 효율보다도 아이의 쉼과 자율성, 가족과의 시간, 다양한 경험을 쌓는 날로 활용하는 것이 장기적인 학습력에 더 도움이 됩니다.**

중요한 것은 '특별한 요청이 없다면 초등의 주말을 학원으로 도배하지 말라'는 원칙입니다. 평일이 바쁘다고 해서 주말까지 학원에 맡기면 아이는 스스로 시간을 설계하는 능력을 키워볼 기회조차 갖지 못합니다. 주말에 친구와 만나 놀고, 책을 읽고, 운동하고, 가족과 대화하는 시간은 학원 수업보다 더 큰 배움과 경험이 될 수 있습니다. 아이에게도 '학습 외의 시간은 소중하다'는 감각을 심어줄 수 있는 시기가 바로 초등 시기입니다.

결국 주말은 쉼과 배움의 균형을 찾는 시간이어야 합니다. 아이의 일정이 빽빽할수록 주말은 여유롭고 유연하게 설계해줘야 지치지 않고 오래 달릴 수 있는 힘이 생깁니다. 주말 학원 수업을 선택할 땐 "이 수업이 정말 지금 꼭 필요한가?", "아이에게 어떤 의미가 있는가?"를 기준으로 삼아보세요. 아이의 시간을 어떻게 채우느냐보다, 어떻게 비워주느냐가 더 중요한 시기임을 기억해주세요. 초등의 주말, 아이의 삶에 여유와 숨통을 틔워주는 시간이 되기를 바랍니다.

주말, 일기 쓰기 딱 좋은 날
- 가족의 추억 담기

주말은 평일보다 시간이 넉넉하고, 활동도 다양합니다. 바로 그 점이 일기를 제대로 써볼 수 있는 최적의 기회가 되는 이유입니다. 평일에는 숙제와 학원에 쫓겨, 겨우 몇 줄 적고 끝내는 '급조 일기'가 되기 일쑤지요. 반면 주말은 쓸거리도 풍부하고, 쓸 시간도 여유롭기 때문에 아이가 글쓰기에 집중하기 딱 좋은 날입니다. 하루 종일 함께했던 가족 활동이 소재가 되고, 그날의 즐거움이 고스란히 글로 이어질 수 있습니다.

하지만 "방에 가서 일기 써!"라고 말만 하고 부모는 거실에서 TV를 본다면, 아이는 그저 빨리 쓰고 나가고 싶을 뿐입니다. 그래서 주말의 일기 쓰기 시간은 아이와 함께하는 시간이 되어야 합니다. **함께 먹었던 음식 이야기, 다녀온 장소의 즐거웠던 순간, 함께 웃었던 영화의 장면들을 떠올리며 대화를 나누다 보면, 그날의 경험이 자연스럽게 글로 이어집니다. 부모는 그 곁에서 응원하고, 아이가 완성한 글을 함께 읽으며 기뻐해주세요.** 주말의 일기는 가족이 함께 만든 작은 추억 앨범이 됩니다.

다 쓴 일기를 가족 앞에서 읽어보는 경험도 아이에게는 큰 성취감과 자부심을 안겨줍니다. "내가 쓴 글을 가족이 기쁘게 들어주고 칭찬해주는 시간"은 아이의 마음속에 오래 남는 행복한 기억이 되지요. 그 모습이 사랑스러워 휴대폰으로 영상까지 찍는 부모의 열정도, 아이에게는 "나는 소중한 존재구나"를 느끼게 하는 따뜻한 사랑의 표현입니다. 일기 한 편이 단순한 숙제를 넘어, 가족 모두의 '공동 프로젝트'로 변하는 순간, 주말은 더 특별해집니다.

그리고 주말은 글쓰기 실력을 한 단계 끌어올리는 기회이기도 합니다. 평일엔 그냥 넘어갔던 일기 쓰기를 주말에 정성껏 써보면서 아이는 "내 글도 괜찮네?"라는 자신감을 갖게 됩니다. 그 성취감은 평일의 일기 쓰기에도 영향을 미칩니다. 주말의 작은 점프가 평일의 글쓰기 수준을 끌어올리는 도약대가 되는 셈이지요. 그리고 처음 도전해보는 영어 일기도 바로 이 주말이 가장 적당한 날입니다. 사전도 찾아보고, 문장도 고민해볼 수 있는 여유가 있는 날이니까요. 영어

일기는 처음엔 주말 전용으로 시작해도 좋습니다.

아이의 글쓰기를 돕는 건 거창한 방법이 아니라, 간식 한 접시와 음악 한 곡, 그리고 함께 있어 주는 부모의 눈빛과 응원입니다. 게임하기 좋은 주말이 아니라, 일기 쓰기 참 좋은 날이 주말이 될 수 있다는 경험, 그것이 아이에게 글쓰기의 즐거움을 선물하고, 가족에게는 평범한 하루를 특별하게 만들어줍니다. 주말, 이제는 '일기 쓰기 좋은 날'로 기억되길 바랍니다.

주말의 특권을 누려보세요
- 책의 바다에 빠져보기

날씨도 평범하고 일정도 특별히 없는 주말, 아이는 "오늘 뭐 해요?"라고 묻습니다. 그런 날은 무언가 해야 한다는 부담 없이, 책의 바다에 풍덩 빠져보는 날로 정해보세요. 바깥 놀이가 꼭 필요한 날도 아니고, 외출 약속이 있는 날도 아니라면 온전히 책과 함께하는 하루를 선물하는 것, 그 자체로 의미 있는 시간이 됩니다. 평일에는 숙제처럼 책을 읽었던 아이도, 주말만큼은 마음껏 읽고 싶었던 책을 펼칠 수 있는 자유로운 시간을 통해 독서에 대한 좋은 기억을 만들어갈 수 있어요.

물론 현실은 녹록지 않죠. 아이는 집에만 있으면 스마트폰이나 게임부터 찾습니다. 괜찮아요. 처음부터 책에 푹 빠지길 기대하지 않아도 됩니다. 책을 보는 분위기, 책이 있는 공간에 익숙해지는 데도 시간이 걸립니다. 아이마다 걸리는 시간은 달라요. 몇 주가 걸릴 수도, 몇 년이 걸릴 수도 있습니다. 중요한 건 조급해하지 않고, "될 때까지 해보자"라는 여유로운 마음으로 꾸준히 시도하는 것입니다. **독서 습관은 억지로 심는 것이 아니라, 시간이 걸려도 함께 만들어가는 경험이에요.**

종일 집에 있는 것이 지루하고 힘들다면, 도서관이나 대형서점에서 보내는 책 읽는 하루도 멋진 주말이 될 수 있어요. 간식도 먹고, 사람들도 구경하고, 책도 고르고, 느긋하게 한두 권 읽어보는 것, 아이에게는 그런 '책과 함께하는 느긋한 하루'가 독서에 대한 긍정적인 인상을 심어줍니다. 꼭 책을 열심히 읽지 않아도 괜찮아요. 책을 고르는 사람들, 조용히 책을 펼치는 공간의 분위기만으로도 아이는 책과 친해질 수 있습니다.

평일 내내 직장에서 시달렸던 부모에게, 아이를 어디론가 데리고 다녀야만 할 것 같은 마음은 부담이 됩니다. 그 부담으로 불편했다면 책을 벗 삼아 실내에서 보내는 특별한 시간으로 전환해보세요. 핀란드처럼 추운 나라에서는 가족이 집에서 함께 책을 읽고 이야기를 나누는 문화가 자연스레 자리 잡았다고 합니다. 우리도 그런 날을 가족 간의 정을 쌓는 '책과의 시간'으로 만들 수 있어요.

책과 함께하는 주말은 단순한 독서 시간이 아니라 가족의 삶에 한 장면으로 남을 따뜻한 기억입니다. 책과 함께 '느긋하지만 의미 있는 하루'를 보내보세요. 아이에게도, 부모에게도 그 하루가 삶을 단단하게 해주는 에너지로 남게 될 거예요. 주말, 책의 바다에 천천히 빠져보는 것, 그 자체로 충분히 멋진 계획입니다.

주말, 뇌도 쉴 시간이 필요해요
- '아무것도 하지 않는 시간' 만들기

최근 주목받는 뇌과학 이론 중 하나인 도파민 해독(Dopamine Detox)에 따르면 우리 뇌는 스마트폰, 게임, 영상, 학습 앱 같은 빠르고 강한 자극에 익숙해지면, 평범한 일상에서는 쉽게 지루함을 느끼고 집중력도 떨어진다고 합니다. 주말이면 아이는 스마트폰을 붙들고 늘어지고, 부모는 그 모습에 속이 타들어 갑니다. 이때 필요한 건 더 많은 자극이나 활동이 아니라 '의도적인 비움'입니다. 아이의 뇌가 쉬어야, 다시 집중력과 자율성이 살아날 수 있어요.

그렇다면 어떻게 해야 주말에 '아무것도 하지 않는 시간'을 확보할 수 있을까요? 방법은 의외로 간단합니다. 시간표에 빈칸을 만들고, 가족 모두가 '멍 때리는 시간'을 인정해주는 것입니다. 예를 들어 토요일 오후 2시~3시는 '아무것도 하지 않는 시간'이라고 정해두고,

TV도 끄고, 스마트폰도 멀리 두고, 소파에서 뒹굴거나 창밖을 보는 것, 낙서하기, 혼자 조용히 있기 등을 자유롭게 허용하는 거예요. 부모도 이 시간만큼은 집안일이나 휴대폰을 멈추고 아이와 같은 공간에서 가만히 머무는 태도를 보여주는 것이 효과적입니다.

또한 아이가 "심심해!"라고 외친다면, 그건 바로 뇌가 자극을 끊고 스스로 회복할 준비를 하는 신호입니다. 그 순간에 "그러면 뭐라도 해봐" 하고 개입하기보다, 심심함을 견딜 기회를 줘보세요. 처음엔 불편해하던 아이도 시간이 지나면 스스로 책을 들거나, 그림을 그리거나, 놀이를 만들어내는 '창의적인 자율성'을 발휘하게 됩니다. 이 작은 경험들이 모여 아이의 뇌는 자극에 끌려다니지 않고, 스스로 방향을 잡는 힘을 키워갑니다.

주말은 아이에게 쉼과 회복의 시간이어야 합니다. 비워진 시간을 함께 누리는 주말, 그 경험이 아이의 뇌와 마음을 단단하게 만듭니다. '아무것도 하지 않는 시간', 그것은 게으름이 아니라 아이의 집중력과 자율성을 위한 뇌의 재충전 시간입니다. 이번 주말, 하루 딱 한 시간이라도 그 시간표에 '비워진 시간'을 넣어보세요. 그 속에서 아이는 쉬고, 자라고, 생각합니다. 그리고 부모는 "아, 이게 진짜 주말이구나" 하는 여유를 느낄 수 있을 거예요.

 주말, 우리 집이 영화관
- 함께 보고, 함께 이야기하기

주말에 아이가 "뭐 재밌는 거 없어요?"라고 물을 때, 가족이 함께 영화를 보는 시간은 쉬우면서도 특별한 주말 계획이 될 수 있어요. 집에서 또는 근처 영화관에서 함께 보고, 함께 이야기하는 활동은 단순한 오락을 넘어 아이의 언어력, 감정 표현력, 사고력을 키우는 소중한 시간이 됩니다. 영화 한 편으로 가족 모두가 '즐거움'과 '배움'을 동시에 얻을 수 있다면, 주말은 훨씬 더 만족스러워지겠죠.

요즘 아이들은 1분 미만의 짧은 영상에 길들여 있습니다. 10분짜리 영상도 지루해하고, 2배속으로 보거나 요약본만 보는 게 더 익숙하죠. 그런 아이에게 두 시간짜리 영화는 지루하고 답답하게 느껴질 수 있습니다. 하지만 바로 그래서 영화 관람은 아이의 인내심, 자기조절력, 그리고 서사를 따라가며 이해하는 힘을 기를 소중한 기회가 됩니다. 영화 한 편을 처음부터 끝까지 온전히 보고 감상하는 경험은 아이에게 버리는 시간이 아니라 '힘을 기르는 시간'입니다. 짧고 빠른 자극에서 벗어나 천천히 이야기를 따라가며 몰입하는 훈련, 그것이 지금 우리 아이들에게 꼭 필요한 시간이기도 해요.

가장 먼저 중요한 건 영화 선택입니다. 부모가 일방적으로 고르기보다 아이와 함께 "이번 주엔 어떤 영화 볼까?"라고 상의해보세요.

아이가 보고 싶은 영화를 선택하면 자율성과 책임감을 느끼고, 부모가 추천하는 영화는 새로운 시야를 열어주는 경험이 됩니다. 장르도 다양하게 시도해보세요. 애니메이션, 다큐멘터리, 가족 영화, 과학이나 역사 소재 영화 등 다양한 장르를 경험하는 것 자체가 학습입니다. TV나 OTT의 시리즈 콘텐츠도 괜찮지만, 주말엔 '처음과 끝이 있는 한 편의 영화'로 완결감을 느껴보세요.

영화를 본 후엔 그냥 끝! 하지 말고, 짧은 대화 한마디라도 나눠보세요. "어떤 장면이 제일 기억에 남았어?", "만약 너라면 어떻게 했을까?", "이 이야기의 결말은 어땠어?" 같은 간단한 질문만으로도 아이는 자신이 느낀 감정을 말로 풀어보는 훈련하게 됩니다. 더 나아가 간단한 감상문이나 그림일기, 짧은 리뷰 쓰기로 연결하면 주말 영화 관람이 훌륭한 글쓰기 학습으로도 이어집니다. 부담은 적고, 만족감은 큰 활동이지요.

또한, 영화는 아이가 세상을 바라보는 눈을 키우는 창입니다. 영화 속 인물의 감정, 갈등, 선택을 보며 아이는 공감 능력과 문제 해결력을 키웁니다. 부모와 함께 본 영화에서 서로 다른 시각을 나누는 과정은 비판적 사고력과 소통 능력을 동시에 길러줍니다. "이 영화 별로였어"라는 평도 좋습니다. 왜 그렇게 느꼈는지 생각하고 말해보는 그 자체가 자기 생각을 말하는 훈련이니까요.

 주말은 가족 운동하는 날
- 몸과 마음이 함께 크는 시간

늦잠을 자거나 각자 스마트폰만 들여다보며 흘려보내는 주말이 아쉽다면? 가족이 함께 움직이는 '주말 운동 시간'을 만들어보세요. 근사한 운동장이나 체육관이 아니어도 괜찮아요. 공원 산책, 자전거 타기, 줄넘기, 캐치볼, 배드민턴처럼 가볍게 즐길 수 있는 운동이면 충분합니다. 주말에 몸을 움직이는 시간은 아이의 체력뿐 아니라 가족의 정서도 함께 건강하게 해주는 시간이 됩니다.

운동은 단순한 신체 활동을 넘어, 집중력, 감정 조절력, 스트레스 해소에 매우 효과적입니다. 특히 학업 스트레스가 쌓인 아이일수록 몸을 움직이며 땀을 흘리는 경험은 '리셋' 효과가 큽니다. 주말 운동을 통해 아이는 몸으로 긴장을 풀고, 마음도 가볍게 만들어 새로운 한 주를 준비하는 에너지를 얻을 수 있어요. 게다가 함께 땀 흘리며 웃고, 응원하고, 이기고 지는 경험은 아이에게 협동심과 자신감을 키워줍니다. 운동장에서의 부모는 공부를 시키는 사람이 아니라, 함께 뛰는 '팀원'이 되는 거니까요.

아이들이 주말에 운동을 싫어하는 이유 중 하나는 '억지로 끌려간다'라는 느낌 때문입니다. 그래서 강요보다 먼저 "우리 이번 주말에 뭐 해볼까?" 하며 운동 종류를 정하고 계획하는 과정부터 아이를 참여시켜 보세요. "축구할까? 자전거 탈까? 아니면 근처 산책?"처럼 선택지를 주면 아이도 부담 없이 응할 수 있습니다. 운동 전후로 간단한 간식이나 외식 같은 즐거운 요소를 곁들이면 더 큰 동기부여가 되기도 해요. 주말 운동이 숙제가 아니라 즐거운 가족 이벤트가 되도록 가볍게 접근해보세요.

중요한 건 '매주 한 번이라도 꾸준히 하는 것'입니다. 30분이라도 몸을 움직이며 웃고 땀 흘리는 그 시간이 아이에게는 건강한 리듬과 습관으로 남습니다. 운동이 어렵다면, 가까운 동네 한 바퀴 산책부터 시작해도 괜찮아요. 그렇게 시작한 운동 루틴은 아이의 체력, 면역력, 심리적 안정감을 지켜주는 기반이 됩니다. 이 루틴은 훗날 고된 입시와 인생의 스트레스를 스스로 해소하는 힘이 되어줄 거예요.

공부도 중요하지만, 움직이고 뛰는 시간 속에서 아이는 몸과 마음이 함께 자라납니다. 주말의 가족 운동 시간은 단지 체력 기르기가 아니라, 함께 웃고 함께 경험하며 아이의 세계를 넓혀주는 소중한 시간입니다. 주말의 운동 시간은 결코 시간 낭비가 아닙니다. 아이에게 평생 이어질 건강한 습관을 심어주는 최고의 투자임을 믿고, 이번 주말부터 가볍게 시작해보세요. 아이에게 "어릴 때 우리 가족은 주말마다 운동했었지"라는 따뜻한 추억과 앞으로의 긴 여정의 든든한 버팀목을 선물해주세요.

주말 가족회의
- 함께 이야기하며 한 주를 준비하는 시간

바쁜 평일, 가족이 얼굴을 마주하고 천천히 대화할 시간은 많지 않습니다. 각자 학교, 직장, 학원으로 흩어졌다가 겨우 잠깐 스치는 대화만으로 일주일이 흘러가죠. 그래서 주말만큼은 가족이 모여 대화하고 조율하는 시간, 바로 '가족회의'를 가져보는 건 어떨까요? 거창하거나 딱딱할 필요 없습니다. 맛있는 음식을 앞에 두고 자연스럽게 이야기를 나눠보세요. 그것만으로도 충분히 의미 있고, 가족 모두가 한 주를 함께 그려보는 귀중한 기회가 됩니다.

가족회의는 함께 상의할 주제가 있을 때 유용합니다. 예를 들어 아이의 공부 방식, 스마트폰 사용 시간, 가족여행 계획, 방 정리 문제처럼 평소엔 그냥 넘어갔던 사소한 갈등이나 조율이 필요한 일들을 주말 가족회의의 안건으로 삼아보세요. 상의할 내용이 있을 때 저희 집은 치킨을 시킵니다. 맛있는 음식을 함께 먹으며 이야기하면 분위기도 부드러워지고, 아이도 '잔소리 시간'이 아닌 '맛있는 회의 시간'으로 받아들일 수 있어요. 부모와 아이가 함께 결정권을 갖고 대화하는 경험은 민주적인 소통 방식을 자연스럽게 익히게 해줍니다.

별다른 회의 안건이 없을 때는 다가오는 한 주의 일정을 공유하고 조율하는 시간으로 가족회의를 활용해보세요. 예를 들어 "이번 주에 무슨 행사가 있지?", "누가 언제 외출할 예정이지?", "숙제나 준비물 중 미리 챙길 건 뭐가 있을까?" 같이 일정을 함께 확인하고 계획하는 것만으로도 아이는 '나는 가족의 중요한 일원'이라는 소속감을 느낍니다. 특히 초등 시절부터 일정 계획에 참여하는 습관은 중고등 시기 시간 관리 능력과 자기주도력으로 자연스럽게 이어집니다.

이 시간을 통해 아이는 자신의 의견을 말해보고, 부모는 아이의 생각을 듣는 기회를 가집니다. "이번 주에는 나도 좀 쉴 수 있을까?", "이번 주는 내가 밥을 해볼까?" 같은 작은 말들이 가족 간의 협력과 배려를 키우는 계기가 되죠. 회의라고 해서 꼭 문제를 해결하거나 결론을 내리지 않아도 괜찮습니다. 함께 이야기 나누고, 함께 웃으며 한 주를 떠올리는 시간 자체가 가족의 유대감을 깊게 해줍니다.

주말 가족회의는 단순한 대화의 시간이 아닙니다. **아이에게는 스스로 계획하고 선택하는 연습의 장, 부모에게는 아이의 마음을 들여다보는 시간입니다.** 딱딱한 식탁 대신 치킨 한 마리, 피자 한 판을 두고 시작해보세요. 맛있는 음식과 따뜻한 대화를 하는 주말 회의는 가족의 리듬을 정돈하고, 새로운 한 주를 가볍게 열어주는 가장 좋은 출발점이 되어줄 거예요. 그리고 그 대화 속에서 아이는 자란다는 걸, 부모는 함께 성장하고 있다는 걸 느끼게 될 겁니다.

여행, 체험학습 활용하는 법

 계획은 함께, 아이의 손으로 만든 추억

아이와의 여행, 처음 몇 해는 부모의 손으로 꼼꼼히 짜인 일정으로 채워집니다. 숙소 예약부터 동선 계획, 맛집 검색까지 모든 준비는 부모의 몫이죠. 아이는 수영장이 있는 숙소만으로도 기뻐하고, 침대 위에서 방방 뛰며 호텔 놀이를 즐깁니다. 하지만 그 행복도 몇 년이면 지나갑니다. 초등 고학년쯤 되면 "이번엔 안 갈래", "그냥 집에 있고 싶어"라는 말이 나오기 시작합니다. 아이에게는 점점 비슷해지는 여행 일정, 흥미 없이 따라다녀야 했던 유적지, 떠밀리듯 해야 했던 체험들이 지루한 기억으로 남았기 때문입니다.

이제는 여행을 계획하는 첫 단계부터 아이를 적극적으로 참여시켜야 할 때입니다. 여행의 모든 결정을 아이 뜻대로 할 수는 없지만, 작은 선택권을 주는 것만으로도 아이는 여행의 주인이 됩니다. 예를 들어 숙소 근처에서 가보고 싶은 장소 한 곳, 체험할 만한 활동 하나를 아이가 직접 찾아보게 해보세요. "네가 고른 일정으로 우리 모두 따라갈 거야. 어떤 게 재미있을까?"라고 물으면 아이는 책임감을 가지고 능동적으로 여행에 참여하는 경험을 하게 됩니다.

이렇게 자신이 고른 장소를 가족에게 소개하고, 직접 안내하며 이끌어가는 과정은 아이의 자율성과 소통 능력을 키우는 좋은 기회입니다. 단순히 따라가는 여행이 아니라, 내가 계획한 여행을 가족이 함께 즐기는 경험은 아이에게 깊은 성취감을 안겨줍니다. 여행이 끝난 후 "이번 여행은 정말 재미있었어!"라고 말하게 되는 순간이 올 거예요. 아이의 선택과 경험이 담긴 여행은 '기억에 남는 여행'이 되기 때문입니다.

혹시 여행지에서 아이의 시큰둥한 반응에 속상했던 적이 있으신가요? "이렇게 준비했는데 왜 별로라는 걸까?" 하는 서운함이 들었다면, 그동안의 여행이 아이에게는 그저 따라가는 시간은 아니었는지 떠올려 보세요. 아이는 그 여행에서 주인이 아니었기 때문에 재미도, 의미도 느끼지 못했을 수 있습니다. 함께 만든 계획에서만 진짜 추억이 만들어집니다. 이번 여행부터는 아이의 손을 잡고, "같이 계획하자"라고 말해보세요. 그렇게 만든 여행은 목적지보다도, 그 과정을 함께한 가족의 따뜻한 기억으로 남을 것입니다.

시간과 돈의 자유, 아이를 진짜 여행자로

여행은 아이에게 세상을 보여주는 소중한 기회입니다. 하지만 부모가 모든 걸 챙기고 주도하는 여행 속에서, 아이는 여전히 '따라다니는 사람'일 뿐입니다. 언제 먹고 언제 쉬고, 무엇을 사고 어디를 갈지도 모두 정해져 있는 여행은 아이의 참여와 자율성의 틈이 없습니다. 그래서 저는 여행 중, 아이에게 특별한 '자유'를 선물합니다. 바로 시간과 돈의 자유입니다. 이를 얻은 아이는 어느새 세상을 스스로 경험하는 여행자가 됩니다.

이 방법은 해외여행에서 특히 빛을 발하지만, 국내의 낯선 장소에서도 충분히 가능합니다. 일정 중 단 두 시간만 할애해도 아이에게 평생 기억에 남을 강렬한 여행의 추억이 만들어집니다. 저는 주로 전통시장, 시내 거리, 작은 골목에서 이 방식을 사용합니다. "지금부터 두 시간은 너희 마음대로 다녀. 엄마는 뒤에서 따라갈게. 네가 하고 싶은 대로 해보는 거야. 지금부터 너는 배낭여행 온 대학생이라고 생각하고 멋지게 여행을 떠나보자." 그리고 저는 시간과 현지 돈을 나눠주고, 아이들과 1~2미터 정도 뒤에서 조용히 따라 걷습니다.

아이들은 달라집니다. 평소엔 힘들다며 질질 끌려다니던 아이도 눈빛이 번쩍이고 발걸음에 힘이 들어갑니다. "어디 갈까?", "뭐 먹을까?" 고민하고 상의하며, 시장의 자판기에서 물을 사고, 꼬치집에서 간식도 사 먹습니다. 해외의 낯선 언어 속에서도 손짓, 발짓으로 어떻게든 해결하며 용기를 내고, 부모 도움 없이 스스로 결정하는 기쁨을 만끽합니다. 놀라운 건, 그렇게 자유롭게 다니는 동안 불평이 단 한마디도 없다는 것입니다. 오히려 가르치고 안내할 땐 지루해하던 아이가 스스로 하는 여행 속에서는 행복감에 젖어 있습니다.

여행의 마지막, 아이는 조잡한 기념품을 사 들고 어쩔 줄 몰라 하며 웃습니다. 돌아온 숙소에서는 "오늘 진짜 재밌었어!"라고 말하며 주저 없이 일기를 줄줄 씁니다. **오늘 하루는 '지시'가 아니라 '경험'으로 채워졌기 때문입니다. 아이는 그날 '혼자 해낸 경험'을 통해 자신감을 얻고, 세상을 탐험하는 주체로 성장합니다.** 아이에게 필요한 건 더 많은 설명이 아니라, 충분한 기회입니다. "이렇게 하는 거야" 말하지 말고, "네가 해봐"라고 말할 수 있는 용기. 그것이 여행이 줄 수 있는 최고의 교육입니다.

아이에게 시간과 돈의 자유를 허락하는 건 작은 방임이 아니라 큰 신뢰입니다. 그 신뢰를 받은 아이는 수동적인 여행자가 아닌 스스로 삶을 경험하는 주체로 성장합니다. 다음 여행에서 두 시간만, 몇천 원만 아이에게 맡겨보세요. 그 시간이 아이의 자율성과 책임감,

문제 해결력을 키우는 최고의 학습이자 추억이 될 것입니다. 아이는 그렇게, 가르치지 않아도 배웁니다. 그리고 그 경험은 책에서도 학원에서도 얻을 수 없는 진짜 인생의 공부가 되어줄 거예요.

하루의 주인, 아이에게 맡기는 미니 여행

주말이나 휴일, 남편(혹은 아내) 없이, 차도 없이 아이와 단둘이 온종일 보내야 하는 날이 있습니다. 이런 날은 이상하게도 시간이 더디 가고, 슬며시 피로와 무료함이 밀려오죠. 이럴 때 하루를 '아이에게 맡기는 실험'을 해보세요. 의외로 가장 신나는 해결책이 됩니다. 일명, 아이를 하루의 주인으로 만들어주는 미니 여행! 부모와 아이 모두에게 특별한 경험이 됩니다.

방법은 간단합니다. "오늘 하루는 네가 하고 싶은 걸 해보는 날이야"라고 선언하고, 하루의 일정을 아이가 직접 계획하게 해보세요. 점심 먹을 식당을 정하게 하고, 가고 싶은 장소, 하고 싶은 활동을 선택하게 합니다. 평소 "시간 없어서 안 돼", "다음에 하자" 했던 일들이 드디어 현실이 되는 날입니다. 아이가 둘 이상이라면 각자 하나씩 선택권을 주고, 그 일정을 동선에 맞춰 조율해보세요. 점심 메뉴로 다투면 가위바위보, 사다리 타기 같은 게임으로 해결하고, 그 과정에서 양보와 조율, 결정하는 경험을 자연스럽게 얻도록 해보세요.

물론 아직 어리거나 경험이 적은 아이는 "뭘 해야 할지 모르겠어" 할 수 있습니다. 그럴 땐 가벼운 선택지를 몇 개 제시하고, 그중에서 고르게 하는 방식으로 시작하면 충분합니다. "근처 도서관 갈까, 놀이터 갈까, 아니면 시장 구경할까?" 하고 묻는 것만으로도 아이의 결정권과 자율성을 키우는 연습이 됩니다. 이 과정을 따라가다 보면 아이뿐만 아니라 부모도 아이와 함께 소소한 여행을 떠난 하루를 경험하게 되지요.

이렇게 '하루의 주인'이 되어본 아이는 여행이 끝날 즈음 이렇게 말할 겁니다. "오늘 진짜 재밌었어!" 선택의 순간마다 아이는 자신이 계획하고 실행한 경험에서 자신감을 얻고, 부모는 '온종일 애랑 있어야 해……'라는 피로 대신 아이의 성장을 지켜보는 즐거움을 느낍니다. **이 소소한 하루는 아이에게 자기 삶을 선택하고 책임지는 감각, 부모에게는 육아의 새로운 해방감을 안겨줍니다.**

주말 아침, 늘 "오늘 뭐 하지?", "어디 갈까?"로 시작되는 고민의 시간. 이제 그 질문을 아이에게 슬쩍 넘겨보세요. 부모는 달콤한 커피 한 잔을 손에 들고 느긋하게 기다리고, 아이는 신중하게 일정을 세우는 '작은 여행자'가 됩니다. 그렇게 보내는 하루는 단순한 외출이 아니라, 아이의 주도성과 부모의 여유가 함께 자라는 특별한 경험이 될 거예요. 하루쯤은, 아이가 주인이 되어도 괜찮습니다. 아니, 오히려 훨씬 더 즐거울지도 모릅니다.

교과서 여행, 꼭 미리 가야 할까?

아이와 여행을 떠날 때, 부모는 교과서에 나오는 유적지나 체험학습관을 꼭 들러야 할 것 같은 압박감을 느낍니다. 시험에 나올지도 모른다는 불안, "남들보다 한발 앞서야 하지 않을까" 하는 조급함 때문에 "이곳이 4학년 사회에 나와", "과학 교과서에 실린 곳이야"라며 학습을 위한 여행 코스를 계획하곤 하죠. 하지만 여행의 목적은 공부가 아닙니다. 가봤던 기억과 좋은 추억이 남는다면, 그 자체로 의미 있는 배움이 됩니다. 자연스러운 노출, 그것만으로도 충분합니다.

교과서와 연결되는 경험은 '미리'보다 '나중'이어도 괜찮아요. 초등 시기라면 직접 가서 보는 것보다, 그 경험이 즐거웠느냐가 더 중요합니다. 억지로 보고 배우려는 여행은 아이에게 지루한 견학일 뿐입니다. 반면, 재미있게 놀았던 장소가 나중에 교과서에서 등장하면 아이는 "나 여기 가봤어!" 하며 배움에 대한 흥미와 연결감을 느끼게 되죠. 기억에 남는 경험이 훨씬 오래갑니다.

여행 코스를 짤 때, 아이에게 "교과서에서 본 곳 중 가보고 싶은 데가 있었어?" 하고 물어보세요. 아이 스스로 보고 싶은 장소를 선택하는 경험은 자율성과 몰입도를 높입니다. 하지만 아이의 요청이라도 무리한 일정 추가는 금물입니다. 먼 거리를 돌아가거나 무리한 스케줄을 소화하며 억지로 방문하면, 오히려 피로만 남고 기억은 흐릿해집니다. 학습 효과는커녕 '다신 가기 싫은 곳'으로 남을 수 있어요.

가장 좋은 방식은 가족 여행지와 가까운 교과서 속 장소를 '잠시 들르는 정도'로 가볍게 방문하는 것입니다. "우리가 가는 근처에 이곳이 있는데 한번 가볼까?" 하고 제안하는 식으로 접근하면 아이도 부담 없이 즐길 수 있어요. 30분만 둘러보거나, 간단히 사진만 찍고 오는 것도 괜찮습니다. 그곳에 가서 아이가 어떤 감정을 느꼈는지, 그리고 그 경험이 긍정적으로 기억되었는지가 중요하니까요. 배움은 강요보다 기억을 통해 연결될 때 효과가 큽니다.

교과서 여행은 배움의 완성판이 아니라, 삶 속에서 배움을 만나는 연결 고리입니다. 즐거운 경험이 쌓이면, 언젠가 교과서 속 그 장소에서 아이는 스스로 손을 들고 이야기하게 될 겁니다. "거기 나 가봤어요!" 그 순간 아이는 자신만의 배움의 지도를 그리고 있을 테니까요. 교과서 여행은 자연스럽게, 가볍게, 아이의 속도에 맞게. 그게 진짜 의미 있는 여행의 방식입니다.

여행지에서 만나는 책

혹시 여행지에서 서점이나 도서관을 들러본 경험, 있으신가요? 초등 시기 아이에게는 책이 있는 공간을 다양하게 경험하는 것 자체가 큰 자산이 됩니다. 낯선 도시의 조용한 서점, 새로운 책이 가득한 도서관은 단순히 책을 보는 곳이 아니라, 책과 가까워지는 특별한 장소가 될 수 있어요. 이런 경험은 아이의 독서 습관에도 작지만 깊은 흔적을 남깁니다.

"이 책은 제주에서 샀어", "이 책은 강릉의 도서관에서 읽었어"처럼 책과 장소가 연결된 기억은 아이에게 책을 단순한 학습 도구가 아니라 삶 속의 즐거움으로 인식하게 해줍니다. 여행지의 서점에서 고른 책 한 권은 기념품보다 더 오래 남는 선물이 되고, 도서관에서의 조용한 독서 경험은 "책 읽는 시간도 이렇게 좋구나" 하는 감각을 심어줍니다. 이런 경험은 집에서는 쉽게 느끼기 어려운 독서의 즐거움을 발견하게 해주지요.

또한, 낯선 공간에서 책을 읽는 경험은 집중력과 몰입력을 키워줍니다. 평소와 다른 분위기, 다른 책의 배열, 다른 사람들과 공유하는 조용한 공간 속에서 아이는 책에 스며드는 시간을 경험합니다. 집이나 학교에서는 그저 숙제처럼 느껴졌던 독서가, 새로운 공간에서는 하루를 특별하게 만들어주는 활동이 될 수 있어요. 서점의 향기, 도서관의 조용한 분위기, 그 속에서 읽었던 책 한 권은 평생 기억에 남는 독서의 추억이 됩니다.

이런 경험은 이후의 여행에도 영향을 미칩니다. "이번 여행에서도 서점 가요?", "거기 도서관 있어요?" 하며 아이가 직접 책이 있는 공간을 찾게 되는 변화가 생깁니다. 책과의 친밀감이 높아지고, 독서가 특별한 일상이 됩니다. 아이에게 책은 어디서든 함께할 수 있는 친구가 되고, 독서는 '해야 하는 일'이 아니라 '하고 싶은 일'로 자리 잡게 됩니다. 여행 속 서점과 도서관은 아이의 독서 인생을 바꾸는 전환점이 될 수 있습니다.

여행지의 한 권의 책, 한 시간의 독서, 하나의 공간. 그것이 쌓여 아이는 책과 친구가 됩니다. 이번 여행 계획에 서점 한 곳, 도서관 한 군데를 가볍게 넣어보세요. 그 작은 선택이 아이의 마음에 '책이 있는 삶'의 씨앗을 심는 일이 될 겁니다. 여행이 끝난 후에도 책은 남고, 그 책은 아이와 오랜 시간을 함께할 것입니다.

틈새 시간 활용하는 법

 틈새 시간, 말놀이의 힘

아이와 하루를 보내다 보면 참 애매한 틈새 시간이 자주 찾아옵니다. 식당에서 음식이 나오기 전의 10분, 병원 대기실에서의 15분, 차 안 이동 중의 20분……. 이 짧은 시간, 그냥 흘려보내자니 아깝고, 그렇다고 책상에 앉혀 공부를 시키자니 현실적으로 어렵죠. 그래서 많은 부모가 결국 스마트폰을 건네며 아이를 '잠깐' 맡기곤 합니다. 하지만 이런 순간이 반복되다 보면, 스마트폰은 아이의 기본 공식처럼 당연해지고, 부모는 점점 다른 선택지를 잊게 됩니다.

가장 먼저 제안하고 싶은 건, 아이에게 스마트폰을 안기기 전에 함께 할 수 있는 활동을 떠올려보는 것입니다. **간단한 말놀이, 손가락 게임, 관찰력 퀴즈, 짧은 그림 그리기, 오늘의 재미있었던 일을 나누는 대화까지. 준비물 없이 가능한 소소한 놀이들로 틈새 시간은 훨씬 따뜻해질 수 있어요.** 아이도 심심함을 견디는 힘을 키우고, 부모와의 소통 속에서 정서적 안정과 즐거움을 경험합니다. 짧지만 자주 쌓이는 이 시간이 가족의 유대감과 아이의 사고력, 표현력의 밑바탕이 됩니다.

가장 쉽고 많이 하는 건 끝말잇기죠. 단순하지만 언어에 대한 민감도, 어휘력, 빠른 사고력을 자극하는 훌륭한 놀이입니다. 그런데 여기에 약간의 규칙만 더하면 훨씬 다양하게 활용할 수 있어요. 예를 들어 '동물 이름만 끝말잇기', '두 글자 단어만 하기', '과일 이름만 하기'처럼 주제를 정해주면 어휘력과 집중력이 동시에 자극됩니다. 이런 말놀이는 차 안에서도, 엘리베이터 안에서도, 몇 분이면 충분히 할 수 있는 초간단 활동입니다.

조금 더 생각을 자극하고 싶다면 '1분 스피치 놀이'를 해보세요. "오늘 가장 재미있었던 일", "가장 좋아하는 음식", "내일 하고 싶은 일" 같은 주제를 던져주고, 1분 동안 끊기지 않고 말해보기를 시도하는 겁니다. 처음엔 30초도 어렵지만, 자꾸 하다 보면 자기 생각을 정리하고 표현하는 능력이 자연스럽게 늘어납니다. 이런 말하기 습관은 중고등의 발표력, 논술력, 자기소개서 작성까지 연결되는 실질적인 언어 능력의 기초가 됩니다.

말놀이를 통해 기억력도 함께 훈련할 수 있어요. 예를 들어 '방금 본 영상에서 기억나는 단어 말하기', '책 제목 5개 외우기', '영어 단어 3개 말하기' 같은 놀이를 짧게 진행해보세요. 그냥 외우라고 하면 지루하지만, 게임처럼 접근하면 집중도는 물론 즐거움도 배가됩니다. 부모와 번갈아 도전하는 방식으로 진행하면 아이도 더 적극적으로 참여하게 되고, 경쟁이 아닌 협력의 재미도 느낄 수 있어요.

핵심은 길고 어렵게 하지 않는 것, 그리고 매일 한 번씩 말로 놀아보는 루틴을 만드는 겁니다. 틈새 시간은 생각보다 자주 찾아오고, 그 시간을 말로 채울 때 아이는 생각하는 법을 배우고, 말하는 힘을 키우며, 자신감을 얻게 됩니다. 책상에 앉히지 않아도 가능한 최고의 언어 훈련, 바로 말놀이입니다. 오늘 차 안에서, 또는 식사 전 잠깐의 시간에 끝말잇기부터 1분 말하기까지, 아이와 말로 놀아보세요. 이 작은 놀이들이 모여, 아이의 큰 힘이 됩니다.

창의력 톡톡! 일상 속 틈새 놀이의 힘

이제 우리는 틈만 나면 스마트폰을 꺼내 듭니다. 식당에서 음식을 기다릴 때, 이동 중 차 안에서, 어디서든 부모와 아이가 각자의 화면을 보며 대화 없는 조용한 시간이 당연해졌지요. 하지만 이 짧은 시간 속에, 아이의 두뇌를 자극하고 가족이 함께 웃을 수 있는 소중한 놀이의 기회가 숨어 있습니다. 틈새 놀이 하나면 스마트폰 없이도 충분히 즐겁고 의미 있는 시간을 만들 수 있어요.

틈새 놀이의 첫 번째는 손가락으로 하는 미니 게임입니다. 대표적인 예로 '가위바위보 변형 게임'이 있어요. 가위바위보에서 이기면 상대에게 질문 하나 하기, 진 사람은 동물 소리 흉내 내기 같은 미션을 주는 방식입니다. 또 '숫자 손가락 게임', "하나 둘 셋!" 외치고 손가락을 펴서 총 숫자를 맞히는 놀이도 아이들은 깔깔 웃으며 즐깁니다. 준비물이 필요 없어서 식당, 대기실 등 어떤 공간에서도 활용할 수 있어요.

두 번째는 관찰력 게임입니다. 식당 안에서 "빨간 옷 입은 사람 몇 명인지 맞혀봐", "우리 테이블에 둥근 모양은 몇 개 있을까?" 같은 즉석 퀴즈를 출제해보세요. 아이는 주변을 세심하게 살펴보며 집중하게 되고, 집중력과 관찰력, 추리력이 자연스럽게 자극됩니다. 이 놀이가 익숙해지면 아이도 부모에게 문제를 출제하면서 놀이의 주도권을 경험하게 되는 즐거움을 맛볼 수 있어요.

세 번째는 상상력과 창의력을 자극하는 이야기 만들기 놀이입니다. "지금 이 식당에 외계인이 들어온다면?", "앞 테이블에 앉은 강아지가 말을 한다면?" 같은 질문을 던지고, 아이와 번갈아 이어서 이야기를 만들어보는 방식입니다. 단 5분이면 아이는 말의 재미, 상상의 힘을 경험합니다. 이 간단한 놀이는 글쓰기의 바탕이 되는 이야기 구성력, 표현력, 상상력을 키우는 데도 아주 효과적입니다.

마지막으로 퍼즐이나 작은 보드게임, 카드게임을 휴대하는 것도 추천합니다. 미니 젠가, 틀린 그림 찾기 책자, 퀴즈 카드 등은 아이가 영상 없이도 재미를 느끼며 손과 두뇌를 함께 움직이는 활동이 가능합니다. 책상 위에 올려두고 함께 즐기다 보면 음식 기다리는 시간조차 가족의 즐거운 놀이 시간으로 변하죠.

스마트폰 없이 보내는 틈새 시간, 처음엔 어색할 수 있습니다. 하지만 이 시간이 자주 쌓이면 아이는 생각하고 표현하며 놀 줄 아는 힘을 갖게 됩니다. 무엇보다 그 시간 속에서 가족이 함께 웃고, 교감하고, 소통하는 경험은 평생 남는 자산입니다. 오늘부터는 식당에서 스마트폰 대신 말과 손, 그리고 상상력으로 놀아보세요. 틈새 놀이는 아이의 두뇌와 마음에 최고의 선물이 됩니다.

나만의 영상 목록, 유튜브를 공부 친구로

요즘 아이들은 영상을 통해 배우고 생각하는 세대입니다. 영어든 한국사든 과학이든, 책으로는 지루해하던 내용도 영상만 틀면 집중하는 모습을 우리는 자주 보게 됩니다. 유튜브에는 영어 흘려듣기, 짤막한 문법 강의, 한국사 이야기, 과학 실험 영상 등 다양한 학습 영상이 무료로 제공되고 있고, 이런 콘텐츠는 앞으로 더 풍성하게 쏟아질 것이라고 전문가들은 말합니다. 아이가 공부에 흥미를 잃었을 때, 영상이라는 문을 통해 다시 배움의 공간으로 초대해보세요.

아이 이름으로 별도 유튜브 계정을 만들어 교육 영상 목록을 만드는 것, 이건 부모가 할 수 있는 최고의 '틈새 공부 전략'입니다. "이 영상 봐봐" 하고 강요하는 것이 아니라, 아이가 좋아할 만한 주제를 중심으로 영상을 찾아두고, 틈틈이 보여주는 방식입니다. 특히 식당에서 기다릴 때, 병원 대기실에서, 혹은 잠시 아이만 두고 외출해야 할 때, 바로 그 순간에 유튜브를 그냥 틀지 말고, 미리 만든 목록에서 고르게 하는 것이 핵심입니다. 이왕 노출될 영상이라면, 학습 효과까지 챙기자는 거죠.

이렇게 영상 목록을 준비해두면 아이에게도 선택권이 생깁니다. "영어 동요 볼까? 한국사 애니메이션 볼까?" 하고 스스로 고르게 해보세요. 그 과정에서 영상도 '배움의 공간'이라는 감각을 자연스럽게 가지게 됩니다. 단, '검색 금지', '추천 영상은 허락 받고 보기'라는 약속은 반드시 해야 합니다. 부모가 곁에 없을 때도 유해한 콘텐츠로의 무분별한 노출을 막기 위한 기본 원칙을 지켜야 유튜브가 무섭지 않은 친구가 될 수 있어요.

유튜브 외에도 EBS 키즈, 넷플릭스의 영어 애니메이션, 교육용 다큐멘터리 등 활용할 수 있는 영상 플랫폼은 다양합니다. 아이의 관심과 수준에 맞는 콘텐츠를 꼼꼼히 탐색해두고, 필요할 때 꺼내 쓰는 방식은 영상이라는 자극적 도구를 건강한 배움의 도구로 전환시키는 효과적인 전략입니다. 영상도 결국 도구일 뿐, 어떻게 활용하느냐가 아이의 공부 습관을 좌우합니다.

함께 만든 '나만의 영상 목록'은 무의미한 유튜브 시청에서 벗어나, 배우는 시간, 생각하는 시간으로 전환할 수 있는 작지만 강력한 방법이죠. 영상은 막을 수 없는 시대의 흐름입니다. 그렇다면 지혜롭게 이용하고, 현명하게 관리하는 것, 그것이 아이를 위한 최고의 디지털 학습 전략입니다.

Chapter 4

초등 매일 공부를 위한 스마트 기기 활용법

01

스마트 기기, 무조건 나쁜 걸까?

요즘 초등 아이가 있는 집이라면 한 번쯤 이런 말 해보셨죠?

"스마트폰을 괜히 일찍 사줬어."

"태블릿만 없었어도 책을 훨씬 더 많이 읽었을 텐데."

물론, 초등만의 이야기는 아닙니다. 초등부터 고등까지, 공부하는 아이들에게 스마트폰은 최대의 적이 되어버렸습니다. 금지한다고 사라지지 않고, 막는다고 멈추지도 않지요. 그렇다면 부모가 가져야 할 태도는 무엇일까요? 이 장에서는 스마트 기기를 어떻게 하면 우리 아이 공부의 조력자로 만들 수 있을지를 함께 고민해보겠습니다.

 부모의 불안, 충분히 공감해요

"스마트폰이 아이 공부 다 망친다잖아요."
"태블릿 주면 책은 절대 안 본다던데요."

부모 상담 자리에서 가장 자주 들려오는 말이에요. 누구 집 이야기만은 아닙니다. 부모라면 누구나 이런 불안을 품고 살아가죠. 혹시 우리 아이도 기기에만 빠져 공부와 멀어지지는 않을까, 중독이 되어 버리면 어쩌나 마음이 조마조마합니다. 마치 무섭고도 낯선 괴물이 집 안에 들어와 있는 것처럼 느껴지기도 하지요.

그런데 더 혼란스러운 건, 주변 사례가 제각각이라는 거예요. 어떤 집은 "우린 과감히 태블릿을 없애버렸어, 그래서 걱정할 일이 없어"라며 안도하고, 또 다른 집은 "우리 아이는 태블릿으로 공부 자료 찾아보고 문제도 풀면서 집중 잘해"라며 자랑하듯 이야기합니다. 똑같은 기기를 두고도 이렇게 다른 결과가 나오니 부모 마음은 더 흔들립니다. 이럴 때 "우리 집이 이상한 건가?" 싶어 괜히 불안해지지만, 사실은 그렇지 않아요. 아이마다, 집마다 다르게 나타나는 모습일 뿐이에요. 그 모든 사례의 출발점에는 공통된 마음, 아이를 잘 키우고 싶다는 부모의 간절함이 자리하고 있다는 걸 기억하면 훨씬 편안해질 수 있습니다.

요즘 초등 교실에서 아이들이 스마트폰 때문에 집중을 잃고 헤매는 모습은 평범해지고 있습니다. 중고등이라고 사정이 다를까요. 학생들이 쉬는 시간에 게임에 빠져 수업 시작 종이 울린 것도 모르는 모습은 이제 흔한 풍경이 되었지요. 스마트폰 단체 채팅이나 온라인 메시지로 인해 친구들과의 관계가 삐걱대는 경우도 종종 있습니다. 그러니 '혹시 우리 아이도?' 하는 불안이 드는 건 당연합니다.

그런데 아이들만 그럴까요? 어른도 마찬가지 아닌가요? 저 역시 스마트폰을 사용하기 시작한 이후 집중력이 눈에 띄게 줄어든 걸 실감해요. 책 한 권을 앉은 자리에서 몰입해 읽던 예전과 달리, 몇 장만 읽어도 어느새 손이 스마트폰을 향하곤 합니다. 전화가 온 것도, 알림이 뜬 것도 아닌데 말이죠. 현직 교사인 제 동기와 선후배들도 "애들만 나무랄 수가 없더라"라며 고개를 절레절레 흔들어요. 아이든 부모든, 지금은 모두 같은 도전에 놓여 있는 셈이지요. 그래서 이제는 무조건 참는 것보다 어떻게 함께 현명하게 다룰지 고민해야 합니다.

한 발짝만 물러서서 생각해보세요. 사실 스마트 기기 자체가 아이들의 적은 아니에요. 문제는 '무엇을, 어떻게, 얼마나 쓰느냐'에 달려 있습니다. 아이들은 태블릿으로 무조건 게임만 하지 않아요. 어떤 아이는 거기서 영어 발음을 따라 하고, 어떤 아이는 과학 다큐를 찾아보며 호기심을 키우기도 해요.

부모는 억울할 수 있어요. "같은 기기를 쓰는데 왜 저 집은 공부가 늘고, 우리 집은 싸움만 늘어날까?" 이 차이를 만드는 건 기기 그 자체가 아니라, 그 기기를 둘러싼 환경과 습관이에요. 부모가 함께 쓰는 약속을 정했는지, 놀이와 학습을 어떻게 구분했는지, 무엇보다 아이가 자기조절을 조금씩 연습할 기회를 얻고 있는지가 고민해보세요. 스마트 기기를 대하는 첫 시선을 "적"이 아니라 "길러야 할 습관의 장"으로 바꿔보면 어떨까요? 부모의 불안이 한결 가벼워지고, 아이와 함께 시도해볼 수 있는 길도 훨씬 넓어집니다.

아이들의 일상이 되어버린 디지털 기기

우리가 어릴 적엔 참고서와 문제집이 공부의 기본 도구였지요. 문제집 한 권을 풀면 성적이 오를 것 같고, 참고서에 줄 긋고 필기하며 공부하는 게 '정석'처럼 여겨졌습니다. 그런데 지금 아이들에게는 그 자리에 태블릿과 온라인 플랫폼이 들어섰습니다. 검색창 하나로 원하는 자료를 금세 찾아내고, 클릭 몇 번으로 문제를 무제한 풀 수 있는 시대예요. 우리가 연필을 쥐고 글씨를 익히던 것처럼, 아이들은 터치와 스크롤로 세상을 배우는 게 자연스럽습니다.

실제로 초등 교실에서도 변화는 이미 시작됐습니다. 디지털 교과서로 수업을 진행하고, 온라인 퀴즈 프로그램으로 학습 내용을 바로 확인하기도 합니다. AI 맞춤 학습 프로그램이 아이들 개개인의 수준을 분석해 개별 과제를 제시하는 시대가 되었어요.

중학교에 올라가면 상황은 더 심해집니다. 발표 자료를 PPT로 만들어야 하고, 온라인 게시판에 토론 글을 올리는 게 일상이 돼요. 팀 프로젝트를 하려면 구글 문서나 협업 툴을 능숙하게 다룰 줄 알아야 하고, 선생님들은 점점 더 다양한 디지털 과제를 내주시지요.

고등학교에서 탐구보고서를 준비하다 보면 단순히 교과서 내용을 정리하는 수준을 넘어서야 합니다. 온라인에서 수많은 자료를 검색해 내가 탐구해볼 주제와 관련된 정보를 모으고, 그중 어떤 것이 신뢰할 만한지 선별하는 경험은 필수입니다. 단순히 자료를 많이 모으는 게 중요한 게 아니라, 출처를 확인하고, 사실 여부를 검증하는 과정 자체가 보고서의 질을 결정하지요.

여기에 그치지 않고, 직접 연구한 결과를 정리하는 과정까지 이어집니다. 설문조사나 관찰로 모은 데이터를 노트북에서 통계 프로그램이나 스프레드시트로 분석해 평균, 비율, 그래프를 도출하지요. 이 경험은 단순히 보고서를 한 편 완성하는 데서 끝나지 않습니다. 온라인 세상에서 자료를 걸러내는 눈, 데이터를 근거로 논리를 세우는 힘, 그리고 결과를 시각화하여 다른 사람에게 설득력 있게 전달하는 능력까지 함께 길러주거든요. **초등 시기부터 디지털 기기를 공부의 도구로 조금씩 경험해 본 아이는 중고등에서 이런 식의 탐구 과제를 만났을 때 훨씬 덜 두려워하고 자연스럽게 몰입합니다.**

두렵다는 이유로 기기 자체를 배제하며 자란 아이는 순간 낯섦이 앞서 시작부터 자신감을 잃기 쉬워요. 수업과 성적을 위해 기기가 꼭 필요한 순간임에도 두려워할 수밖에 없습니다. 예습도, 발표도, 탐구 과제도 다 기기를 통해 진행되는데, 그 환경이 익숙하지 않다면 시작부터 자신감을 잃게 되지요. 초등 시기부터 부모와 함께 디지털 기기를 공부 도구로 적절히 활용해본 경험이 있다면 훨씬 자연스럽게 넘어갈 수 있습니다. 그러니 막아야 하나, 허용해야 하나라는 이분법 대신, 초등 시기를 '디지털 학습 환경에 안전하게 입문하는 훈련 시기'로 바라보면 어떨까요?

도구가 아니라 '사용법'이 문제

같은 태블릿을 두고도 아이들의 쓰임새는 천차만별입니다. 어떤 아이는 영어 발음을 따라 하며 스스로 녹음해 듣는 과정에서 발화 자신감을 얻습니다. 발음이 어색하다고 친구들 앞에서 말하기를 주저하던 아이가, 앱 속 캐릭터를 따라 말하는 연습을 통해 서서히 자신을 열어가는 모습은 참 흐뭇하지요. 또 어떤 아이는 수학 문제 풀이 앱을 활용해 '나만의 약점 노트'를 만듭니다. 교실에서 틀린 문제를 그대로 두는 대신 집에 와서 태블릿으로 비슷한 유형을 반복하며 약점을 보완하기도 해요. 이 과정에서 아이는 단순히 문제를 많이 푸는 것이 아니라, '내가 어려워하는 부분을 찾아내고 극복한다'라는 경험을 하게 됩니다. 또, 전자사전을 곁에 두고 책을 읽는 아이도 등장했습니다. 모르는 단어가 나오면 즉시 찾아보고, 관련 어휘를 연달아 살피면서 작은 탐구의 즐거움에 눈을 떠요. 이 아이는 자연스럽게 '궁금한 건 바로 확인하는 습관'을 길러가죠.

반면, 같은 태블릿을 갖고도 몇 시간이고 게임에만 빠져있는 아이도 있습니다. 처음엔 한 판만 하겠다던 것이 금세 두 판, 세 판으로 늘어나고, 시간 가는 줄 모르고 몰입하다 보면 어느새 하루가 훌쩍 지나 있지요. 재미와 자극이 쉴 새 없이 쏟아지다 보니, 아이의 뇌는 숙제나 독서처럼 느리고 반복적인 활동에는 금방 지루함을 느끼게 됩니다. 그 결과 과제에 집중하기 어려워지고, 해야 할 일을 미루는 습관이 점점 굳어질 수 있어요.

이러면 부모와의 갈등이 잦아지는 건 자연스러운 결과입니다. 부모는 "게임 그만하고 공부해!"라는 말을 계속하고, 아이는 "조금만 더!"를 외치며 맞서지요. 기기를 둘러싼 전쟁이 매일 반복되면서 부모는 지쳐가고 아이는 반항심이 자라납니다.

하지만 한번 생각해보세요. 같은 도구를 두고도 어떤 아이는 탐구 습관을 기르고, 어떤 아이는 단순 자극에만 머물기도 하잖아요. **결국 핵심은 방향이에요. 아이의 눈과 손이 조금 더 깊고 의미 있는 경험으로 향할 수 있도록 부모가 옆에서 지혜롭게 조율해주는 게 중**

요합니다. 그때 스마트 기기는 더 이상 '적'이 아니라 든든한 동반자가 됩니다.

부모의 역할은 통제가 아니라 길잡이

어쩌면 아이에게 스마트 기기를 아예 차단해버리는 게 가장 간단한 해결책일지 모릅니다. "없애버리면 문제도 사라지겠지"라는 생각은 부모라면 누구나 한 번쯤 해보셨을 거예요. 실제로 단기간에는 효과가 있는 것처럼 보입니다. 당장 게임으로 인한 다툼은 줄고, 눈에 보이는 공부 시간이 늘어나니까요. 하지만 이런 방식은 오래 가지 못합니다. 아이가 크면 클수록 호기심은 더 커지고, 기기를 쓰는 환경은 집 밖에서 훨씬 넓게 펼쳐지거든요.

결국 아이는 친구나 학교를 통해, 세상을 통해 기기를 접하게 됩니다. 이때 문제는 처음 쓰는 낯섦과 금지된 것에 심각하게 빠져드는 중독 위험이에요. 제대로 경험해본 적이 없는 아이일수록 기기를 만났을 때 조절하기가 더 어렵습니다. 반대로, 어릴 때부터 부모와 함께 일정한 규칙 안에서 기기를 사용해본 아이는 새로운 환경에서도 스스로 균형을 잡을 힘을 조금씩 키워갑니다. 그러니 차단이 능사가 아니라, 안전한 울타리 안에서 현명하게 경험하게 하는 것이 장기적으로 훨씬 더 득이 되지요.

그래서 요즘 초등 부모의 가장 큰 역할은 단순히 기기를 주거나 빼앗는 데 있지 않습니다. **부모는 아이가 기기를 통해 흘러가는 방향을 제대로 잡아주는 길잡이가 되면 됩니다.** 부모가 해줄 수 있는 일은 거창하지 않아요. "이 앱으로 오늘 공부한 단어 복습해볼까?" 하고 제안하거나, "이 사이트에서 우리 주제에 맞는 자료를 찾아보자" 하고 함께 탐색하는 것만으로도 아이는 기기를 다른 눈으로 보게 돼요. 같은 기기를 두고도 부모의 작은 안내에 따라 아이의 경험은 완전히 달라질 수 있습니다.

아이가 유익한 앱과 콘텐츠를 발견하도록 옆에서 함께 도와주고, 위험한 상황에서 어떤 신호가 나타나는지 미리 알려주는 것, 그 정도면 충분합니다. 이런 작은 경험이 쌓일수록 아이는 '기기를 스스로 조절할 수 있다'라는 자신감을 얻습니다. 그리고 그 힘은 시간이 지나 중학교, 고등학교에 올라갔을 때도 아이를 지켜주는 든든한 방패가 되지요. 결국 부모가 만들어주는 건 아이 스스로 균형을 잡을 수 있는 힘이라는 걸 기억해주세요.

02 위험과 유혹, 어떻게 관리할까

　스마트 기기를 두고 부모가 제일 먼저 떠올리는 걱정거리는 단연 게임과 영상입니다. 강연 때마다 빠지지 않고 받는 질문이기도 하지요. 사실 요즘 초등 부모라면 누구나 같은 마음일 거예요. 아이가 책상 앞에 앉아 문제집을 풀 때보다 태블릿을 들고 웃고 떠들 때가 훨씬 길어지는 것 같아 괜히 조급해지죠. 그렇다고 무조건 빼앗자니 전쟁이 벌어지고 그냥 두자니 불안합니다. 그래서 솔직하게 이야기 나누어보려 합니다. 게임과 영상, 도대체 어디까지 허용하는 게 맞을까요? 위험과 유혹에서 아이는 과연 안전할 방법이 있긴 한 걸까요?

게임 시간, 얼마나 허용해야 할까

아이의 계속된 부탁에 "잠깐만 하는 거야" 하고 허락했는데, 어느새 몇 시간이 훌쩍 지나버린 경험, 이미 수없이 해보셨을 거예요. 부모 입장에서는 분명히 '잠깐'이었는데, 아이에겐 그 잠깐이 순식간에 긴 몰입으로 이어집니다. 웃고 떠드는 동안 시간 감각은 사라지고, 숙제도 밀리고, 부모와의 갈등만 남는 경우가 많지요. 그래서 부모들은 "대체 몇 분, 몇 시간이 적당한 걸까?" 하는 질문 앞에서 늘 혼란스러워합니다.

사실 정답 같은 기준은 없습니다. 어떤 아이는 하루 30분만 해도 금세 기분 전환을 하고 다시 공부에 몰입하기도 하고, 또 어떤 아이는 10분만 해도 다음 날까지 영향을 받기도 하거든요. 중요한 건 '시간의 길이'가 아니라, 아이의 반응과 균형이에요. 게임이 끝난 뒤 아이가 숙제나 독서로 자연스럽게 이어가면 괜찮지만, 오히려 짜증을 내고 집중을 잃는다면 그건 이미 시간을 넘어서 습관 혹은 중독의 문제로 발전한 거예요.

그래도 추천할 만한 기준을 제시해드리자면, 초등 저학년은 하루 30분 내외, 고학년은 1시간 안팎 정도가 적당합니다. 물론 아이마다 기질과 집중력이 달라서 조금 더 짧아도 되고, 주말에는 평일보다 여유를 줄 수도 있어요. 중요한 건 시간을 정해주되, 그 시간 안에서 아

<u>이가 만족스러운 경험을 할 수 있도록 도와주는 겁니다.</u> '10분만 더'를 외치는 아이에게 '오늘은 여기까지, 내일 또 즐길 수 있어'라는 패턴을 몸에 익히게 하면, 아이 스스로 규칙을 지키는 힘을 조금씩 키울 수 있습니다.

주말의 게임 시간은 평일에 공부와 과제를 잘 마쳤다면 보상의 개념으로 활용해도 괜찮습니다. 아이에게는 "열심히 한 뒤 즐길 수 있다"라는 경험이 동기부여가 되거든요. 다만 주말이라고 해서 무제한 허용하는 건 위험합니다. 게임 시간이 길어질수록 수면 패턴이 깨지고, 다음 주 학습 리듬까지 흐트러질 수 있기 때문이에요. 그래서 평일보다 조금 넉넉히, 예를 들어 1~2시간 정도로 정하되 반드시 시작과 끝을 정해두는 것이 중요합니다. 또 게임을 하다가 바로 끊기보다 중간에 간식이나 산책 같은 전환 활동을 넣어주면 아이가 <u>스스로</u> 균형을 잡는 데 도움이 됩니다.

게임 아이템 구매, 흔히 말하는 '현질'을 요구하는 경우도 점점 생겨날 거예요. 게임 아이템 구매는 아이들에게 단순한 재미를 넘어 경쟁심과 과시욕까지 자극합니다. 문제는 금액 감각이 없다는 거예요. 1,000원짜리 아이템도 여러 번 누르다 보면 어느새 큰돈이 되고, 부모 몰래 결제하는 상황으로 이어지기도 합니다. 그래서 무엇보다 결제 구조를 아이와 함께 투명하게 이해하는 것이 필요합니다. "이건 가상 공간의 물건이고, 실제로는 돈이 빠져나가는 거야"라는 감각을 꾸준히 알려줘야 합니다. 부모의 동의 없이는 결제할 수 없도록 차단 설정을 해두고, 아이와 함께 "얼마까지는 괜찮다"라는 사용 원칙을 합의해보세요. 이렇게 해야 아이가 돈의 가치를 배우고, 중고등에 가서도 충동적 소비보다는 계획적 선택을 할 수 있습니다.

유튜브 영상, 어디까지 허용해야 할까

'10분만 볼게'라던 아이가 어느새 두세 시간 동안 짧은 영상을 무한 스크롤하고 있는 걸 본 적 있으실 거예요. 잠깐 웃고 넘기는 듯 보이지만 계속 화면을 넘기며 자극을 찾아 헤매는 모습은 부모 마음을 덜컥 불안하게 혹은 미친 듯이 분노하게 만듭니다. 책은 한 장도 끝까지 못 읽고, 숙제는 시작조차 미루면서 영상만 붙잡고 있는 모습 앞에서 걱정이 커지지요.

특히 숏폼 영상은 아이의 눈과 귀를 붙잡는 힘이 강해 한번 빠지면 쉽게 벗어나지 못합니다. 숏폼 영상의 가장 큰 문제는 아이 뇌가 짧고 강한 자극에 익숙해진다는 거예요. 몇 초면 새로운 장면, 새로운 소리, 새로운 재미가 바로 이어지니 기다림과 인내가 필요하지 않지요. 그러다 보니 긴 글을 읽거나 수학 문제를 차근차근 풀어야 하는 순간에 뇌가 버티질 못합니다. 집중 시간이 눈에 띄게 짧아지고, 조금만 지루해도 금세 다른 걸 찾게 되지요. 숏폼 영상에 오래 노출된 아이일수록 깊이 있는 몰입보다 순간적 자극을 더 선호하게 되고, 이 차이가 쌓이면 학습 태도에도 영향을 미치게 됩니다.

가정에서 유튜브를 허용할 때는 시간, 장소, 콘텐츠 세 가지 원칙을 세워두는 게 좋아요. 먼저 시간을 정해 평일은 30분 내외, 주말은 1시간 정도로 제한하고, 거실 같이 열린 공간에서만 시청하도록 해두면 부모가 자연스럽게 함께 지켜볼 수 있습니다. 숏폼 영상은 가급적 피하거나 부모와 함께 보는 게 안전합니다. 중요한 건 금지가 아니라, 아이가 유튜브를 즐기면서도 스스로 끊을 줄 아는 힘을 키울 수 있도록 이끌어주는 것이니까요.

아이와 함께 채널을 구독해 학습, 교양, 취미 중심의 콘텐츠를 선택하는 것이 좋습니다. 교과와 연관된 다큐멘터리나 교양 프로그램은 오히려 학습 동기를 끌어올리는 경우가 많아요. 예를 들어 과학 다큐를 본 뒤 "우주에 대해 더 공부하고 싶어"라며 관련 책을 찾아 읽는 아이들도 있지요. 부모가 방향만 잘 잡아주면, 유튜브는 단순 오락거리가 아니라 아이의 호기심을 자극하는 좋은 도구가 될 수 있습니다.

평소에 검증된 채널 목록을 미리 정해두는 것도 필요합니다. 부모가 함께 시청해본 뒤 신뢰할 만한 채널을 모아두고, 자유 시청 시간에는 그 채널 안에서만 영상을 보는 약속을 정하는 거예요. 이렇게 하면 아이는 '무제한 영상 바다' 속에서 헤매지 않고, 안전한 울타리 안에서 선택의 자유를 누릴 수 있습니다. 동시에 부모는 "뭘 보고 있을까" 불안해하지 않아도 되니, 서로 마음이 한결 편안해지지요.

최고의 원칙, 시간보다 순서

추천하고 싶은 최고의 원칙이 있습니다. 바로 시간의 절대량보다 순서와 맥락을 관리하는 것이에요. 숙제, 독서, 정해진 공부가 끝난 뒤에 게임을 30분 정도 허용하는 건 아주 괜찮습니다. 아이에게는 "할 일을 마친 뒤 즐길 수 있다"라는 경험이 보상이 되고, 부모도 갈등 없이 게임 시간을 인정해줄 수 있지요. 이렇게 순서를 지켜가는 과정은 아이가 자연스럽게 자기조절을 배우는 기회가 됩니다.

반대로 공부보다 게임을 먼저 하고 나면 이야기가 달라집니다. 같은 30분이라도 앞뒤가 바뀌면 갈등이 생길 수밖에 없어요. 게임 후에 책상 앞에 앉으려면 집중이 잘 안되고, 부모는 잔소리하게 되지요. 결국 시간의 길이가 문제가 아니라, 언제 어떤 맥락에 두느냐가 핵심입니다. 아이와 함께 이 원칙을 합의하면, 부모의 통제보다 훨씬 오래 지속되는 규칙으로 자리 잡을 수 있습니다.

이 규칙이 꼭 지켜져야 하는 이유는 단순히 갈등을 줄이기 위해서가 아닙니다. 아이가 자신을 다스리는 힘, 즉 자기 조절력을 기르는 최고의 방법이기 때문이에요. 하고 싶은 것을 잠시 미루고, 먼저 해야 할 일을 끝낸 뒤 즐기는 경험은 생각보다 큰 힘을 갖습니다. 이 과정에서 아이는 "나는 나를 통제할 수 있다"라는 성취감을 맛보고, 부모는 "우리 아이가 약속을 지켜냈구나" 하는 안도감을 얻게 되지요.

무엇보다 초등 시기에 길러진 습관은 중고등에서 성패를 가르는 결정적인 요소가 됩니다. 지금 "게임·영상은 할 일 끝낸 뒤에 즐긴다"라는 흐름을 몸에 익힌 아이는, 부모의 통제가 줄어드는 중학교 이후에도 스스로 균형을 잡을 가능성이 높습니다. 반대로 이 경험이 부족한 아이는 자유가 주어졌을 때 감당하기 힘들어, 과제나 시험 준비보다 즉각적인 즐거움에 휩쓸리기 쉽지요. 결국 초등의 작은 습관 하나가 사춘기 이후 학습 태도와 생활 리듬 전체를 좌우하게 됩니다.

부모의 목표는 무조건 금지가 아니라, 아이가 영상을 보거나 게임을 즐기면서도 균형을 유지하도록 돕는 것입니다. 단순히 시간을 재고 끊어버리는 관리 방식보다, 아이가 스스로 조절할 수 있는 힘을 기를 수 있도록 안내해주세요. 그것이 초등 시기에 부모가 해줄 수 있는 가장 큰 선물입니다.

위험 신호, 이렇게 나타나요

스마트 기기 사용이 단순한 놀이를 넘어 위험 신호로 번질 때, 부모는 아이의 작은 변화를 놓치지 않고 살펴야 합니다. 겉으로는 괜찮아 보여도 생활의 균형이 흔들릴 때는 반드시 징후가 드러나거든요. "아이들이 원래 그렇지" 하고 가볍게 넘기다 보면 이미 습관으로 굳어져 돌이키기 힘들어질 수 있습니다.

가장 먼저 드러나는 건 정서적 변화입니다. 기기를 하지 못하면 불안해하거나 괜히 화를 내는 모습이 자주 보입니다. 조금만 더 하게 해달라는 부탁이 간절한 애원이 되고 시간을 제한하면 울음을 터뜨리거나 크게 짜증을 내기도 하지요. 단순히 아쉬운 게 아니라 이미 의존도가 높아졌다는 신호일 수 있습니다.

그다음 나타나는 건 관계의 변화예요. 친구와 노는 대신 기기에만 몰두하거나, 대화 주제가 게임이나 유튜브에만 치우치기도 합니다. 가족이 함께 밥을 먹을 때도 대화보다는 화면을 더 중요하게 여기는 듯한 태도를 보이지요. 이렇게 기기가 관계의 중심이 될 때는 사회성 발달과 학교생활에도 부정적인 영향을 줄 수 있음을 염두에 두어야 합니다.

세 번째는 수면 패턴의 무너짐입니다. 게임을 하거나 영상을 시청하다 보면 잠드는 시간이 점점 늦어져요. 처음엔 30분 정도였던 게 어느새 자정을 훌쩍 넘기고 아침에 일어나기 힘들어지는 겁니다. 초등 시기의 수면 부족은 단순히 피곤함에 그치지 않고 집중력 저하, 감정 기복, 성장 지연으로도 이어져 학습과 생활 모두에 돌이키기 어려운 부정적 영향을 줍니다.

네 번째는 독서 습관의 변화입니다. 예전에는 책을 곧잘 읽던 아이가 점점 긴 글을 힘들어하고 책상 앞에 앉아도 몇 장 넘기지 못하고 금세 기기를 찾는다면 주의해야 합니다. 숏폼 영상에 익숙해진 뇌가 긴 텍스트를 버거워하기 때문이지요. 독서 습관이 약해지면 사고력과 상상력이 함께 위축될 수 있어, 학년이 올라갈수록 더 큰 차이로 드러납니다.

마지막으로는 생활 리듬이 무너지는 흐름입니다. 밥 먹는 시간에도, 이동하는 순간에도, 심지어 잠들기 직전까지 기기를 손에 쥐고 있다면 일상의 작은 틈마저 기기에 점령당한 상태예요. 이때는 단순히 시간을 줄이는 문제가 아니라, 가족이 함께 생활 패턴을 재정비해야 할 때라는 신호로 받아들여야 합니다.

위험해진 아이, 어떻게 되돌려야 할까

부모가 아무리 조심하면서 관리한다고 해도 어느 순간 '아, 우리 아이도 이미 많이 빠져들었구나' 하고 깨닫게 될 때가 있습니다. 디지털 기기를 사용하는 누구에게나 일어나는 일이니, 자책하지 마세요. "내가 더 일찍 막았어야 했는데", "왜 이렇게 될 때까지 놔뒀을까" 하는 마음은 상황을 해결하는 데 도움이 되지 않습니다. 이미 위험 신호가 뚜렷하다면 지금부터라도 차분히 관리 계획을 세워야 합니다.

첫 단계는 현실을 있는 그대로 인정하는 것입니다. 아이가 몇 시간을 쓰는지, 어떤 콘텐츠에 몰입하는지, 부모가 구체적으로 확인해야 해요. 이 과정은 '감시'가 아니라 '현황 파악'이라는 점을 아이에게 분명히 알려주는 것이 중요합니다. 숫자와 기록으로 문제를 명확히 드러내면 부모의 잔소리가 아니라 사실 기반의 대화가 가능해집니다.

두 번째는 작은 규칙부터 다시 세우는 것입니다. 이미 습관이 자리 잡은 아이에게 갑자기 "앞으로 절대 금지!"라고 하면 반발만 커집니다. 대신 "게임은 하루 1시간", "영상은 거실에서만 시청"처럼 지킬 수 있는 최소한의 규칙부터 시작하세요. 중요한 건 규칙이 완벽하지 않아도 된다는 점입니다. 작은 성공 경험이 쌓여야 아이가 자기조절의 힘을 다시 찾을 수 있습니다.

세 번째는 대체 활동을 마련하는 것입니다. 기기를 줄이라고만 하면 아이는 갑자기 주어진 지루함을 견디지 못해 다시 화면으로 돌아갑니다. 대신 운동, 보드게임, 가족과의 산책, 친구와의 만남처럼 몸과 마음을 채울 수 있는 활동을 제시하세요. 초등 시기의 아이는 여전히 부모와의 시간을 필요로 하니, 대체 활동은 가족과 함께하는 경험일 때 그 효과가 훨씬 더 큽니다.

네 번째는 정서적 대화를 늘리는 것입니다. 기기에 몰입하는 아이 중 많은 경우, 외로움이나 스트레스가 원인일 때가 있습니다. "왜 이렇게 많이 보니?"라는 추궁 대신 "오늘 하루는 어땠어?", "지금 기분은 어때?"라고 물으며 감정을 끌어내 주세요. 부모가 아이의 마음을 들어주는 순간, 기기가 아닌 관계에서 위로를 얻을 가능성이 커집니다.

마지막으로 도움 요청을 주저하지 않는 것도 필요합니다. 아이가 이미 일상 기능을 해칠 만큼 기기에 의존한다면 학교 상담 선생님이나 전문가와 함께 협력하는 것이 안전합니다. 부모 혼자 해결하려다 지치면, 아이와의 관계가 더 멀어질 수 있거든요. 전문가의 객관적 조언과 부모의 꾸준한 태도가 함께할 때, 아이는 다시 균형을 찾아갈 힘을 얻게 됩니다.

학습 도구로 지혜롭게 활용하자

스마트 기기는 위험하고 불안하기도 하지만, 이미 우리 아이들의 일상과 학습 속에 깊숙이 들어와 버린 존재예요. 이제 와 없던 일로 하자고 외면할 수는 없습니다. 그렇다면 방법은 하나예요. 지혜롭게 활용하는 법을 찾아내는 겁니다. 스마트 기기의 좋은 점을 먼저 알고, 배움에 연결하는 길을 열어주면 아이들은 도구에 휘둘리는 대신 도구를 다스릴 힘을 기르게 됩니다. 부모가 미리 생각하고, 알아두고, 방향을 잡아줄 때 기기는 공부의 적이 아니라 든든한 조력자가 될 수 있습니다. 막아야 한다는 고민에서 벗어나, '어떻게 활용하면 좋을까'라는 질문으로 눈을 돌려보면 어떨까요?

학습 전용 태블릿

최근 몇 년 사이에는 학습 전용 태블릿도 초등 가정에서 큰 비중을 차지하고 있습니다. '밀크T', '웅진스마트올' 같은 업체들이 대표적이지요. 이들은 태블릿 기기와 자체 학습 프로그램을 결합해 판매하는데, 교과과정에 맞춰 매일 학습할 수 있도록 설계되어 있어요. 덕분에 부모가 매번 계획을 짜주지 않아도 아이가 스스로 정해진 흐름에 따라 학습을 이어갈 수 있다는 장점이 있습니다.

초등 아이들에게는 또 다른 의미가 있어요. 기기를 처음 접할 때부터 게임이 아니라 학습 콘텐츠로 경험하는 셈이니까요. 자연스럽게 '태블릿 = 공부할 수 있는 도구'라는 인식이 자리 잡게 되지요. 부모 입장에서도 학습 진도와 결과가 시스템 안에서 관리되고 피드백까지 제공되니 훨씬 마음이 편해집니다. 물론 중요한 건 아이의 흥미를 꾸준히 이어가도록 도와주는 부모의 관심이지만, 전용 태블릿은 그 과정에서 든든한 조력자가 될 수 있습니다.

학습 전용 태블릿을 활용할 때 가장 중요한 원칙은 기기를 '관리자'가 아니라 '조력자'로 두는 것입니다. 프로그램이 알아서 진도를 제시해주더라도 부모가 한발 물러서서 아이와 함께 흐름을 점검해주는 게 필요해요. "오늘은 어떤 걸 배웠니?" 하고 가볍게 묻는 것만으로도 아이는 성취감을 확인하고, '내가 배우고 있다'라는 자각을 갖게 됩니다. 또 정해진 학습 시간과 장소를 명확히 해서, 태블릿이 일과의 한 부분으로 자리 잡도록 하는 것이 좋습니다.

주의할 점도 있어요. 전용 태블릿은 분명 편리하지만, 아이가 흥미를 잃으면 그 순간 기기는 금세 방치되거나 오히려 하기 싫은 공부를 억지로 시키는 도구로 전락할 수 있습니다. 또 학습보다 보상·게임 요소에만 몰두하면 기기는 독이 되지요. 화면 안의 '점수'와 '칭찬'에만 집착하면서 실제 이해와 사고는 따라오지 않는 경우가 그렇습니다. 결국 전용 태블릿도 부모가 함께 쓰임새를 점검하고, 아이가 의미 있는 학습 경험을 쌓을 수 있도록 균형을 잡아줄 때 가장 큰 힘을 발휘합니다.

대부분의 학습용 태블릿은 2주 안팎의 무료 체험 기간을 제공하니, 이 시간을 잘 활용해 우리 아이와 맞는지 꼭 점검해보는 게 좋아요. 아이가 흥미를 보이고 꾸준히 사용할 수 있는지, 부모가 관리하기에 무리가 없는지 직접 경험해보는 것을 추천합니다.

태블릿 전용 학습 프로그램 선택 기준

아이의 태블릿 학습 프로그램을 알아볼 때 가장 먼저 확인해야 할 것은 교과 과정과의 연계성입니다. 프로그램의 교육과정이 학교의 교과 진도와 맞물려 있으면 복습과 예습이 자연스럽게 이어지는 학습 효과를 누릴 수 있어요. 하지만 아무리 재미있고 화려한 콘텐츠라도 학교에서 배우는 흐름과 동떨어져 있다면 활용한 시간에 비해 효율이 떨어질 수 있습니다.

두 번째 기준은 콘텐츠의 깊이와 다양성입니다. 단순히 문제를 많이 제공하는 것보다, '개념 설명 → 문제 풀이 → 피드백'까지 이어지는 구조인지 살펴야 해요. 아이가 이해 단계와 적용 단계를 오가며 사고력을 기를 수 있어야 학습의 질이 달라집니다. 또 글, 영상, 게임형 활동 등 다양한 학습 방식을 제공하는지도 중요한 포인트입니다.

세 번째는 아이 수준에 맞춘 맞춤형 기능이에요. 초등 아이들은 학습 격차가 큰 편이라, 일괄적으로 같은 문제를 풀게 하면 금세 지루해하거나 포기해버리기 쉽습니다. 진단을 통해 수준별 콘텐츠를 제공하고, 성취도에 따라 난이도를 조절해 주는 프로그램일수록 아이가 꾸준히 이어가기 좋아요.

네 번째는 부모와의 소통 기능입니다. 단순히 아이 혼자 두는 학습이 아니라, 부모가 학습 진도와 결과를 확인할 수 있어야 해요. 오늘 얼마나 했는지, 어떤 부분에서 자주 틀리는지 한눈에 볼 수 있는 리포트가 제공된다면 부모가 일일이 옆에 앉아 있지 않아도 아이의 학습 흐름을 놓치지 않을 수 있습니다.

다섯 번째는 사용 편리성과 안정성이에요. 아무리 좋은 콘텐츠라도 기기가 자주 멈추거나, 앱 구동이 복잡하면 아이는 금세 흥미를 잃습니다. 특히 초등 저학년은 터치 몇 번만으로 학습이 시작되는 단순한 UI가 필수적입니다. 또 정기적인 업데이트와 안정적인 고객 지원이 가능한 업체인지도 꼭 확인해야 합니다.

마지막으로 고려할 점은 계약 조건과 비용 구조입니다. 대부분의 학습용 프로그램은 2주 내외 무료 체험을 제공하지만, 정식 등록 후에는 계약 기간이 긴 편이에요. 아이와 잘 맞지 않는데 중도 해지하기 어렵다면 부모에게 큰 부담이 되지요. 따라서 체험하는 동안 아이의 흥미와 지속 가능성을 꼼꼼히 살펴보고, 장기 계약에 앞서 신중히 결정하는 것이 현명한 선택입니다.

태블릿과 종이, 함께 완성되는 공부

스마트 기기를 아무리 잘 활용하더라도 부모가 반드시 기억해야 할 원칙이 있습니다. 바로 종이 학습을 절대 놓치지 말아야 한다는 거예요. 태블릿은 빠르고 재미있고 아이의 흥미를 끌어들이는 데 강점이 있지만, 그 자체만으로는 학습의 깊이를 완성하기 어렵습니다.

태블릿 화면을 터치하며 배우는 과정은 즉각적인 피드백을 주고, 아이가 성취감을 빠르게 맛볼 수 있도록 도와줍니다. 그래서 공부를 시작하는 동기부여에는 확실히 효과가 크지요. 하지만 그 과정에서 머릿속에 구조를 정리하거나, 기억을 오래 남기는 힘은 약한 편입니다. 눈으로 보고 손가락으로 넘기는 것만으로는 '깊이 각인되는 경험'이 부족하기 때문입니다.

종이에 직접 쓰는 과정은 훨씬 느리고 번거롭게 느껴질 수 있습니다. 하지만 그 느림 속에서 아이는 글자의 모양을 익히고, 계산 과정을 차근차근 기록하며, 사고의 흔적을 눈으로 확인할 수 있습니다. 한 글자, 한 숫자를 직접 써 내려가는 순간 뇌는 더 오랫동안 집중하고, 이해를 자기 것으로 만듭니다.

예를 들어 수학 문제를 풀 때 태블릿은 답을 빠르게 확인하게 해주지만 종이에 풀이 과정을 쓰는 순간 아이는 어디서 막혔는지를 명확히 파악할 수 있습니다. 국어 공부에서도 마찬가지예요. 화면에서 독해 문제를 풀고 끝내는 것보다, 글로 직접 요약을 쓰거나 밑줄을 치며 정리하는 과정이 사고력을 더 깊이 키워줍니다.

각자의 장점을 가지고 있는 태블릿과 종이를 함께 쓰면 시너지 효과가 납니다. 이것이 균형의 힘이지요. 태블릿은 학습의 진입 장벽을 낮추고, 종이는 학습의 완성도를 높여줍니다. 이러한 경험을 반복한 아이는 결코 쉽게 무너지지 않습니다.

결국 부모의 역할은 태블릿 학습과 종이 학습, 이 둘을 어떻게 조화롭게 쓸까를 고민하는 겁니다. 이 두 가지가 균형을 이루어야 아이의 공부가 장기적인 학습 습관으로 이어질 수 있습니다. 바로 이것이 태블릿 학습을 가장 바람직하게 활용하는 비법입니다.

일반 스마트 기기를 학습에 활용하는 방법

가정에서 흔히 쓰는 노트북, 데스크톱 컴퓨터, 태블릿, 스마트폰은 이미 아이들 학습 도구로 자연스럽게 쓰이고 있습니다. 전용 학습 기기처럼 화려한 콘텐츠가 탑재되어 있진 않지만, 오히려 범용 기기이기에 자유롭고 다양한 방식으로 활용할 수 있다는 장점이 있어요. **초등 시기에는 단순히 '놀이 도구'가 아니라 '학습 도구'로 경험하게 하는 것이 중요합니다.**

노트북, 데스크톱 컴퓨터는 특히 글쓰기와 발표 과제에 유용합니다. 글자를 키보드로 치며 문장을 다듬는 과정 자체가 논리 정리 훈련이 됩니다. 초등 고학년 아이들이 직접 정보를 검색하고 PPT를 만들어 발표 자료를 정리하거나, 온라인 독서록을 작성하는 경험도 큰 자산이 됩니다.

예를 들어 "우리 동네 환경 문제" 같은 탐구 주제를 조사할 때, 정부·지자체 사이트에서 통계를 찾고, 이미지 자료를 정리하며 발표 자료를 만드는 경험은 초등 아이에게도 충분히 가능합니다. 이런 훈련은 중고등에서 탐구보고서나 발표 과제를 할 때 두려움 없이 접근할 수 있는 힘을 길러주고, 고등학교 학교생활 기록부의 탐구보고서로 이어지는 밑바탕이 됩니다.

태블릿은 휴대성이 좋아 짧은 시간에도 활용하기 쉽습니다. 전자책으로 독서를 하거나, 영어 발음 앱을 켜서 따라 읽는 훈련을 할 수 있어요. 또 수학 문제 풀이 과정을 동영상으로 설명해주는 앱을 통해 부족한 부분을 채울 수 있습니다. 필기 앱을 활용하면 종이 공책처럼 직접 손 글씨를 쓰는 학습 경험도 가능해 디지털과 아날로그의 장점을 함께 누릴 수 있습니다.

스마트폰은 부모가 가장 걱정하는 기기이지만, 사실 활용도가 가장 높은 학습 도구입니다. 이동 중에는 오디오북이나 영어 듣기 파일을 들을 수 있고, 전자사전을 활용해 모르는 단어를 바로 확인할 수도 있습니다. 또 짧은 시간에 퀴즈 앱으로 개념을 복습하거나, 음성 메모 기능으로 아이디어를 기록하는 습관을 들이면 '공부는 책상에서만 하는 것'이라는 고정관념을 깨뜨릴 수 있어요.

결국 중요한 건 어떤 기기를 어떻게 쓰느냐입니다. 같은 노트북과 태블릿이라도 게임과 영상만 소비하면 갈등의 원인이 되지만, 학습과 탐구에 연결되면 훌륭한 공부 친구가 됩니다. 부모는 단순히 시간을 재거나 사용을 막는 것이 아니라, 아이가 기기를 어떤 경험으로 쌓아가고 있는지를 늘 살펴야 합니다. 그 과정에서 작은 안내와 제안만 더해도 가정용 기기는 아이의 학습과 성장에 든든한 조력자가 될 수 있습니다.

AI 활용, 초등부터 경험해보세요

AI는 이제 우리의 일상이 되었습니다. 우리가 접하고 있는 검색 엔진, 번역기, 음성 비서도 모두 AI 기술의 일부이고, 아이들도 이미 다양한 경험을 넓혀가는 중입니다. 그렇다면 초등 시기부터 어떻게 하면 안전하고 유익하게 활용할 수 있을까를 고민하는 게 현명합니다. 아이가 처음부터 바르게 경험한다면 AI는 공부를 방해하는 도구가 아니라 배움을 넓혀주는 든든한 조력자가 될 수 있거든요.

AI는 과목별 공부법에서도 다양하게 활용할 수 있습니다. 국어에서는 모르는 단어를 AI 사전으로 찾아보고 글을 요약하는 연습을 할 수 있고, 수학에서는 풀이 과정을 단계별로 설명해주는 AI 튜터가 큰 힘이 됩니다. 영어는 발음을 녹음해 피드백을 받거나, 번역 기능을 활용해 표현을 비교하면서 자신감을 기를 수 있고, 사회·과학에서는 AI에게 질문을 던져 간단한 통계나 사례를 얻으며 탐구보고서의 기초 훈련을 쌓을 수 있습니다.

특히 글쓰기에서는 AI의 장점이 두드러집니다. 아이가 쓴 짧은 글을 AI에 입력하면, 같은 내용을 더 풍성하고 다양한 어휘로 표현한 예시 문장을 볼 수 있어요. 이를 통해 "이런 문장도 쓸 수 있구나" 하며 표현의 폭을 넓히고, 고쳐 쓰는 연습까지 자연스럽게 이어집니다. 단, 아이가 자기 글을 한 단계 끌어올릴 수 있는 참고 자료로 활용하는 것이 핵심입니다.

가정에서 쉽게 경험해볼 수 있는 AI도 많습니다. 챗봇을 활용해 궁금한 것을 질문하거나 음성 비서를 사용해 날씨, 역사적 사실을 묻는 것도 좋은 시작이에요. 또 그림 그려주는 AI 앱은 아이의 창의성을 자극하기에 좋습니다. 집에서 간단히 체험해보는 것만으로도 AI는 두려운 게 아니라 함께 활용할 수 있는 도구라는 사실을 심어줄 수 있습니다.

부모와 아이가 함께 즐길 만한 활동도 많습니다. 예를 들어 AI와 가족여행 일정표를 함께 만들어보거나 동화 속 주인공의 다음 이야기를 AI와 함께 상상해보세요. 요리 재료를 입력하고 새로운 레시피를 AI에게 받아보는 것도 즐겁지요. 이런 경험은 아이가 AI를 학습 도구이자 생활 도우미로 자연스럽게 받아들이게 합니다.

다만, AI가 제시하는 답이 언제나 정확하지는 않기 때문에, 아이에게 무조건 신뢰하기보다 "정말 맞는지 다시 확인해보자"라는 습관을 길러줘야 합니다. 또 과제를 AI에게 통째로 맡기는 것은 학습 효과를 없애고 의존만 키우는 결과를 낳을 수 있습니다. 부모는 AI가 대신해주는 도구가 아니라 배움을 넓히는 조력자임을 끊임없이 알려주어야 합니다.

아이의 스마트폰, 언제부터 어떻게?

스마트폰을 아이에게 언제쯤 허용해야 할까요? 부모 상담 자리에서 가장 자주 나오는 질문이자, 가장 답하기 어려운 질문이기도 합니다. "우리 집은 아직 안 줬는데, 친구들은 다 가지고 있대요.", "안전 때문에 필요할 것 같아도, 공부 망칠까 봐 걱정돼요." 이런 말들 속에는 부모의 불안과 갈등이 그대로 담겨 있습니다. 사실 스마트폰은 이제 초등학생들에게 연락 수단이자 놀이 도구이고, 동시에 학습 도구가 되어가는 중입니다. 중요한 건 '언제 줄까'보다 '어떻게 시작하게 할까'입니다. 아이에게 스마트폰을 건네줄 시기와 방법, 함께 세워야 할 원칙들을 미리 생각해두세요.

스마트폰, 몇 학년부터 허용할까?

"스마트폰은 몇 학년쯤 줘야 하나요?"라는 질문은 부모라면 누구나 한 번쯤 품는 고민입니다. 어떤 집은 저학년부터 쥐여주고, 또 어떤 집은 중학교가 되기 전까지 절대 허용하지 않기도 하지요. 정답은 하나일 수 없지만, 몇 가지 기준을 살펴보면 우리 집 상황에 맞는 답을 찾을 수 있습니다.

가장 먼저 고려해야 할 건 또래 집단과의 관계입니다. 친구들이 대부분 스마트폰을 가지고 있는데 혼자만 없으면, 아이가 소외감을 느낄 수도 있어요. 하지만 스마트폰 채팅창에서 실시간으로 오가는 대화가 아이의 친구관계를 모두 좌우할까봐 두려워하지는 마세요. 교실 안에서의 친구 관계가 진짜입니다.

두 번째는 통학 거리와 안전 문제입니다. 혼자 학교에 오가야 하거나 학원 이동 거리가 긴 아이에게는 연락 수단이 꼭 필요합니다. 부모 입장에서 '잘 도착했는지' 확인할 수 있고, 아이도 위급할 때 바로 연락할 수 있지요. 이런 경우는 스마트폰이 아닌 아이의 안전을 확인할 만한 다른 기기는 없는지 찾아보세요.

세 번째는 부모의 생활패턴과 관리 가능성입니다. 맞벌이 가정처럼 부모가 항상 곁에 있을 수 없는 경우, 아이가 혼자 보내는 시간이 길다면 스마트폰과 함께 거실에 방치될 수 있어요. 부모가 집에서 아이 생활을 충분히 살필 수 있다면, 굳이 서둘러 허용하지 않아도 됩니다. 결국 스마트폰은 단순히 '아이 나이'가 아니라 가정의 상황에 따라 시기를 달리 정할 수 있는 거예요.

네 번째는 아이의 성향과 자기 조절력입니다. 충동이 강하고 한 번 시작하면 멈추기 힘든 아이에게는 조금 더 늦추는 게 현명할 수 있습니다. 아마 대부분의 초등학생들이 아직 자기조절력을 충분히 갖지 않은 상태일 거예요. 결국 아이의 성향을 제대로 보는 부모의 눈이 가장 큰 기준입니다.

마지막으로 꼭 기억할 건, '몇 학년'이라는 절대적인 기준보다는 준비도와 맥락이라는 점이에요. **친구 관계, 안전, 가정 환경, 아이 성향을 모두 고려해 결정하세요. 그런데 혹시라도 늦출 수 있다면 최대한 늦추기를 권하고 싶습니다.** 스마트폰은 편리한 만큼 유혹이 강하고, 자기 조절력이 충분히 자리 잡지 않은 시기에 너무 빨리 허용하면 갈등의 불씨가 더 커질 수 있거든요. 늦게 시작한다고 해서 아이가 세상과 아예 단절되는 것은 아니에요. 오히려 부모와 아이 모두가 준비된 시점에서 허용하는 것이, 스마트폰을 갈등의 원인이 아니라 성장의 도구로 만들 수 있는 가장 현명한 출발이 됩니다.

스마트폰 구입 시기를 늦추고 싶다면

초등학생이 되면 아이가 스마트폰을 당연히 가져야 할 것처럼 여겨지는 분위기가 있습니다. "친구들은 다 갖고 있는데 우리 아이만 없으면 소외되지 않을까?" 하는 부모의 걱정도 커지지요. 하지만 현실은 꼭 그렇지 않습니다. 초등 시기라고 해서 반드시 스마트폰이 있어야 하는 건 아니며, 오히려 늦게 시작할수록 아이의 자기 조절력과 생활 습관을 지켜줄 수 있어요.

스마트폰 구입 시기를 늦추고 싶을 때 가장 먼저 고려해야 할 것은 연락과 안전 문제입니다. 부모가 아이의 위치를 확인하고, 필요한 순간 연락을 주고받을 수 있으면 기본적인 불안은 크게 줄어듭니다. 다행히 스마트폰이 아니어도 이런 기능을 충족해 주는 다양한 기기가 있어요.

대표적인 대안은 어린이 전용 키즈폰입니다. 전화, 문자, 위치 확인은 가능하지만, 인터넷, SNS, 게임은 아예 차단돼 있어 스마트폰보다 훨씬 안전합니다. 또 스마트워치형 기기도 많이 활용됩니다. 시계처럼 차고 다니며 전화와 위치 확인이 가능하고, 학부모 전용 앱에서 실시간으로 아이의 동선을 확인할 수도 있지요. 여기에 더해, 인터넷이 되지 않고 전화와 문자만 가능한 2G폰을 선택하는 부모도 있습니다. 단순히 연락만 필요하다면 이 방식이 가장 깔끔합니다. 또한 학습 방해 요소를 최소화한 '공신폰'도 있어 불필요한 유혹은 줄이고 연락 기능은 충분히 보장할 수 있습니다.

더 단순한 방법으로는 GPS 전용 단말기가 있습니다. 작은 기기를 가방이나 주머니에 넣어두면, 통화 기능은 없더라도 위치 추적은 가능합니다. 일부 모델은 SOS 버튼을 누르면 부모에게 바로 알림이 가기도 해요. 통신사에서 제공하는 '자녀 안심 서비스' 역시 피처폰이나 키즈폰에 연동해 실시간 위치를 확인할 수 있습니다.

이처럼 대체할 방법이 있다는 걸 알면 '아이가 스마트폰이 없으면 혹시 위험하지 않을까'라는 불안 때문에 서둘러 스마트폰을 쥐여줄 이유가 줄어듭니다. 아이는 안전하게 보호받고, 부모는 안심할 수 있으며, 동시에 스마트폰의 유혹으로부터는 조금 더 거리를 둘 수 있을 겁니다.

첫 스마트폰, '기능 제한 모드'로 시작하세요

아이에게 첫 스마트폰을 허용할 때 가장 중요한 건 처음부터 모든 기능을 열어주지 않는 것입니다. 부모는 '이제 스마트폰을 가졌으니 알아서 잘 쓰겠지' 하고 기대하지만, 아이에게는 갑자기 열린 세상이 너무 넓고 자극적일 수밖에 없어요. 그래서 첫 단추를 어떻게 끼우느냐가 이후 스마트폰 사용 습관을 좌우합니다.

처음에는 꼭 필요한 기능만 남기고 시작하는 것이 좋습니다. 전화와 문자, 간단한 메신저처럼 연락을 위한 기능 위주로 두는 거죠. 이렇게 하면 아이는 스마트폰을 연락 도구로 인식하게 되고, 처음부터 게임과 영상에 끌려 들어가는 위험을 줄일 수 있습니다.

시간과 사용량을 제한하는 기능도 적극적으로 활용해야 합니다. 요즘 스마트폰은 '스크린 타임', '사용 시간 제한' 같은 기본 설정이 잘 마련돼 있어요. 부모가 옆에서 직접 감시하지 않아도 기기 스스로 사용을 차단해 주기 때문에 갈등이 줄어듭니다. 아이에게는 '스마트폰은 무제한이 아니다'라는 인식이 자연스럽게 자리 잡지요.

앱 설치를 부모 승인으로만 가능하게 해두는 것도 도움이 됩니다. 아이들은 또래의 추천이나 호기심으로 새로운 앱을 마구 다운로드하고 싶어 해요. 하지만 처음에는 부모와 상의해 함께 결정하는 과정을 거쳐야 아이가 선택에 책임을 지는 경험을 할 수 있습니다. '왜 이 앱을 쓰고 싶은지' 설명하는 과정 자체가 좋은 훈련이 됩니다.

무엇보다 중요한 건 이런 제한을 아이와 함께 합의해서 정한다는 것이에요. 부모가 일방적으로 차단하면 "왜 나만 못 해!"라는 반발이 커지고, 오히려 몰래 사용하게 되기 쉽습니다. "우선은 이렇게 시작해보고, 나중에 믿음이 쌓이면 조금씩 풀어줄게"라고 약속한다면 아이도 훨씬 받아들이기 쉽습니다.

결국 첫 스마트폰은 습관을 만드는 출발점으로 바라봐야 합니다.

처음부터 기능을 제한하고, 합의된 규칙 안에서 사용하게 하는 경험은 아이가 스마트폰을 도구로 다스릴 힘을 길러줍니다. 이 작은 출발이 앞으로 중·고등학교에 가서도 스스로 균형을 잡는 기초가 됩니다.

연락 수단과 놀이 도구의 경계

스마트폰을 처음 허용할 때 부모는 '이제 연락 걱정은 줄겠다' 싶지만, 문제는 스마트폰이 곧바로 놀이 도구로 확장된다는 데 있습니다. 처음에는 "도착하면 전화만 해"라는 약속으로 시작하지만, 아이 손에 스마트폰이 있는 순간 세상은 달라집니다. 친구가 보내는 메시지, 게임 알림, 유튜브 영상 추천은 연락 기능보다 훨씬 강력한 유혹이지요. **부모가 원하는 건 안전과 확인이지만, 아이가 발견하는 건 재미와 자극이라는 점에서 갈등이 시작됩니다.**

특히 또래 관계 속에서 스마트폰은 연락을 넘어 사회적 소속감을 주는 도구가 됩니다. 단체 채팅방에 참여하거나, 게임에서 함께 어울리면서 아이는 친구와 유대감을 형성하지요. 이 과정에서 연락 수단의 필요성을 넘어, 스마트폰이 없으면 관계에서 배제된다는 불안까지 커지기도 합니다.

이런 흐름 때문에 부모는 스마트폰을 무조건 차단할 수 없고, 동시에 무조건 열어줄 수도 없습니다. 결국 연락 수단과 놀이 도구의 경계를 어떻게 설정할 것인가가 핵심 과제가 됩니다. 연락을 위한 최소한의 기능은 보장하되, 놀이 도구로 확장되는 순간을 함께 살피는 게 필요합니다.

가장 좋은 방법은 스마트폰이 단순히 개인의 기기가 아니라 가족과 공유되는 도구라는 인식을 심어주는 거예요. '전화는 언제든 사용 가능하지만, 게임은 엄마랑 약속한 시간만', '메신저는 학교 친구와만 쓰고 모르는 사람은 안 돼'처럼 선을 명확히 정하는 겁니다. 이런 기준은 부모가 일방적으로 정하는 것이 아니라 아이와 대화를 통해 합의할 때 훨씬 오래갑니다.

스마트폰은 연락 수단과 놀이 도구 사이에서 늘 줄다리기를 하게 되지만, 부모가 경계를 분명히 해주면 아이는 자연스럽게 스마트폰을 '안전과 소통의 도구'로 받아들입니다. 그 경험이 쌓일 때, 놀이와 학습의 균형도 함께 배울 수 있다는 걸 기억해주세요.

채팅방 속 작은 사회, 어떻게 안내할까

스마트폰을 허용하면 가장 먼저 맞닥뜨리는 현실은 단체 채팅방입니다. 반 아이들끼리 만든 방, 동아리 방, 학원 친구 방 등 아이들은 어느새 여러 개의 채팅방에 속하게 되지요. 부모 입장에서는 "그냥 친구들과 대화하는 거지" 하고 넘기기 쉽지만, 사실 단체 채팅방은 아이들의 관계와 정서에 큰 영향을 주는 공간입니다.

가장 흔한 문제는 말이 지나치게 빠르게 오간다는 것입니다. 수십 명이 동시에 대화하다 보니 농담이 과해지고, 누군가는 쉽게 상처를 받을 수 있어요. 초등 아이들은 아직 말의 무게를 잘 조절하지 못하기 때문에, 의도치 않게 친구를 배제하거나 놀리는 일이 생기기도 합니다. 그래서 부모는 "채팅방에서는 현실에서 못 할 말을 해도 된다"라는 오해를 미리 막아줘야 합니다.

또 다른 문제는 밤늦은 시간에도 대화가 이어지는 것입니다. 메시지가 계속 울리면 아이는 잠들어야 할 시간에도 휴대폰을 손에 쥐게 됩니다. 수면 부족으로 이어질 뿐 아니라, 대화에 뒤처지지 않으려는 불안감까지 생길 수 있어요. 그래서 부모는 아이와 함께 "밤에는 알림을 꺼두자", "자야 할 시간엔 대화에 참여하지 않아도 괜찮다"라는 원칙을 세워줘야 합니다.

단체 채팅방에서의 사진·영상 공유 문제도 중요한 이슈입니다. 재미 삼아 올린 사진이 다른 곳으로 퍼질 수 있고, 누군가를 웃음거리로 만드는 자료가 될 수도 있어요. 아이들에게는 "내 사진뿐 아니라 친구 사진도 허락 없이 올리지 않는다", "친구를 웃음거리로 만드는 사진·영상은 공유하지 않는다"라는 기준을 반드시 알려줘야 합니다.

무엇보다 중요한 건 참여하지 않을 권리를 존중받아야 한다는 점이에요. 아이들은 '나가면 왕따 된다'라는 두려움 때문에 힘들어도 방을 쉽게 나가지 못합니다. 부모는 "네가 불편하면 언제든 나와도 괜찮다", "참여하지 않아도 네 관계가 무너지지 않는다"라는 메시지를 반복해서 알려줘야 해요. 그 한마디가 아이에게는 큰 안전망이 됩니다.

결국 단체 채팅방 교육은 단순히 채팅 예절을 가르치는 차원을 넘어, 아이의 관계와 정서를 지키는 안전 교육입니다. 부모가 먼저 관심을 갖고, 대화 속 사례를 함께 점검해 주어야 아이는 스마트폰 세상에서도 건강하게 관계를 맺을 수 있습니다. 단체 채팅방은 피할 수 없는 현실이지만, 부모의 작은 안내가 아이에게 큰 힘이 됩니다.

05 스마트 기기 활용을 위한 가족의 원칙

　스마트 기기는 이제 아이들 곁에서 떼어놓을 수 없는 일상의 도구가 되었습니다. 반면에 부모 마음은 한결 불안해지기도 했지요. "어떻게 하면 덜 휘둘릴까?", "공부와 생활은 어떻게 지켜줄 수 있을까?" 같은 걱정이 더 커졌습니다. 의외로 답은 단순합니다. 가정 안에서 지켜야 할 원칙을 미리 세워두는 것이지요. 아이에게 스마트 기기를 완전히 차단하는 건 현실적으로 어렵습니다. 그렇다면 남은 길은 부모와 아이가 함께 지킬 수 있는 원칙을 정하고, 그 틀 안에서 자유를 누리도록 하는 겁니다. 가족 모두가 합의한 원칙은 단순한 규칙이 아니라, 아이가 평생 가져갈 '디지털 습관의 씨앗'이 됩니다. 이제 우리 가족만의 원칙을 하나씩 세워볼까요?

가정의 합의가 먼저다

스마트 기기 사용 규칙을 정할 때 부모가 가장 많이 하는 실수는 일방적으로 통보하는 것입니다. '너는 하루에 딱 30분만 해', '게임은 주말만' 같은 지침을 아무 설명 없이 일방적으로 던지면 부모는 속이 시원할지 몰라도 아이는 곧바로 반발심이 커집니다. 결국 규칙은 시작부터 갈등의 씨앗이 되어버리죠.

아이와 함께 규칙을 만드는 과정은 시간이 걸리지만 훨씬 효과적입니다. '아빠의 생각은 이런데, 너는 어떻게 생각해?' 하고 먼저 물어보는 순간, 아이는 단순한 피지배자가 아니라 '참여자'가 됩니다. 아이도 자기 의견이 반영된 규칙은 훨씬 더 지키고 싶은 마음이 생깁니다.

물론 선택지를 주면 아이들은 언제나 '더' 하는 방향을 요구하겠지요. 하지만 그럴 수 없는 여러 이유를 차분히 설명하고, 최소한의 기준을 제시한 상태에서 대화를 시작해보세요. 그래야 부모의 불안도 줄이고, 아이도 현실적인 한계를 받아들이는 훈련을 할 수 있습니다.

이 합의 과정은 교육적 의미도 커요. 아이는 내가 한 말이 규칙에 반영됐다는 경험을 통해 책임감을 배우게 됩니다. 단순히 지시를 따르는 게 아니라 스스로 선택한 약속을 지켜내는 훈련이 되는 거죠.

부모가 의도하지 않았더라도 이 경험 자체가 자기 조절력과 자율성을 키우는 중요한 밑거름이 됩니다.

실제로 제가 아는 한 초등 고학년 아이는 '엄마가 정해준 시간은 어기고 싶었는데, 내가 직접 정한 시간은 지키려고 노력하게 된다'라고 말하더라고요. 부모의 명령은 억압처럼 느껴지지만 자기 의견이 반영된 약속은 자존심과 연결되기 때문입니다. 작은 차이 같아도 결과는 크게 달라집니다.

이 합의는 완벽하지 않아도 괜찮습니다. 처음부터 모든 상황을 다 완벽하게 결정할 수는 없으니까요. 중요한 건 한번 정한 규칙이 그대로 끝이 아니라는 겁니다. 상황이 바뀌면 다시 모여서 조율하고, 필요하면 수정하는 과정을 거쳐야 합니다. 이런 과정을 거칠 것임을 아이에게도 미리 알려주세요. 그렇게 할 때 아이는 규칙이 '강제'가 아니라 '함께 정하는 방법'이라는 걸 체감합니다.

결국 스마트 기기 규칙은 가정 안의 작은 민주주의 실험과도 같습니다. 부모가 정한 법이 아니라 가족 모두가 동의한 약속일 때 규칙은 오래가고 힘을 발휘합니다. 합의의 과정에서 아이는 존중받는 경험을 하고, 부모는 아이와의 신뢰를 쌓습니다. 이것이야말로 스마트 기기보다 훨씬 더 값진 자산이 되지 않을까요?

장소를 정해두자

스마트 기기를 집에서 쓸 때는 단순히 '시간의 문제'가 아닙니다. 어디에서 쓰느냐가 훨씬 더 중요한 기준이 될 때가 많아요. 같은 30분이라도 거실에서 쓰는지, 아이 방 침대 위에서 쓰는지에 따라 결과가 전혀 다르게 나타나거든요.

가장 기본이 되면서도 협의가 필요하지 않은 원칙은 침실에서의 사용 금지입니다. 특히 잠자리에서 태블릿이나 스마트폰을 사용하는 습관은 수면을 방해할 뿐 아니라, 기기를 내려놓는 경계선마저 흐려지게 합니다. '불 끄고 누워서 영상만 조금 보고 잘게'가 반복되면 결국 수면 시간이 늦어지고, 아침에 일어나지 못하는 패턴으로 이어집니다.

늦은 밤의 침대 속에 비하면 거실은 훨씬 안전합니다. 부모의 눈길이 닿는 곳에서 사용하는 것만으로도 아이는 자연스럽게 조절하게 돼요. 누가 지켜보고 있다는 긴장감 때문만이 아니라 같이 쓰는 공간에서는 규칙을 지켜야 한다는 인식이 생기기 때문이지요.

또 하나 장점은 스마트 기기 사용에 관한 대화가 그 장소에서 자연스럽게 이어진다는 점입니다. 아이가 무슨 영상을 보는지, 어떤 게임을 하는지 부모가 자연스럽게 옆에서 확인하고, 궁금하거나 걱정되는 부분에 관해 함께 이야기할 수도 있지요. 기기를 둘러싼 갈등이

은밀한 영역에서 벌어지지 않고 가족의 대화 주제 중 하나로 확장되는 겁니다.

이 원칙은 공부할 때도 큰 힘을 발휘합니다. 태블릿으로 검색하거나 문제 풀이 앱을 사용할 때, 거실에서 하도록 하면 '공부 모드'와 '놀이 모드'가 구분됩니다. 아이가 방에 들어가 침대에 눕는 순간 집중은 이미 무너지기 쉽거든요. 장소의 힘이 아이의 태도를 바꾸는 셈입니다.

장소를 정해두는 건 단순히 부모의 통제 장치가 아니라 아이 스스로 기기와의 건강한 거리를 배우는 훈련입니다. 집 안에서 공용 공간과 개인 공간의 경계를 분명히 할 때 아이는 커서도 기기를 무분별하게 쓰지 않고 스스로 조절하는 힘을 기르게 됩니다.

🧮 기기 없는 시간과 공간을 남겨두자

스마트 기기가 생활 속으로 깊이 들어오면서 이제는 밥상 위에도, 소파 위에도, 심지어 여행길에서도 기기가 먼저 자리 잡곤 하지요. 식당에 가보면 음식을 먹으면서 각자의 화면에 빠져버린 가족의 모습이 드물지도, 낯설지도 않아졌습니다. 하지만 아무리 디지털 시대라 해도 가족이 온전히 연결되는 순간만큼은 기기와 거리를 두는 훈련이 꼭 필요합니다.

가장 기본이 되는 건 식사 시간이에요. 밥을 먹으며 대화하는 시간이야말로 하루 중 가장 자연스럽게 서로의 마음을 나눌 수 있는 시간이거든요. 그런데 아이가 한 손엔 숟가락, 다른 손엔 태블릿을 들고 있으면 대화는 금세 끊어지고 맙니다. '밥상에서는 기기를 내려놓자', '식사할 때는 기기를 두고 오자'라는 원칙 하나만으로도 가족의 소통은 훨씬 살아납니다.

외출해서도 중요한 순간이 많아요. 산책하거나 가까운 마트에 가는 길, 주말에 가족 나들이를 나설 때 기기를 두고 나오면 의외로 많은 대화가 피어납니다. 창밖 풍경에 관한 이야기, 길에서 만난 작은 사건들, 걷는 동안 나누는 소소한 농담이 아이의 기억 속에는 오래 남아요. 기기를 들고나오면 이런 소중한 순간들을 놓치겠죠.

집 안에서도 가족 대화의 공간, 시간만큼은 기기를 내려놓는 게 좋아요. 거실에서 함께 TV를 보며 이야기를 나누거나 주말 오후에 차를 마시며 대화할 때 기기가 끼어들면 금세 흐름이 끊기지요. 이럴 땐 부모가 먼저 스마트폰을 멀리 두고 대화에 집중하는 모습을 보여주면 아이도 '아, 대화할 때는 기기가 방해되는구나', '대화할 때는 상대방에게 집중해야 하는구나'라는 감각을 자연스럽게 몸에 익히게 됩니다.

이 원칙은 단순히 기기를 멀리하는 것이 목적이 아닙니다. 가족의 시간과 공간은 기기로 대체될 수 없다는 걸 체험하게 하는 것이에요. 아이에게 '잠깐 기기를 내려놓으니, 대화가 더 즐겁네'라는 경험을 반복적으로 심어주면 기기가 없는 시간이 곧 편안하고 소중하다는 사실을 스스로 깨닫게 됩니다.

기기 없는 시간과 공간은 아이에게만 필요한 게 아니라 사실 부모에게도 꼭 필요합니다. 점점 더 부모 역시 무심코 기기를 들여다보다 아이의 말을 놓칠 때가 많지요. 잠깐의 내려놓음이 아이와 부모 모두에게 여유를 주고 관계의 온도를 높입니다. 디지털 시대의 진짜 사치는 화면이 아니라 서로의 눈을 마주하는 시간일지도 모릅니다. 아이의 눈을 마음껏 바라보는 사치를 누리길 바랍니다.

부모가 먼저 본보기가 되자

스마트 기기 규칙을 세울 때 가장 많이 놓치는 부분은 바로 부모 자신입니다. 흔히 '아이만 잘 지키면 되지'라고 생각하지만, 사실 아이는 부모의 말보다 부모의 행동에서 더 많은 걸 배웁니다. 밥상에서는 기기 쓰지 말라고 하면서 부모는 식탁에서 스마트폰 알림을 확인한다면 가족의 규칙은 공허한 소리가 되고 말지요.

사춘기가 오면 조금 그 양상이 달라지지만, 사춘기 이전의 초등 아이들은 생각보다 훨씬 민감하게 부모의 태도를 관찰합니다. 부모가 무심코 소파에 누워 영상을 뒤적이며 오래 보는 모습, 대화 도중

틈날 때마다 스마트폰을 들여다보는 습관을 기억하고 금세 따라 하지요. 아이에게 스마트 기기 규칙을 지키게 하고 싶다면 부모가 먼저 지키는 모습을 보여주는 게 가장 강력한 교육입니다.

물론 부모는 현실적으로 집에서 스마트폰을 완전히 놓을 수는 없습니다. 일과 관련된 연락, 가족과의 소통, 필요한 검색, 집에 필요한 물건의 온라인 쇼핑까지 부모에게도 스마트폰은 생활의 필수 도구지요. 하지만 아이 앞에서만큼은 우선순위를 조정할 필요가 있습니다. '지금은 우리 가족 시간이라 알림을 꺼뒀어'라는 한마디는 긴 설명보다 훨씬 더 큰 울림을 줍니다.

이런 태도는 아이에게 규칙의 의미를 다시 생각하게 합니다. 부모가 스스로 불편을 감수하면서도 규칙을 지키는 모습을 보이면 아이는 '이건 억지로 시키려는 게 아니라, 다 같이 지켜야 하는 약속이구나'라는 점을 느끼게 되지요. 규칙이 강요가 아니라 가족의 문화로 자리 잡는 순간입니다.

실제로 많은 가정에서 부모가 먼저 기기를 내려놓을 때 아이도 자연스럽게 따라온다고 합니다. '엄마, 아빠도 안 보는데 나만 볼 수는 없지'라는 생각이 스스로 행동을 조절하게 합니다. 반대로 부모가 규칙을 어기는 모습을 자주 보이면, 아이는 금세 규칙을 무시해 버리거나 반항심만 키우게 될 수 있어요.

스마트 기기 사용에 관한 가족의 규칙은 아이보다 부모에게 먼저

주어진 숙제일지도 모릅니다. 부모가 먼저 본보기가 될 때 아이는 반복되는 잔소리 없이도 배우고 따라옵니다. 스마트폰을 내려놓고 아이 눈을 바라보는 그 작은 순간이야말로 어떤 교육보다 강력한 메시지가 된다는 걸 잊지마세요.

우리 집 스마트폰 규칙 10가지 예시

1. 식사 시간에는 스마트폰을 사용하지 않는다.

2. 스마트폰은 공부, 독서, 운동이 끝난 뒤 사용한다.

3. 밤 9시 이후에는 스마트폰을 거실에 두고 충전한다.

4. 거실, 공부방에서만 사용하고 침대에서는 사용하지 않는다.

5. 사용 시간은 가족이 함께 정한 약속을 따른다.

6. 새로운 앱과 채널은 부모와 함께 살펴보고 선택한다.

7. 단체 채팅방에서는 친구를 놀리거나 사진을 무단으로 올리지 않는다.

8. 모르는 사람과는 대화하지 않는다.

9. 불편하거나 무서운 내용을 보면 부모에게 바로 알린다.

10. 우리 가족 모두가 서로의 본보기가 된다.

Chapter 5

초등 매일 공부를 위한 부모의 원칙

01 기본 습관

공부에 앞서 준비해야 할 것들

공부의 출발점은 문제집이나 학원이 아니라 기본 습관입니다. 정해진 시간에 일어나고, 제때 식사하며, 자기 물건을 스스로 챙기는 사소한 생활 습관이 곧 공부 습관의 기초가 됩니다. 이런 습관이 자리 잡아야 공부 자리에 자연스럽게 앉을 수 있고, 배움의 태도와 성실함이 이어집니다. 초등 시절에 기본 습관을 다져둔 아이는 중고등에서도 자기 리듬을 지켜내며 공부할 수 있지만, 습관이 부족한 아이는 늘 부모의 재촉에 끌려다니기 쉽습니다. 결국 습관은 공부보다 먼저 준비해야 할 가장 중요한 힘입니다. 그래서 공부를 시작하는 지금, 반드시 먼저 챙겨야 할 것들이 무엇인지 함께 이야기해 보려 합니다.

기본 생활 습관 다지기

혹시 '엄마가 다 해줄게, 너는 공부만 해'라는 마음으로 아이의 책상을 정리해주고, 연필을 깎아주고, 준비물을 하나하나 챙겨주고, 완벽한 식사를 차려내고, 빨래를 고이 개어 서랍에 넣어주고, 책가방을 들어주고, 차에 태워 데려다주고, 음식을 입에 넣어주고 있지는 않은가요? '부모가 그 정도는 도와줄 수 있지'라는 마음으로 과한 친절을 베풀며 아이 스스로 할 기회, 성장할 기회를 뺏고 있는 건 아닌지 생각해보세요. 자식을 위해 최선을 다하고 있다는 부모의 자기만족은 아닌지도 마음 깊이 생각해볼 문제입니다.

부모의 시간과 에너지를 희생하며 수고한 일이 때로 아이에게 독이 될 수 있습니다. 아이의 올바른 생활 습관을 위해 가정 안에서 원칙을 만들어보세요. 부모는 아이가 스스로 할 수 있는 일을 대신 해주며 아이를 더욱 편안한 상태로 만들어주는 존재가 아닙니다. 아이가 혼자 힘으로 해보다가 어쩔 수 없이 어른의 힘과 지혜가 절실한 순간에 손을 내미는 사람이 부모가 되었으면 합니다.

일상에서 아이 스스로 해야 하는 일의 영역을 점차 확장해주세요. 초등학생이라면 식사 준비를 돕고, 빨래 정리를 분담하고, 자신의 방과 책상을 정리하고, 잠자리를 정리하는 등의 기본적인 생활 습관을 갖추기에 부족함이 없습니다. 학교와 학원에 다니며 공부한다는 이유로 왕자와 공주처럼 대접만 받으며 자라지 않도록, 아이가 이기적으로 자라지 않도록 옳은 방향으로 제대로 보살펴주세요.

태도의 힘, 예의 바른 아이가 사랑받는 이유

초등 교실엔 스무 명이 넘는 아이들이 함께 생활합니다. 담임 선생님이 아이 한 명 한 명의 성품과 장점을 알아가는 데는 시간이 필요하죠. 그래서 어떤 아이든 교실에서 긍정적인 인상을 주려면 '태도'가 먼저입니다. 우리 아이가 내성적이거나, 자기표현이 서툴거나, 공부가 부족해서 걱정이라면 가장 먼저 가르쳐야 할 것은 정중한 인사와 공손한 말투입니다. 바른 태도는 어떤 선생님에게도 통하는, 변하지 않는 신뢰의 열쇠입니다.

혹시 담임 선생님이 공부 잘하는 아이만 좋아할까 봐 걱정되시나요? 그건 큰 오해입니다. 담임교사에겐 예의 바른 태도가 훨씬 더 중요합니다. 공부를 조금 못해도 예의 바르고 밝은 태도를 가진 아이는 선생님도, 친구들도 자연스럽게 아끼고 챙기게 됩니다. 교실은 함께 살아가는 공간이기 때문입니다. 그리고 예의는 아이의 능력이나 성향과 무관하게, 가정에서 먼저 가르쳐야 할 '가장 기본적인 태도'입니다.

아이에게 '눈을 마주치며 인사하기', '선생님 말씀에 바르게 대답하기'를 연습시켜 보세요. 이런 기본적인 태도만으로도 아이의 인상은 단번에 달라지고, 가정에서 정성 들여 키운 아이라는 신뢰를 얻게 됩니다. 특히 표현이 서툰 아이일수록, 예의 바른 태도는 자신을 돋보이게 만드는 강력한 무기가 됩니다. 교실에서 칭찬받고 존재감을 가지려면 성격보다 태도, 실력보다 자세가 먼저랍니다.

부모가 해줄 수 있는 가장 강력한 '성장 지원'은 잘난 아이로 만드는 것이 아니라 '예의 바른 아이'로 키우는 것입니다. 똑똑하고 재능 있는 아이일수록 더욱 겸손하고 바른 태도를 장착해야 합니다. 잘난 사람이 예의 없으면 손가락질을 받지만, 잘난 사람이 예의 바르면 인정과 칭찬이 쏟아집니다.

예의 바른 태도는 모든 성장의 출발점이자, 어떤 상황에서도 아이를 빛나게 해주는 든든한 힘입니다. 아이를 오래도록 사랑받게 해주는 가장 강력한 경쟁력이지요. 교실이라는 작은 사회에서, 아이가 존중받고 사랑받는 존재가 되기를 바란다면 오늘부터 인사 한마디, 말투 하나부터 함께 점검해보세요. 그 작은 시작이 아이의 내일을 바꿉니다.

공부의 기초 체력, 성실함

공부 잘하는 아이들의 공통점은 무엇일까요? 머리가 좋다, 속도가 빠르다, 이해력이 뛰어나다……. 여러 가지가 떠오르지만, 제가 현장에서 보며 내린 결론은 단순합니다. **꾸준히 앉아 있는 힘, 끝까지 해내는 성실함이야말로 가장 확실한 경쟁력입니다.** 그럼에도 부모의 마음은 조급합니다. "우리 아이는 아직 글씨가 엉성해요.", "수학 문제를 풀면 꼭 한두 개씩 실수해요." 하지만 너무 걱정하지 않아도 됩니다. 아이가 지금 당장 완벽한 정답을 내지 않아도 꾸준히 시도하고 끝까지 해내는 성실함을 보여준다면 이미 공부의 절반은 성공한 거거든요.

아이들 교실을 보면 금세 알 수 있어요. 어떤 아이는 수업 시간 내내 자세를 고쳐 앉으며 끝까지 필기를 해내고, 어떤 아이는 10분만 지나도 연필을 놓고 한숨부터 쉽니다. 둘 다 똑같은 머리를 가지고 태어났을지라도, 공부의 기초 체력인 성실함에서 차이가 나면 중고등 때 실력의 간극은 점점 벌어지게 됩니다.

실제로 이렇게 초등 교실에서 성실한 아이들은 중학교에 가서 더 크게 빛을 발하더라고요. 과목이 늘어나고 숙제가 많아져도 묵묵히 챙겨가는 힘이 있기 때문이에요. 반대로 머리는 좋은데 성실하지 못한 아이들은 '금방 이해하지만 금방 흘려보내는' 패턴으로 빠지기도 합니다. 실제로 중학교에 가면 하루 7교시 수업, 수행평가, 동아리 활동까지 정신이 없습니다. 성실함이 부족하면 쉽게 지칠 수밖에 없습니다. 숙제 미제출, 수행평가 누락 같은 사소한 실수가 생활기록부에 그대로 드러나니 신경을 쓰지 않을 수 없고요.

고등학교에선 더욱 냉정해집니다. 매일 10시간 이상 공부하는 일상이 이어지는데, 아무리 머리가 좋아도 성실함이 없다면 버텨낼 수 없습니다. 특히 내신은 '꾸준히 관리한 학생'에게 유리합니다. 성실함이 결국 입시 성패를 가르는 힘이 되지요.

부모가 아이의 성실함을 길러주는 가장 좋은 방법은 거창한 게 아닙니다. 먼저 "오늘은 딱 10분만 해보자"처럼 작은 성공을 맛보게 하면서 꾸준함의 기쁨을 알려주세요. 또 정돈된 책상과 편안한 의자를 마련해주면 아이는 자연스럽게 집중할 수 있는 환경 속에서 힘을 덜 빼고 공부할 수 있습니다. 무엇보다 과정을 칭찬해주는 게 중요합니다. "네가 매일 앉아서 끝까지 해낸 게 정말 대단하다"라는 말 한마디가 아이를 더 단단하게 만듭니다.

성실함은 한순간에 만들어지지 않습니다. 작은 하루가 모여 큰 내일을 만듭니다. 초등 시절에 아이와 함께 조금은 느리더라도 꾸준히 걸어가 준다면 중·고등학교라는 더 가파른 길을 만났을 때 흔들리지 않고 자기 길을 버텨낼 힘을 가지게 됩니다. 화려하지 않지만 결국 끝까지 살아남는 힘이 됩니다. 지금은 사소해 보일지 몰라도 언젠가 아이의 큰 자산으로 돌아온다는 사실을 꼭 기억해주세요.

02 환경과 집중력

집중은 의지가 아니라 환경에서 싹튼다

　공부는 책상 앞에 오래 앉아 있는 시간보다 얼마나 몰입하느냐가 더 중요합니다. 그런데 집중력은 아이 의지만으로 만들어지지 않습니다. 눈앞의 환경이 흐트러져 있으면 아무리 열심히 해도 산만해지기 마련이지요. 정돈된 책상, 조용한 분위기, 적절한 빛과 휴식이 아이의 집중력을 지켜주는 기본 조건입니다. 초등 시절부터 이런 환경을 마련해주면 아이는 공부에 몰입하는 경험을 자연스럽게 쌓고, 그 경험이 쌓일수록 중고등에서도 흔들리지 않는 집중 습관으로 이어집니다. 결국 환경은 집중력을 키우는 보이지 않는 교과서입니다.

공부의 기본기, 집중력

초등 교실에서 지켜보면 아이마다 집중력의 결이 참 다릅니다. 어떤 아이는 종이 한 장에도 몰입해 수업 내내 눈빛이 반짝이는가 하면, 어떤 아이는 10분만 지나도 연필을 굴리거나 옆 친구와 눈이 마주쳐 집중이 흐트러지곤 하지요. 또 어떤 아이는 시작은 느리지만 한번 몰입하면 놀라운 끈기를 보이고, 반대로 금세 집중하는 듯하다가 오래 버티지 못하는 아이도 있습니다. 이렇게 제각각 다른 집중력의 모습은 아이가 부족해서가 아니라 아직 자기만의 리듬을 찾아가는 과정일 뿐이라는 점을 꼭 기억했으면 합니다.

집중력은 왜 공부의 기본기일까요? 집중력이 좋은 아이는 짧은 시간에도 많은 것을 흡수합니다. 똑같은 30분을 공부해도, 집중력이 약한 아이는 세 줄 읽고 마음이 딴 데 가 있지만, 집중하는 아이는 한 장을 읽고도 핵심을 이해하고 정리합니다. **결국 공부 시간의 길이가 아니라 몰입의 질이 성적을 가르는 중요한 요소가 됩니다.**

또한 집중력은 공부 습관 형성에도 직접적으로 연결됩니다. 집중이 안 되면 아이는 공부를 늘어뜨리거나 중간에 포기하기 쉽습니다. 반대로 몰입 경험이 많은 아이는 짧게라도 앉으면 해낸다는 자기 확신을 쌓습니다. 이 작은 자기 신뢰가 반복되면서 꾸준한 공부 습관이 형성되는 것이지요.

초등 아이가 공부를 힘들어하는 이유는 공부 자체가 싫어서가 아닙니다. 집중이 잘되지 않는 경험이 자꾸 반복되면서, 아이 마음속에 '나는 원래 못하는 애야'라는 부정적인 자기 암시가 자리 잡아요. 이 생각이 굳어지면 새로운 시도를 할 때마다 시작도 하기 전에 주눅이 들고 작은 어려움에도 쉽게 포기해버립니다. 마음의 벽이 먼저 생겨버리는 셈이에요. 너무도 안타까운 모습입니다.

중·고등학교에 가면 집중력의 중요성은 더 커집니다. 교과서 한 권의 분량이 훌쩍 늘어나고, 시험 범위는 방대해집니다. 이때 집중력이 부족한 아이는 아무리 시간을 투자해도 성과가 잘 나지 않습니다. 반면, 집중력이 훈련된 아이는 핵심을 빠르게 파악하고, 같은 시간에 훨씬 효율적인 공부를 할 수 있습니다. 특히 고등 내신과 수능처럼 제한된 시간 안에 문제를 풀어야 하는 상황에서는 집중력이 곧 성적의 경쟁력이 됩니다.

집중력이 시작되는 공부 환경

집중력은 타고나는 성향만이 아니라 환경에 따라서도 크게 좌우됩니다. 교실에서 보아도 책상 주변이 정돈된 아이와 그렇지 않은 아이의 몰입 수준은 확연히 다르지요. 잘 갖춰진 공부 환경은 아이가 억지로 집중하려 애쓰지 않아도 자연스럽게 몰입할 수 있는 기반을 마

련해줍니다. 결국 집중력의 첫걸음은 정돈된 공간에서 시작됩니다.

첫째, 물리적 환경입니다. 공부방이 너무 덥거나 춥다면 아이는 금세 산만해집니다. 환기가 잘되지 않아 공기가 탁해도 마찬가지입니다. 쾌적한 온도와 깨끗한 공기를 유지하는 기본적인 환경 관리가 집중의 바탕이 됩니다. 아이가 스스로 창문을 열고, 공기 정화기를 켜는 습관을 들이면 자기 관리의 첫 단계가 되기도 하지요.

둘째, 책상과 의자입니다. 의자가 지나치게 푹 꺼지거나 책상이 너무 높으면 아이는 오래 앉아 있기 힘듭니다. 의자는 허리를 곧게 세울 수 있도록 지지해주는 것이 좋고, 책상 위에는 꼭 필요한 학용품만 두어 시선이 분산되지 않도록 해야 합니다. 지저분한 책상은 아이의 마음도 복잡하게 만들어버리니까요.

셋째, 조명입니다. 조명이 어두우면 금세 졸음이 오고, 반대로 지나치게 밝으면 눈의 피로가 빨리 찾아옵니다. 자연광이 가장 좋지만, 저녁 시간엔 스탠드와 천장의 조명이 적절히 어우러져야 합니다. 아이가 그림자 때문에 글씨가 잘 안 보인다거나 눈이 아프다고 호소한다면 조명을 다시 점검해봐야 합니다.

넷째, 소리입니다. 어떤 아이는 완전한 정적에서만 집중이 잘 되고, 또 어떤 아이는 잔잔한 음악이나 화이트 노이즈가 있을 때 몰입하기도 합니다. 중요한 건 아이에게 맞는 소리를 찾아주는 겁니다. TV 소리, 형제자매의 시끄러운 대화 같은 잡음은 집중력을 가장 크게 해치는 요소이니 최소화하는 것이 좋습니다.

다섯째, 디지털 기기 관리입니다. 스마트폰, 태블릿, 컴퓨터가 공부방 안에 무분별하게 놓여 있다면 집중력은 당연히 흐트러집니다. 필요할 때만 활용할 수 있도록 부모가 사용 규칙을 함께 정해두는 것이 좋습니다. '30분 집중 후 5분 휴식에만 태블릿 허용' 같은 명확한 약속이 아이의 자제력을 길러주는 훈련이 됩니다.

마지막으로, 부모의 태도도 환경의 일부입니다. 공부방을 점검한다는 명목으로 수시로 문을 열고 잔소리를 쏟아내면 아이는 집중보다 방어에 먼저 힘을 쓰게 됩니다. '열심히 하고 있구나'라는 짧은 격려나 조용히 마실 것을 가져다주는 행동이 훨씬 좋은 공부 환경을 만들어줍니다.

정리 습관
- 아이 스스로 정돈하는 루틴

공부 환경은 부모가 시작해줄 수 있지만, 그 환경을 유지하는 힘은 결국 아이에게 달려 있습니다. 아무리 멋지게 꾸며준 공부방이라도 매일 어질러진 채로 방치된다면 집중력을 돕는 공간이 아니라 방해하는 공간이 되고 말지요. 그래서 공부 습관 못지않게 중요한 것이 바로 정리 습관입니다.

처음엔 부모가 책상과 방을 정리해주면서 "공부할 땐 이렇게 필요한 것만 꺼내놓는 거야" 하고 보여주는 것이 필요합니다. 하지만 부모가 언제까지나 대신해줄 수는 없습니다. 오히려 아이가 <u>스스로 정리하지 못하게 만들 수 있거든요.</u> **아이에게 필요한 건 <u>스스로 정돈하는 루틴을 만드는 것입니다.</u>**

정리 습관은 거창할 필요가 없습니다. 공부가 끝나면 책을 제자리에 꽂고, 쓰던 연필은 필통에 넣고, 지우개 가루를 털어내는 것부터 시작하면 됩니다. 이 작은 루틴을 반복하면서 아이는 '공부는 정리까지가 한 세트'라는 인식을 갖게 됩니다. 중요한 건 부모가 대신하지 않고, 아이가 직접 손을 움직이게 하는 거예요.

정리 습관은 공부 습관과도 연결됩니다. 정돈된 책상은 아이의 마음을 가볍게 하고, 집중할 준비가 되었음을 신호합니다. 반대로 지저분한 책상은 시작부터 마음을 무겁게 만들어 공부를 미루는 빌미가 되곤 하지요. 책상을 정리하는 작은 행동도 공부를 지속할 힘을 키우는 중요한 도구가 됩니다.

중학교에 올라가면 교과서와 노트, 참고서가 폭발적으로 늘어나고, 고등학교에 가면 과목별로 정리된 노트와 자료가 성적 관리의 핵심이 됩니다. 이때 초등 시절부터 정리 루틴이 몸에 밴 아이는 훨씬 수월하게 자기 학습을 관리할 수 있습니다. 반대로 정리 습관이 부족한 아이는 자료를 잃어버리거나 시험 직전에 허둥대며 시간을 낭비하기 쉽습니다.

부모가 도와줄 수 있는 최선의 방법은 '대신 정리해주기'가 아니라 '스스로 하게 이끌어주기'입니다. 오늘부터 공부가 끝나면 "네가 마무리하고 불러줘"라고 말해보세요. 작은 습관이지만, 아이가 주체적으로 공간을 정돈하는 경험이 쌓이면 자기주도 학습의 가장 기본적인 태도가 됩니다. 정리 습관은 스스로 관리하는 힘의 시작이라는 점을 기억해주세요.

 시간 감각
- 놀 땐 놀고 공부할 땐 집중하는 힘

아이에게 필요한 공부의 힘 중 하나로 '시간 감각'이 있습니다. 시간이 흐른다는 걸 의식하고, 해야 할 일에 맞춰 스스로 속도를 조절할 줄 아는 힘이지요. 사실 초등 아이들을 보면 시계가 있어도 제대로 활용하지 못하는 경우가 많습니다. "벌써 시간이 이렇게 됐어?"라며 놀라거나, 반대로 5분이 한참 지난 듯 느껴져 불평하기도 해요. 이런 경험이 반복되면 공부는 늘어지고 놀이도 마음 편히 즐기지 못합니다.

초등 시절에 시간을 체감하고 활용하는 훈련을 해야 합니다. 예를 들어 "15분 동안 수학 문제 풀기", "30분 안에 독서록 쓰기"처럼 짧은 시간 단위를 설정해두면 아이는 시계를 보며 자기 속도를 조절하는 연습을 합니다. 시간을 재며 공부하는 습관은 단순히 빨리 끝내는 것이 목적이 아니라, 자신이 몰입할 수 있는 '집중의 리듬'을 찾는 과정입니다.

놀 땐 놀고 공부할 땐 집중하는 힘은 결국 균형의 문제이기도 합니다. 공부 시간이 길어져도 중간에 휴식을 제대로 즐기지 못하면 금세 피로가 쌓입니다. 반대로 놀이가 지나치게 길어져 공부 시간을 침범하면 죄책감과 부담으로 이어집니다. "이제 10분만 더 놀고 공부 시작하자" 같은 약속을 정해두면 아이는 마음 편히 놀다가도 다시 집중으로 전환하는 법을 배울 수 있습니다.

중학교에 가면 시간 감각은 성적과 직결됩니다. 과목별 과제가 늘어나고 수행평가와 시험이 동시에 몰려오는데, 시간을 쪼개 쓰지 못하는 아이는 금세 벅차다고 느낍니다. 고등학교에서는 더 냉정해집니다. 제한된 시간 안에 문제를 풀어내야 하는 시험 구조에서 시간 감각은 곧 실력의 일부가 됩니다. 같은 문제를 풀더라도 끝까지 다 해내는 아이가 성적에서 앞서게 되는 이유가 바로 여기에 있습니다.

부모가 도와줄 수 있는 방법은 간단합니다. 무작정 "빨리 해!"라고 재촉하는 대신, 시간을 눈에 보이게 해주세요. 모래시계, 타이머, 벽시계를 활용해 "지금부터 20분 동안만 해보자" 하고 시작해보세요. 이렇게 아이가 눈으로 시간을 확인하며 공부하면 자기 조절력이 조금씩 자라납니다. 부모의 작은 안내가 아이 스스로 시간을 관리하는 힘으로 이어지는 것이지요.

결국 시간 감각은 단순히 '시계를 볼 줄 아는 능력'이 아닙니다. **놀 땐 마음껏 놀고, 공부할 땐 몰입해서 집중하는 전환의 힘입니다.** 초등 시절 이 균형을 경험한 아이는 중고등 때 방대한 공부와 빡빡한 일정 속에서도 흔들리지 않고 자기 리듬을 유지할 수 있습니다. 시간을 다스리는 아이가 결국 공부도 다스린다는 사실을 기억해주시면 좋겠습니다.

우리 집 독서 환경 점검하기

집중력은 특별한 훈련에서만 길러지는 게 아닙니다. 매일 눈에 보이는 집 안의 환경이 아이의 집중력을 좌우합니다. 그중에서도 책이 가까이 있는 집, 부모가 자연스럽게 책을 펼치는 집은 아이의 집중 습관을 길러주는 최고의 환경이 됩니다. 책장이 꽉 차 있지 않아도 괜찮습니다. 거실 한쪽에 작은 책꽂이를 두고, 식탁 위에 잡지나 그림책을 올려두는 것만으로도 아이의 시선은 자연스럽게 책으로 향합니다.

부모의 모습도 중요합니다. "공부해라"라는 말보다 옆에서 조용히 책을 읽는 모습이 훨씬 강력한 메시지를 전합니다. 아이가 문제집을 푸는 시간, 부모도 TV 대신 책을 펼쳐 들면 아이는 깨닫습니다. "집중하는 시간은 혼자가 아니라 함께하는 거구나." 이 경험이 아이에게는 가장 큰 무언의 훈육이 됩니다.

처음부터 하루 한 시간씩 책을 읽겠다는 계획은 부담이 될 수 있습니다. 단 10분, 30분이라도 좋습니다. 중요한 건 매일 같은 시간에, 같은 자리에서 책을 펼치는 루틴을 만드는 것입니다. 이 작은 반복이 아이의 집중 시간을 견고하게 만들어줍니다. 부모가 재미있게 읽는 표정, 읽은 내용을 가볍게 나누는 여유는 책을 '공부가 아닌 즐거움의 대상'으로 인식하게 하지요.

집중을 돕는 공간 경험도 필요합니다. 일주일에 한 번은 서점이나 도서관에 가보세요. 도서관의 고요한 공기는 그 자체로 '집중의 훈련장'이 됩니다. 부모가 자신이 읽을 책을 고르는 모습을 보여주는 것도 중요합니다. 아이는 그 과정을 보며 책은 시켜서 읽는 것이 아니라 스스로 선택해 즐기는 것임을 배우게 됩니다.

물론 도서관에서 만화책만 고르는 아이를 보면 속이 답답할 수 있습니다. 하지만 그것도 집중의 시작입니다. 좋아하는 책에 오래 몰입하는 경험 자체가 뇌를 훈련시키는 과정이거든요. 옆에서 간섭하거나 책을 바꿔주려 하기보다, 자주 가고 편안하게 머무는 경험을 쌓게 해주세요. 반복되는 익숙한 몰입이 결국 집중력을 키워줍니다.

결국 아이의 독서 습관은 책의 양보다 환경과 분위기에서 시작됩니다. 부모가 먼저 책을 즐기고, 집 안에 책이 가까이 있으며, 도서관과 서점이 생활 속 공간으로 스며들 때, 아이는 자연스럽게 책을 집중의 대상으로 받아들이게 됩니다. 집중력은 억지 훈련이 아니라, 부모와 함께 쌓는 생활 속 환경에서 자라납니다.

03 계획과 피드백

아이가 직접 계획하고 움직일 수 있도록

매일 공부를 점검하고 챙기다 보면 하나부터 열까지 다 확인하고 싶은 마음이 들기 마련입니다. 그런데 부모가 너무 꼼꼼하게 나서면 아이도 지치고, 부모도 금세 피곤해집니다. 우리의 최종 목표는 아이가 스스로 알아서 공부하는 힘을 키우는 것, 즉 매일의 공부 습관이 몸과 마음에 자연스럽게 배는 것입니다. 그러려면 부모는 일관된 태도로 격려하고, 아이는 스스로 선택하며 책임지는 경험을 쌓아야 해요. 혼내고 감시하려는 점검이 아니라, 자신감을 북돋고 신나게 공부하도록 이끄는 점검법, 그 지혜로운 방법을 함께 생각해보겠습니다.

 **선택하고 계획할 기회**

학교에서 돌아온 아이에게 "간식 먹고 바로 숙제해"라고 지시하기보다, 오늘 꼭 해야 하는 공부의 종류와 양만 간단히 알려주세요. 예를 들어 "오늘 연산 한 쪽, 영어책 한 권, 받아쓰기 연습"처럼 해야 할 기본 과제는 부모가 안내하되, 무엇부터 할지, 언제 시작할지, 언제쯤 마칠지 같은 세부적인 선택은 아이에게 맡기는 것, 이것이 바로 공부의 주도권을 아이에게 넘기는 첫걸음입니다.

오늘 확보할 수 있는 시간이 얼마나 되는지만 알려주고, 그 안에서 아이 스스로 순서와 시간 배분을 고민하게 하세요. "저녁 먹기 전까지 공부할 시간이 1시간쯤 있어"처럼 간단히 말해주면, 아이는 자신이 해야 할 공부를 떠올리며 계획을 세우기 시작합니다. 이때 부모는 예시를 살짝 제안하거나, 아이가 떠올리기 쉽게 도와주는 것으로 충분합니다.

아이가 "연산 먼저 하고, 그다음 영어책 읽고 마지막에 받아쓰기 할래"라고 계획을 세웠다면, 그 순간이 바로 스스로 선택하고 책임지는 연습의 시작입니다. 그리고 그 계획이 효율적으로 실천될 수 있도록 부드러운 조언 한마디 건네주세요. "연산은 간식 먹으면서 해도 좋을 것 같아", "받아쓰기는 늦기 전에 끝내는 게 낫지 않을까?" 같은 조율과 응원의 말이면 충분합니다.

혹시 아이가 세운 계획이 부족하거나 비효율적으로 보여도 바로 수정하지 마세요. 그 계획으로 하루를 경험해보고, "내일은 순서를 바꿔야겠다", "시간을 좀 더 넉넉히 잡아야겠다"라는 자기 성찰이 생기면 그게 진짜 학습입니다. 부모가 대신 짜주는 계획보다, 아이가 스스로 세우고 조절해가는 경험이 훨씬 더 오래가고 단단해집니다.

오늘 할 공부의 종류와 양은 부모가 안내하고, 그 안에서 언제, 무엇부터, 어떻게 할지는 아이에게 선택권을 주세요. 아이는 스스로 선택한 계획을 실행하며 자기주도 학습의 주인이 되어갑니다. 매일의 작은 선택이 모여 공부를 스스로 설계하고 완성하는 힘이 자랍니다. 부모는 아이의 자립을 위한 작은 선택을 지지해주는 동반자가 되어주면 됩니다.

자율성과 집중력을 키우는 공부 선택 목록

"오늘 뭐부터 공부할래?"라고 물었더니 아이가 "몰라"라고 대답한 적 많으시죠? 선택의 자유를 준다는 좋은 의도였지만, 막상 아이는 방향을 잡지 못하고 우물쭈물하다 시간이 흐르고, 결국 부모가 다시 지시하게 되는 악순환이 반복됩니다. 그래서 필요한 것이 바로 '선택 목록'입니다. **아이가 할 수 있는 공부의 종류를 미리 정리해두고, 그 안에서 스스로 선택하게 하면 자율성과 책임감 모두를 키울**

수 있는 똑똑한 방법이 됩니다.

예를 들어 '연산 문제 한 쪽', '영어책 한 권', '일기 쓰기', '받아쓰기 연습', '과학 독서'처럼 매일 해야 할 공부 항목을 간단하게 정리해 목록을 만들어보세요. 이 목록은 부모와 아이가 함께 만들면 더욱 효과적입니다. "어떤 공부를 매일 하면 좋을까?", "이 중에서 하루에 몇 가지를 골라서 해볼까?" 같은 대화를 통해 아이도 자신의 공부 루틴에 참여하고 있다는 주인의식을 갖게 됩니다. 목록이 있으면 아이는 그날의 컨디션과 흥미에 따라 과목과 순서를 선택하며 스스로 공부를 주도할 수 있게 됩니다.

이렇게 정리된 선택 목록은 아이에게 안정감을 줍니다. 하고 싶은 것을 그때그때 고르는 방식은 자유로워 보이지만, 초등 아이에겐 오히려 혼란과 부담이 됩니다. 반면, 정해진 틀 안에서 고르는 선택은 집중력을 높이고 실행력을 키워줍니다. 마치 음식점 메뉴판처럼 오늘의 공부 메뉴 중 어떤 것을 먼저 할지 고르며 작은 결정을 해보는 경험이 쌓일수록 아이는 점점 자신감을 얻고 자기주도성을 갖게 됩니다.

또한 이 목록은 아이의 성장과 발달에 맞춰 유연하게 조정할 수 있습니다. 학기 초에는 한두 가지 간단한 항목으로 시작해도 좋고, 학년이 올라갈수록 목록의 범위를 넓히고 분량을 조절해보세요. 중요한 건 아이와 함께 목록을 만들고, 선택권을 존중해주는 과정입니다

다. "오늘 이 중에서 세 가지만 해보자"라고 제안하고, 아이가 고른 항목에 대해 "스스로 선택했으니까 더 잘할 수 있겠지?"라고 격려해 보세요. 공부가 '시키는 일'이 아니라 '내가 선택한 일'이라는 긍정적인 인식이 생깁니다.

선택 목록은 자유와 규칙 사이의 균형을 잡아주는 마법 같은 도구입니다. 목록 안에서 아이가 자율적으로 공부를 선택하며 책임지는 습관을 들이면, 자연스럽게 자기주도 학습의 기본기가 쌓입니다. 오늘부터 아이와 함께 나만의 공부 선택 목록을 만들어보세요. 작은 선택이 모여 아이의 큰 자립을 키워줄 것입니다.

오늘의 공부 체크리스트

아이에게 선택권을 줬다면, 이제 그 선택을 눈에 보이는 결과로 만들어주는 도구가 필요합니다. 바로 오늘의 공부 체크리스트입니다. 아이가 직접 오늘 할 공부를 선택했다면, 그것을 기록하고 체크하는 과정까지 경험해야 '선택 → 실천 → 성취감'이라는 자기주도 학습의 기본 구조가 자연스럽게 자리 잡습니다. 말로만 "했는지 확인해봐"보다는 체크할 수 있는 도구를 마련해주는 것, 이것이 부모의 역할입니다.

어렵게 생각하지 마세요. 종이 한 장에 오늘 할 공부 세 가지를 적고, 완료할 때마다 체크해도 됩니다. 조금 더 즐겁고 꾸준하게 활용하고 싶다면, 아이 맞춤형 체크리스트를 만들어보거나 다이소에서 판매하는 저렴한 플래너를 구입해서 시작해보세요. 아이 이름을 적고, 날짜를 써넣고, 매일매일 스스로 체크해보는 습관은 작지만 강력한 자율 훈련이 됩니다. "이건 네 공부 플래너야"라고 소개하며, 책임감을 담아 전달하는 그 순간부터 아이는 '내 공부'를 실감합니다.

체크리스트의 가장 큰 장점은 아이에게 시각적인 성취감을 준다는 것입니다. 공부를 마치고 칸 하나를 채워갈 때, 아이는 자신이 해낸 결과를 눈으로 확인하며 만족감과 자신감을 느낍니다. 이 작은 체크가 쌓일수록, 아이는 "나, 해냈어!"라는 감정을 누적시키고, 다음 날의 공부도 주도적으로 시작할 수 있는 원동력을 갖게 됩니다. 즉, 체크리스트는 단순한 기록이 아니라, 아이의 자립을 키우는 심리적 도구입니다.

또한 체크리스트는 부모의 점검 부담을 줄여줍니다. 매일 "했어?", "몇 시에 시작할 거야?", "왜 안 했니?"라고 반복해서 묻는 대신, 아이 스스로 체크하고 마무리하는 시스템을 갖추면, 부모는 칭찬과 격려에만 집중할 수 있습니다. 하루의 공부가 끝나면 "오늘 이거 다 했네! 최고야"라고 말하며, 완료된 체크리스트에 스티커 하나 붙여주는 것만으로도 충분한 보상입니다.

작은 기록의 힘을 무시하지 마세요. 오늘 한 공부를 체크하고, 일주일을 채우고, 한 달이 지나면 아이는 "나, 진짜 꾸준히 해냈어"라는 자부심을 느낍니다. 이 꾸준함은 시험 점수보다 더 값진 성장입니다. 오늘부터 우리 아이만의 작고 귀여운 체크리스트, 시작해보세요. 눈으로 확인할 수 있는 성취가 쌓이며, 아이의 공부 자존감이 하루하루 커질 것입니다.

선택권의 한계도 알려주세요

아이에게 선택권을 주는 건 자기주도 학습의 출발점입니다. 하지만 무조건 "네가 하고 싶은 대로 해"라고 자유만 주면 아이는 혼란스러울 수 있어요. 건강한 선택에는 '경계'와 '한계'가 반드시 필요합니다. **정해진 시간과 최소한의 공부 기준 안에서 선택하는 연습, 이것이 진짜 자율성을 키우는 방법입니다.** 무제한의 자유는 방임이 되고, 선택 속에 규칙이 있을 때 진짜 책임감이 자랍니다.

예를 들어 "오늘은 아무 공부도 안 해도 돼"라고 해버리면 아이는 순간 즐겁겠지만, 그 선택이 계속되면 루틴이 무너지고 의욕도 떨어집니다. 반대로 "네가 고른 세 가지 공부는 꼭 마무리해야 해"처럼 선택한 것에 책임지는 훈련을 시키면, 아이는 스스로 선택한 일을 끝내기 위해 노력합니다. 선택권은 주되, '오늘 공부 시간은 1시간' 같은 시간의 틀, '하루 최소 연산 한 쪽은 필수' 같은 기본 기준은 꼭 함께 제시해 주세요.

중요한 건 이 기준이 부모의 일방적인 명령이 아니라, 아이와 함께 정한 약속이어야 한다는 점입니다. "우리가 매일 공부 시간은 1시간으로 약속했지?", "연산 한 쪽은 꼭 하고 나머지는 네가 정해봐" 같은 말은 자율성과 규칙 사이의 균형을 자연스럽게 만들어줍니다. 아이는 그 안에서 "그래도 이건 해야 해"라는 내적 기준을 세우며, 자기 조절력과 책임감을 갖춘 아이로 자라납니다.

또한 선택의 결과가 좋지 않았을 때, 혼내기보다 피드백의 기회로 삼아야 합니다. "오늘은 공부가 조금 부족했는데, 내일은 어떤 식으로 계획하면 더 좋을까?"라는 질문으로 실패도 성장의 발판이 됩니다. 자유롭게 고른 계획이 잘 안되었을 때, 부모가 "봐, 그래서 네가 못하는 거야"라고 몰아세우면 아이는 선택권 자체를 두려워하게 됩니다. 대신 "이런 경험도 중요해"라는 여유 있는 태도가 아이의 선택을 더 깊고 성숙하게 만들어줍니다.

오늘 아이에게 선택권을 줄 때, 그 선택이 더 나은 하루로 연결되기 위해 시간과 과제의 기준을 함께 제시해보세요. 아이는 그 안에서 점점 책임지는 사람, 자신을 관리할 줄 아는 사람으로 성장할 것입니다. 자유로운 선택 속에서도 규칙을 존중하는 연습, 이것이 바로 미래를 위한 최고의 공부입니다.

04 칭찬과 보상
과정은 '다정하게' 결과는 '무심하게'

아이를 키우다 보면 부모는 결과에 민감해지다가 과정을 놓치기 쉽습니다. 시험 점수, 등수, 성적표에 따라 아이의 가능성을 판단하고, 성과가 좋을 때만 칭찬하고 기뻐하죠. 하지만 진짜 중요한 건 결과보다 과정입니다. 오히려 결과는 '무심하게', 과정을 '과하게' 바라봐야 아이의 자존감과 학습 의욕이 자랍니다. 칭찬의 방향을 조금만 바꾸면, 아이는 결과보다 자신의 노력을 더 자랑스럽게 여기고, 자기주도적인 학습으로 나아갈 수 있습니다. 어떻게 칭찬해야 아이가 공부에 지치지 않고 오래 갈 수 있을지, 함께 살펴볼까요?

가족 모두가 걸려든 시험 점수의 덫

평가 결과를 알려주는 교실 속 풍경은 늘 비슷합니다. 백 점을 받아 폴짝폴짝 기뻐하는 아이가 있는가 하면, 단 하나의 실수로 고개를 푹 숙이고 눈물을 뚝뚝 흘리는 아이도 있습니다. 그 아이의 짠한 눈물 뒤에는 대개 "백 점 맞으면 선물"이라는 가족의 약속이 숨어 있습니다. 아이는 누구보다 열심히 준비했고 최선을 다했지만, 단 한 문제의 실수로 노력도, 보상도, 부모의 기대도 모두 잃은 듯한 좌절을 겪습니다. 그 순간, 시험은 점수 싸움이 아닌 자존감의 전쟁터가 되어버립니다.

부모의 마음도 억울합니다. 열심히 한 아이를 응원하고 싶었을 뿐이고, 작은 보상으로 동기를 주고 싶었을 뿐인데, 결과만 놓고 보면 아이도 부모도 상처만 남는 게임이 되어버린 셈입니다. '사줘야 하나, 말아야 하나' 고민하며 괜히 약속했나 후회하고, 아이는 아이대로 억울해하며 좌절합니다. 그저 응원하고 싶었던 부모의 마음과 최선을 다했던 아이의 노력이 찝찝하게 끝나는 이상한 결말, 이것이 바로 '점수의 덫'입니다.

문제는 이 경험이 한 번으로 끝나지 않는다는 것입니다. 다음 시험에서도 아이는 결과만 바라보며, '백 점이 아니면 실패'라는 이분법 속에 자신을 가둡니다. 노력하는 과정은 의미가 사라지고, 실수는 곧

'모든 걸 망친 사건'이 됩니다. 자기 효능감은 떨어지고, 성적 앞에 주눅 든 아이는 도전보다 회피를 택하게 됩니다. 부모는 그 모습을 보며 또 다른 보상으로 아이를 유혹하고, 이렇게 가족 모두가 점수의 덫에 빠진 생활이 반복됩니다.

이 덫에서 벗어나는 방법은 단 하나, 보상의 기준을 '과정'으로 옮기는 것입니다. "너 이번 시험 준비 정말 열심히 했으니까 소원 하나 들어줄게" 같은 말은 결과와 상관없이 아이의 노력을 인정하는 따뜻한 응원입니다. 결과는 무심하게, 과정은 과하게 칭찬해주세요. 그래야 아이는 노력의 가치를 배우고, 성적과 상관없이 자기 삶을 주도하는 힘을 갖게 됩니다. 진짜 보상은 선물이 아니라, '나는 해냈어'라는 뿌듯함과 부모의 진심 어린 인정이라는 걸 잊지 마세요.

시험은 아이를 시험하는 것이 아니라, 우리 가족의 성장 방식과 가치관을 시험하는 순간이기도 합니다. 지금 '점수의 덫'에서 빠져나와야 합니다. 우리 아이가 매일의 노력 속에서 자기 삶의 주인으로 성장할 수 있도록, 이제부터는 점수가 아닌 과정과 태도에 반응하는 부모가 되어주세요. 그게 우리 모두를 덫에서 꺼내줄 유일한 길입니다.

칭찬의 말, 아이를 움직이는 유일한 연료

자녀가 알아서 공부하고, 부모에게 효도하고, 나아가 나라를 위해 헌신하겠다는 의지가 충만한 아이라면 이 글은 읽지 않으셔도 됩니다. 그런 아이를 키우셨다면 애초에 이 책도 필요 없었을 거예요. 현실은 어떤가요? 부모는 실망하고 혼내고 달래고 잔소리하다가, 가끔 칭찬도 하고, 그렇게 희망과 좌절을 반복하는 롤러코스터 육아의 일상 속에 있지 않으신가요? 하지만 아이가 스스로 공부할 동기를 찾지 못하는 건 지극히 정상이고, 그 모습을 보고 부모가 조급해지는 것도 너무나 정상입니다.

그렇다면 이 지점에서 필요한 건 단 하나, 바로 부모의 칭찬입니다. 사람을 진짜 움직이는 건 잔소리가 아니라 칭찬이에요. 잔소리에 익숙해진 아이는 지적받은 부분만 겨우 고치는 수동적인 태도에 머물지만, 칭찬을 통해 기대와 인정을 받은 아이는 "어떻게 하면 더 잘할 수 있을까?"를 스스로 고민하고 행동하는 아이로 성장합니다. 아이에게 지나친 칭찬은 해로울 수 있다는 말도 있지만, 저는 다르게 생각합니다. 물을 마시듯, 밥을 먹듯 매일매일 칭찬해주세요. 교만해질까 봐 칭찬을 아끼고 있었다면, 이제 그 마음도 내려놓아도 괜찮습니다.

다만 칭찬에도 기술과 센스가 필요합니다. 매번 "잘했어"만 반복하면 칭찬하는 사람도 지루하고, 듣는 아이도 감흥이 없습니다. 그래서 다양한 칭찬 멘트를 구비해두는 게 중요합니다. 예를 들어, "감동이다", "엄마가 감탄을 안 할 수가 없다", "역대급이다", "사진 찍어놓고 싶다", "아빠 오시면 자랑해야겠다", "책으로 만들어도 되겠다", "이 정도면 천재지, 뭐" 같은 약간의 호들갑을 섞은 칭찬은 아이의 마음을 단숨에 움직입니다. 아이는 이런 과장된 칭찬을 듣기 위해 내일도 더 열심히 노력할 의욕을 냅니다.

공부 습관을 잡아가는 과정에서 적절한 칭찬과 보상은 선택이 아니라 필수입니다. 아이들은 아직 공부의 필요성과 가치를 완전히 이해하지 못하기 때문에 지치고 중단하기를 반복할 수밖에 없는 시기입니다. '학생이 공부하는 건 당연한 일인데 칭찬이나 보상이 필요할까?'라고 생각할 수도 있지만, 아이 입장에서는 놀고 쉬는 것이 당연한 일입니다. 그런 아이가 싫고 어려운 공부에 도전하고 있다면, 그 노력은 반드시 인정받고, 응원받아야 할 가치 있는 행동입니다. 특히 작은 보상은 아이의 동기를 키우는 강력한 도구이며, 부모의 불안과 심리적 부담도 덜어주는 좋은 장치가 될 수 있습니다.

점수가 아니라 태도에 반응하세요

초등 시기에 부모가 꼭 기억해야 할 칭찬의 원칙은 결과가 아니라 과정에 반응하는 것입니다. 단원평가 점수는 단지 아이가 수업을 얼마나 이해했는지를 확인하는 참고 자료일 뿐이지, 아이를 평가하거나 칭찬의 기준이 되어서는 안 됩니다. 점수보다 더 중요한 건 아이가 매일 얼마나 성실하게, 꾸준히 공부 태도를 유지하느냐입니다.

시험 점수에만 집중하면 아이는 공부를 단기전처럼 받아들이고, 매일의 루틴은 쉽게 무너집니다. 예를 들어 내일 시험 준비를 이유로 오늘의 영어책 읽기나 연산 연습을 건너뛴다면, 결국 시험 점수 하나를 위해 중요한 습관이 깨지는 셈이지요. 아이는 성적에 일희일비하면서 공부 자체를 '점수에 밀리는 일'로 여기게 됩니다.

부모가 민감하게 반응해야 할 지점은 점수가 아니라 태도입니다. 아이가 스스로 책상 앞에 앉아 약속한 공부를 실천하려 애썼다면, 그 노력은 반드시 인정받아야 할 값진 과정입니다. 결과는 부족해도 "오늘도 약속을 지켰구나", "스스로 시작한 게 정말 멋지다" 같은 말은 아이의 자기 신뢰를 키우고, 성실함을 강화하는 동기가 됩니다.

특히 칭찬의 언어는 아이의 자존감을 크게 바꿉니다. '성실', '꾸준히', '집중' 같은 과정을 강조하는 단어는 아이에게 성실함을 습관으로 각인시키지만, '천재', '1등', '완벽해' 같은 결과 중심의 단어는 비교와 압박으로 작용하기 쉽습니다. "역시 넌 할 때 확실히 하는구나"처럼 구체적 행동을 담아 칭찬하면, 아이는 그 기대에 맞게 행동하려는 마음을 키워갑니다.

반대로 "왜 틀렸어?", "실망이야" 같은 결과 중심의 말은 아이에게 상처를 남깁니다. 아이는 인정받기 위해 실패를 피하려 하고, 오히려 도전보다 회피를 선택하게 되지요. 우리가 바라는 모습은 1등을 놓치지 않는 아이가 아니라, 실패해도 다시 일어나 꾸준히 나아가는 아이일 것입니다.

성실하게 쌓아 올린 작은 습관이 부모의 칭찬을 만날 때, 아이는 "나는 해낼 수 있는 사람이야"라는 자기 신뢰를 키워갑니다. 이 자기 신뢰는 곧 자기주도 학습의 밑거름이 되고, 중·고등학교뿐 아니라 인생 전체를 살아가는 힘이 됩니다. 부모의 한마디는 아이의 내면을 세우는 재료입니다. 오늘 아이에게 어떤 단어를 건넬지, 무엇을 칭찬할지 깊이 고민해 보세요. 그 작은 말이 아이의 오늘을, 그리고 미래를 바꿉니다.

형광펜 칭찬법, 눈에 보이는 칭찬의 힘

우리가 지금까지 아이의 공부를 점검할 때 늘 손에 쥐고 있던 건 빨간펜이었습니다. 틀린 문제에 동그라미, 잘못 쓴 글씨엔 밑줄, 빠진 부분엔 화살표. 교정하고 수정하기에 참 좋은 도구였죠. 하지만 빨간펜의 역할은 늘 지적과 수정입니다. 그 강렬한 색만큼 아이의 마음에도 강하게 남습니다. 문제는 아이가 지적받는 경험만 반복하면서 점점 '열심히 써도 또 고쳐야겠지'라는 무기력한 마음을 갖게 된다는 것입니다.

생각을 바꿔야 합니다. 아이의 공부에서 점검의 목적은 지적이 아니라 성장을 돕는 격려여야 합니다. 예를 들어 아이가 정성껏 쓴 일기를 빨간펜으로 줄줄이 수정해 돌려준다면, 아이는 분명 이렇게 생각할 거예요. "나는 또 틀렸어. 이만큼 써봤자 혼나겠지." 분량이 많을수록 수정할 것도 많으니 차라리 짧게 쓰고 말자는 마음이 생깁니다. 아무리 친절하게 고쳐줘도, 형광펜 없는 공부는 칭찬 없는 하루로 느껴지는 거죠.

이제 '형광펜 칭찬법'을 실천해보세요. **아이가 쓴 글 중에서 가장 멋진 문장, 새로운 단어, 노력의 흔적이 보이는 부분을 형광펜으로 쏙쏙 표시해주세요.** 한눈에 띄는 형광펜 칭찬은 아이에게 시각적으로도 기분 좋은 자극을 줍니다. 부모의 말보다 더 강력한 시각적 칭찬으로, 아이는 그 부분을 스스로 몇 번이고 다시 읽어보며 '내가 잘한 부분'에 집중하게 됩니다. 오늘의 최고 문장을 골라 큰 소리로 읽어주면 아이의 얼굴에 웃음이 번지고, 글쓰기가 기다려지는 시간이 됩니다.

중요한 건 맘에 안 드는 부분을 못 본 척하는 연습입니다. 오늘은 문법보다 마음을, 맞춤법보다 정성을 봐주는 날입니다. 형광펜으로 빛난 부분만 기억하게 하세요. 그 칭찬이 좋아서, 내일은 더 멋진 문장을 만들어 오고 싶은 아이. 그 기대와 설렘이 공부의 원동력이 됩니다. "오늘은 어디에 형광펜 칭찬을 받을까?" 궁금해하며, 자신의 공부를 당당하게 들고 오는 아이의 모습을 상상해보세요.

형광펜 칭찬은 단순한 시각적 효과가 아닙니다. 아이가 자신의 공부에서 '잘한 점'을 자랑스럽게 기억하게 하는 힘입니다. 칭찬은 말로도 충분하지만, 보이는 칭찬은 더 오래 갑니다. 매일의 공부에 형광펜 한 줄로 아이의 마음에 자부심과 동기를 새겨주세요. 그 빛나는 한 줄이, 아이의 내일을 밝히는 에너지가 됩니다.

내 아이만을 위한 특별한 보상

아이에게 보상을 주고 싶다면 한 가지 전제가 필요합니다. 이미 모든 것이 지나치게 풍족한 환경에서는 어떤 보상도 효과가 없습니다. 원하는 건 다 가질 수 있고, 먹고 싶은 건 언제든 먹을 수 있는 아이는 무엇을 제안해도 시큰둥하게 반응하죠. 점점 더 큰 것, 비싼 것만 원하게 되고, 부모는 그 요구를 맞춰주느라 지치기 일쑤입니다. 결국 보상의 힘을 살리기 위해선 '절제된 일상'이 먼저입니다. 아이가 기다리고, 원하고, 바라던 것을 얻는 기쁨을 경험할 수 있어야 보상은 진짜 의미를 갖습니다.

중요한 건 우리 아이만을 위한 맞춤형 보상을 고민하는 것입니다. 모든 아이에게 똑같은 보상이 통할까요? 그렇지 않습니다. 모든 아이가 모든 것을 똑같이 좋아하지 않아요. 어떤 아이는 책 한 권, 어떤 아이는 친구 집에서 1시간 놀기, 어떤 아이는 게임 10분이 최고의 선물이 될 수 있습니다. 그걸 가장 잘 알고 있는 사람은 부모입니다. 그래서 보상은 정교하게 디자인된, 우리 집 아이만을 위한 특별한 약속이어야 합니다. 아이에게 "요즘 가장 갖고 싶은 거 있어?", "어디 가보고 싶은 데 있어?"라고 슬쩍 물어보세요. 그 순간부터 아이의 눈빛은 달라질 것입니다.

학교 교실에서 보상은 대개 무난하고 단순합니다. 체육 시간, 간식 파티, 학용품 선물 같은 모두에게 맞춰진 보상이죠. 그런데 체육이 싫은 아이에게 체육 시간은 보상이 아닙니다. 아이가 바라는 것은 모든 아이에게 해당하는 '평균적인 보상'이 아니라, 나만을 위한 '특별한 소원'입니다. 오늘 부모로서의 과제를 하나 드릴게요. '우리 아이가 가장 갖고 싶은 것, 가장 만나고 싶은 사람, 가장 바라는 경험은 무엇일까?' 진지하게 대화해보세요. 그 대화 자체가 보상보다 더 큰 동기를 만들 수 있습니다.

또한 아이의 나이와 성향에 따라 맞춤형으로 설계되어야 제대로 효과를 발휘합니다. 특히 공부 습관을 만들고 유지하는 과정에서 보상의 주기(얼마나 자주 주는지)와 방식(어떤 형태인지)은 아이의 집중력, 자립심, 현재 학습 상태에 따라 유연하게 조정되어야 합니다. 무턱대고 큰 보상만 기다리게 하거나, 지나치게 자주 보상해도 아이의 동기는 금방 사라질 수 있거든요.

초등 저학년이거나 아직 공부 습관이 자리 잡지 않은 아이, 집중 시간이 짧고 산만한 아이라면 매일 혹은 주 단위의 자주 주는 보상이 필요합니다. 아이는 즉각적인 피드백과 눈에 보이는 성과에 민감하게 반응하기 때문에, "오늘 계획대로 다 했으니까 네가 좋아하는 간식 먹자", "일주일 꾸준히 했으니 이번 주말엔 놀이터에 특별 출동"처럼 작고 짧은 보상이 큰 동기가 됩니다.

반대로 집중력이 높고 자기 주도력이 어느 정도 생긴 고학년 아이라면, 한 달 단위 혹은 학기 단위의 장기적인 보상이 더 효과적일 수 있습니다. "이번 달 공부 계획 다 지키면 너희가 원하던 체험학습 가자", "방학 동안 목표 다 지키면 가족여행 장소를 네가 정해도 좋아"처럼 목표 달성의 보상을 미래의 즐거움과 연결해보세요. 아이는 그 목표를 이루기 위해 계획을 관리하고 실천하는 책임감을 배우게 됩니다.

아이의 성향에 맞는 보상을 찾기 어렵다면, 처음엔 작고 자주 주는 단기 보상으로 시작해보세요. 그리고 아이가 점점 스스로 잘 실천해간다면 보상의 간격을 늘리고 목표 수준도 조절해보세요.

아이에게 필요한 보상은 결과가 아닌 과정에 대한 인정입니다. 오늘 조금 부족했어도 노력한 흔적을 칭찬하고, 꾸준히 실천한 하루에 따뜻한 응원을 해주면 아이는 스스로 '할 수 있는 사람'이라고 믿게 됩니다. **보상의 주기와 방식은 유연하게, 그러나 '꾸준함'에 대한 칭찬은 단단하게, 이것이 아이의 공부 습관을 지키는 가장 안정적인 길입니다.** 오늘, 아이에게 맞춘 보상 설계를 시작해보세요. 동기와 책임감을 동시에 키워주는 든든한 시스템이 되어줄 것입니다.

돈과 게임보다 강력한 보상

아이에게 동기를 주고 싶을 때, 가장 먼저 떠오르는 보상이 용돈이나 선물일 수 있지만, 요즘 아이들은 그보다 스마트폰 사용 시간을 보상으로 요구하는 경우가 많습니다. "이거 다 하면 핸드폰 30분만 더 하게 해줘"라는 말을 들어보신 적 있으시죠? 스마트폰이 워낙 매력적이다 보니 부모 입장에서는 '조금이라도 공부하게 할 수 있다면, 잠깐 더 하게 해주는 게 낫지 않을까?' 싶습니다. 하지만 스마트폰 역시 돈과 마찬가지로 강력하지만 불안정한 보상입니다. 시간 제한과 약속을 지키는 훈련이 병행되지 않으면, 스마트폰 사용은 점점 통제 불가능해지고, 아이는 공부를 '스마트폰을 얻기 위한 수단'으로 여길 위험이 있습니다.

스마트폰이나 돈 대신, 아이에게 경험과 시간을 주는 보상을 생각해보세요. 부모와 함께하는 특별한 시간, 추억에 남을 경험은 아이

에게 지속적인 동기를 만들어주는 힘이 됩니다. 예를 들어, "일주일 계획을 잘 지켰으니 이번 주말엔 네가 좋아하는 곳에 함께 가자", "오늘 공부 다 끝내면 엄마랑 산책 가자"처럼 '함께하는 시간'을 보상으로 주는 방식입니다. 아이는 '공부를 열심히 하면 엄마 아빠와 더 오래, 더 즐겁게 시간을 보낼 수 있다'는 메시지를 통해 공부와 가족의 사랑을 자연스럽게 연결하게 됩니다.

함께하는 보상은 형태도 다양하게 변주할 수 있습니다. 좋아하는 간식을 함께 만들어 먹기, 영화관 대신 집에서 영화관 분위기 내며 가족 영화 보기, 공원에서 공놀이나 자전거 타기 등 비용은 적고 만족도는 높은 시간형 보상이 많습니다. 특히 이런 경험은 '보상 이후에도 아이가 기억하고 또 하고 싶어 하는 즐거운 추억'이 됩니다. 돈이나 스마트폰은 금방 사라지지만, 함께한 시간은 아이의 마음에 오래 남습니다.

또한 부모의 시간은 아이에게 최고의 보상이라는 사실을 기억하세요. 바쁜 일상 속에서 '엄마랑 10분 동안 단둘이 책 읽기', '아빠랑 게임하기'는 아이에게 큰 의미로 다가옵니다. 시간 보상은 부모의 마음을 전달하는 방법이기도 합니다. "너와 보내는 시간이 즐거워", "네가 노력해서 우리에게 소중한 시간이 생겼어"라는 진심이 아이의 자존감을 키워주고, 공부를 계속하게 만드는 정서적 힘이 되어줍니다.

마지막으로 꼭 기억해주세요. 아이를 위해 쓰는 돈보다, 아이와 함께 보내는 시간이 훨씬 값진 보상입니다. 스마트폰도, 용돈도 필요할 수 있지만 그것만으로는 아이의 마음을 오래 움직일 수 없습니다. 오늘 공부를 마친 아이에게 "우리 이제 특별 시간 가지자!"라고 말해보세요. 그 순간부터 아이는 공부도, 가족도 사랑하게 되는 행복한 루틴을 만들어갈 것입니다.

보상이 사라진 후에도 계속되는 공부

처음에는 열심히 하던 아이가 어느 순간, 보상이 없으면 손도 안 대려 한다면 부모로서는 당황스럽고 속상할 수밖에 없습니다. 열심히 공부했으니 '당연히' 보상이 주어질 거라는 기대가 굳어지면, 아이는 노력의 이유를 외부에서만 찾는 상태, 즉 보상 의존 상태에 빠지게 됩니다. 공부 습관이 자리를 잡았는데도 보상 없이 스스로 하긴 어려워하는 아이, 어떻게 해야 할까요? 해법은 자연스러운 '동기 전환'에 있습니다.

첫 단계는 보상의 간격을 점진적으로 넓혀주는 것입니다. 예를 들어 매일 작은 보상을 주던 습관에서 일주일에 한 번, 나아가 한 달 단위의 성취 기반 보상으로 천천히 간격을 늘려보세요. 아이가 "왜 요즘은 매일 안 줘?"라고 묻는다면, "이제는 네가 너무 잘해서 매일 주기엔 작아진 거야, 그래서 더 큰 선물을 준비 중이야"라고 성장의 관점으로 대답해보세요. 보상의 크기와 주기를 자연스럽게 변화시키며, 아이도 점점 스스로 하는 힘을 기를 수 있습니다.

다음으로 중요한 건 '보상의 형태' 자체를 바꾸는 것입니다. 물질적 보상에서 경험과 시간의 보상, 더 나아가 칭찬, 인정, 자율성 부여로 전환하세요. "이번엔 엄마가 전혀 도와주지 않았는데도 혼자 다 해냈네? 멋지다!"라는 말은 보상 없이도 스스로 해낼 수 있다는 자신감을 키워줍니다. 그리고 작은 책임을 주는 방식, 예를 들면 "이제 네가 오늘 공부 시간 정해봐" 같은 자율성의 경험이 보상 없는 공부도 의미 있게 만드는 힘이 됩니다.

물론 아이가 완전히 '내적 동기'로 공부하게 되기까지는 시간과 인내가 필요합니다. 그래서 보상 없는 날에도 작지만 확실한 피드백, 즉 "오늘도 약속 잘 지켰네, 기특해" 같은 말이 아이에게 내적인 동기와 성취감을 키워주는 도구가 됩니다. 이런 말들이 쌓이면, 아이는 스스로 계획하고 실천하는 재미를 느끼게 됩니다. **보상은 사라졌지만, 내가 해냈다는 자부심이 새로운 보상이 되는 순간입니다.**

보상은 공부 습관 형성의 시작을 돕는 좋은 도구입니다. 하지만 보상 자체가 목표가 되지 않도록, 그 끝엔 스스로 해내는 힘과 자신감이 자리 잡아야 합니다. 오늘부터 보상의 양보다 질, 횟수보다 의미에 집중해보세요. 보상 없는 공부도 즐길 줄 아는 아이, 그것이 우리가 함께 키워야 할 진짜 자기주도 학습의 완성형입니다.

05 건강과 리듬

성장의 시간, 효율 높이는 건강 관리

    초등 시기의 건강은 단순히 아프지 않은 상태가 아니라 공부의 효율을 높여주는 몸의 리듬을 지키는 일입니다. 잘 먹고, 잘 자고, 잘 쉬는 기본이 갖춰져야 집중력도 살아나고 배우는 일도 즐거워집니다. 아무리 영양제를 챙기고 학원에 다녀도 생활 리듬이 무너지면 금세 피로와 무기력이 쌓이지요. 특히 성장기의 아이들은 몸과 뇌가 동시에 자라나는 시기라 작은 불규칙이 곧바로 학습 태도와 감정에 영향을 미칩니다. 초등 공부는 문제집도 학원도 아닌, 아이가 매일 유지하는 규칙적이고 건강한 생활 리듬에서 출발한다는 점을 잊지 말아야 합니다.

규칙적인 취침 시간 유지하기

요즘 아이들은 늦은 시간까지 학원을 전전하며 귀가 시간이 늦고, 식사는 불규칙해지고, 숙제와 스마트폰까지 더해지니 잠드는 시간이 점점 뒤로 밀립니다. 아직 무엇이 중요한지 판단하기 어려운 초등학생에게 취침 시간은 협상의 대상이 아닙니다. 부모가 지켜줘야 할 기본 중의 기본입니다. 잠이 부족한 아이는 늘 피로에 지쳐있고, 학교에서 짜증을 내고 다투는 일이 잦아지며, 자주 혼나고 점점 학교 가기가 싫어집니다. 이 모든 악순환은 부족한 잠과 무너진 컨디션에서 시작됩니다.

반대로 충분히 자고, 아침밥을 든든히 챙겨 먹고 등교한 아이는 표정부터 다릅니다. 수업에도 적극적으로 참여하고, 친구들과 잘 어울리고, 무엇이든 '할 만하다'라고 느끼는 여유와 자신감이 생깁니다. 아이가 활기차고 행복해 보이는 그 모습, 우리가 상상하는 이상적인 교실 속 아이의 모습은 성적도, 성격도 아닌 '매일의 컨디션'이 좌우합니다. 이 컨디션을 만드는 힘 역시 수면의 질과 양입니다.

우리 부모는 조금 더 나은 일상으로 이끌 책임과 힘이 있습니다. 매일 같은 시간에 자고 일어나게 하는 것만으로도 아이의 건강과 성장은 달라집니다. 완벽하게 지키진 못해도 학기 중 평일 5일만큼은 취침 시간, 기상 시간을 정해두고 지키게 해주세요. 한 달에 백만 원

넘는 성장 호르몬 주사를 고민하면서도 밤 11시 전 잠자는 '공짜 성장 호르몬'에는 무심한 건 아이러니한 일입니다.

"숙제가 많아서 10시 전에 잠들 수가 없어요"라면 그 일상은 조정이 시급합니다. 수학 문제 덜 풀어도 괜찮고, 영어책 한 권 덜 읽어도 괜찮습니다. 대신 잠만큼은 충분히 자게 해주세요. 그 잠이 아이의 몸을 키우고, 마음을 단단하게 하고, 내일을 기분 좋게 맞이할 힘을 만들어줍니다. 성적은 나중에 쌓아도 되지만, 건강과 성장은 지금이 아니면 안 됩니다. 그래서 초등 시기의 진짜 공부는 '잘 자는 법을 지키는 것'부터 시작입니다.

매일 운동, 입시를 좌우하는 에너지

대학 입시를 앞둔 고등 시절, 공부에서 가장 중요한 힘은 의외로 '체력'입니다. 하루 열 시간이 넘는 공부를 버티는 집중력도 결국 몸이 받쳐줄 때 가능한 것이지요. 입시는 체력전이라는 말이 괜히 나온 게 아니더라고요. 그런데 이 체력은 갑자기 만들어지지 않습니다. 초등 시절부터 꾸준히 쌓아온 운동 습관이 그 기초를 다집니다.

아이에게 건강의 중요성을 아무리 말로 강조해도 부모가 직접 몸을 움직이지 않으면 공허한 외침이 되기 쉽습니다. 매일 공부 습관을 만드는 것처럼, 매일 운동 습관도 부모가 먼저 보여주세요. 걷기, 줄

넘기, 요가, 홈트처럼 작은 활동을 구체적으로 정해 실천해 나가면, 아이도 자연스럽게 '나도 뭔가 해볼까?'라는 생각을 하게 됩니다.

운동은 억지로 시키는 것이 아니라, 자신이 좋아하는 운동을 찾아 꾸준히 이어가는 것이 가장 중요합니다. 축구든 수영이든, 단순한 산책이든 아이가 즐겁게 몰입할 수 있는 활동을 고르는 것이 장기적인 습관으로 정착하는 지름길입니다. 초등 시절에 이런 경험이 쌓이면, 중고등 때 체력 관리의 기반이 되고 입시라는 장기전에서 흔들리지 않는 힘으로 이어집니다.

아이와 함께하는 시간을 운동으로 바꾸는 것도 좋은 방법입니다. 식사 후 가족 산책, 줄넘기 대결, 홈트 영상 따라 하기 같은 간단한 활동이 오히려 아이에게는 놀이처럼 다가옵니다. 중요한 건 완벽함이 아니라 꾸준히 반복하는 일관성입니다. 부모가 하루하루 이어가는 모습을 보며, 아이는 '습관의 힘'을 몸으로 배우게 됩니다.

무엇보다 운동은 몸을 피곤하게 만들기 위한 활동이 아니라, 오히려 에너지를 충전하는 시간입니다. 꾸준히 움직이다 보면 몸이 가벼워지고 마음이 밝아지며, 집중력 또한 높아집니다. 부모가 활기찬 모습으로 버티는 힘을 보여줄 때, 아이는 "나도 할 수 있겠다"라는 자신감을 얻게 됩니다. **작은 운동 습관 하나가 결국 고등에서 집중력과 버티는 힘으로 이어진다는 사실을 기억해 주세요.** 부모가 함께 만들어 간 건강한 리듬은 가족 모두의 삶을 지탱하는 든든한 기초가 됩니다.

식습관, 균형 잡힌 밥상이 공부 힘을 만든다

초등 시기의 건강은 곧 공부의 에너지와 직결됩니다. 잠을 충분히 자고 운동을 한다고 해도, 제대로 먹지 않으면 금세 힘이 빠지고 집중이 흐트러지지요. 그래서 성장기의 아이들에게 가장 기본이 되는 건강 관리가 바로 식습관입니다.

요즘 아이들은 영양 부족과는 거리가 멉니다. 오히려 너무 잘 먹어서 문제일 때가 많습니다. 군것질, 패스트푸드, 단 음료에 노출되는 기회가 많아지면서 균형을 잃기 쉽지요. 순간적으로는 배가 부르지만, 정작 뇌와 몸이 필요로 하는 영양소는 채워지지 못해 금세 피로를 느끼고 짜증이 늘어납니다. 결국 잘 먹는 것 같아도 제대로 먹는 것이 중요합니다.

초등 아이들에게는 규칙적인 식사 시간이 필요합니다. 아침을 거르면 오전 수업에 집중하기 어렵고, 늦은 밤 간식은 수면 리듬까지 깨뜨립니다. 일정한 시간에 규칙적으로 먹는 습관은 단순히 위장을 지켜주는 것을 넘어, 공부 리듬을 안정시키는 중요한 토대가 됩니다.

아침밥은 특히 아이의 하루 공부에 결정적입니다. 공복으로 학교에 가면 첫 수업부터 기운이 없고 산만해지기 쉽지만, 간단히라도 아침을 챙겨 먹은 아이는 적극적으로 수업에 참여하고 집중력도 높아집니다. 뇌가 쓸 에너지를 충분히 공급받았기 때문에 같은 내용을 듣더라도 훨씬 잘 이해하고 오래 기억할 수 있지요. 제가 저희 아이들의 아침 밥상에 열심인 이유입니다.

또 하나 놓치기 쉬운 부분은 편식입니다. 채소나 생선처럼 골고루 먹지 않으면 성장에 필요한 영양소가 부족해지고, 이는 곧 체력 저하와 면역력 약화로 이어집니다. 부모가 억지로 먹이기보다 다양한 조리법으로 맛있게 경험하게 하거나, 가족이 함께 식사하며 자연스럽게 식습관을 교정하는 것이 효과적입니다.

식습관은 단순히 배를 채우는 일이 아니라, 집중력을 유지하는 공부 습관의 동반자입니다. 균형 잡힌 식사를 한 아이는 같은 시간을 공부해도 더 오래 버틸 수 있고, 새로운 내용을 더 잘 기억합니다. 반대로 과자나 음료로 끼니를 때운 아이는 금세 산만해지고 학습 효율이 떨어지지요.

결국 초등 시절 식습관은 평생 건강의 기초이자 공부의 기초 체력입니다. 부모가 매일 차려주는 밥상은 아이에게 단순한 한 끼가 아니라, 집중하고 몰입할 힘을 선물하는 시간입니다. 아이가 공부를 즐겁게 이어갈 수 있도록, 균형 잡힌 식사와 규칙적인 식사 리듬을 선물해 주세요.

생활 패턴, 하루의 리듬이 공부 리듬을 만든다

아이에게 공부 습관을 잡아주고 싶다면 먼저 하루의 생활 패턴부터 점검해야 합니다. **수면과 식사, 공부와 놀이, 휴식과 운동이 일정한 리듬 속에서 반복될 때 아이의 몸과 마음은 안정되고 집중력이 살아납니다.** 반대로 생활이 들쭉날쭉하면 공부 리듬도 쉽게 깨져서 아무리 노력해도 효율이 오르지 않습니다.

생활 리듬은 아이에게 곧 안정감이 됩니다. 예상할 수 있는 하루 일과, 즉 "이 시간엔 공부하고, 이 시간엔 놀고, 이 시간엔 쉰다"라는 단순한 흐름이 반복될 때, 아이는 불필요한 긴장이나 저항 없이 자연스럽게 해야 할 일에 몰입합니다. 매일 새로운 선택을 하느라 갈팡질팡하지 않고, 정해진 흐름 속에서 안정감을 느낄 수 있지요.

물론 갑작스러운 일정이나 특별한 사건이 끼어들 수 있지만, 기본적인 루틴이 탄탄하다면 금세 제자리를 찾습니다. 하루를 완벽히 통제하는 게 아니라, 흐름의 뼈대를 유지하면서 작은 변화는 유연하게 받아들이는 태도를 길러주세요. 이 균형이 아이의 공부 리듬을 지켜주는 방법입니다.

중학교 이후로 갈수록 생활 패턴은 더욱 결정적인 힘을 발휘합니다. 과제가 늘고 시험 범위가 커질수록 규칙적인 루틴을 지닌 아이는 혼란 속에서도 자기 학습을 유지합니다. 반면 초등 때부터 불규칙

하게 생활한 아이는 중고등에 가서 뒤늦게 루틴을 잡으려 해도 이미 몸과 마음이 버티기 힘들어 더 큰 스트레스를 받습니다.

부모가 도와줄 수 있는 방법은 단순합니다. "오늘 공부 몇 시간 했어?"보다 "오늘 몇 시에 일어나고, 몇 시에 자니?"를 먼저 물어봐 주세요. **규칙적인 생활 루틴이 만들어지면 그 안에 공부 습관도 자연스럽게 자리를 잡습니다.** 무리한 목표를 세우기보다 하루에 반복되는 작은 리듬을 꾸준히 이어가는 것이 더 중요합니다. 초등 시절 부모가 만들어준 작은 생활 리듬이 훗날 아이가 중고등에서 장기전을 버틸 수 있는 강력한 무기가 된다는 사실을 잊지 마세요.

06 호기심과 탐구력

호기심을 잃지 않은 아이가 멀리 간다

아이들의 공부는 언제나 "왜?"라는 질문에서 시작됩니다.

"왜 영어 단어는 이렇게 써?"
"왜 수학 문제는 이런 식으로 풀어야 해?"

호기심이 있는 아이는 스스로 탐구하고 답을 찾으려는 힘이 생깁니다. 부모가 아이에게 줄 수 있는 가장 큰 선물은 정답을 대신 알려주는 것이 아니라, 질문을 오래 지켜주는 태도입니다. 이 경험이 쌓여야 중학교에서 탐구보고서를 쓸 때, 고등학교에서 주제를 정해 자료를 조사할 때도 두려움 없이 나아갈 수 있습니다.

공부의 시작은 질문

아이의 호기심은 늘 작은 질문으로 나타납니다. "왜 비구름은 회색이야?", "왜 강아지는 꼬리를 흔들어?" 같은 질문이지요. 부모는 너무 단순해서 대답하기 귀찮을 수도 있고, 때로는 답을 몰라 당황스러울 때도 있어요. 하지만 바로 그 순간이 공부의 출발점입니다. 아이의 '왜?'는 세상과 지식을 연결하는 다리입니다.

초등 시기 아이들에게는 정답보다 궁금증을 표현하는 경험이 훨씬 더 중요합니다. 질문을 던지는 힘이 살아 있는 아이는 학년이 올라가도 자기 생각을 말할 줄 알고, 배움을 스스로 끌어낼 수 있어요. 반대로 질문이 억눌린 아이는 '묻지 않고 그냥 외우는 공부'에 익숙해지면서, 스스로 탐구하는 힘을 잃어버리기도 합니다.

부모가 할 일은 정답을 척척 알려주는 것이 아니라, 질문을 더 확장해주는 거예요. "왜?"라는 물음에 "너는 어떻게 생각해?", "그럼, 우리 같이 찾아볼까?"라고 반응하면 아이는 자기 호기심이 존중받는다는 걸 느낍니다. 정답을 몰라도 괜찮습니다. 오히려 함께 궁금해하고 답을 찾아가는 과정 자체가 공부의 즐거움이 되지요.

실제로 질문을 키워주는 대화는 아이의 사고력을 크게 넓혀줍니다. "왜 하늘은 파랄까?"라는 물음에서 '햇빛, 공기, 빛의 성질' 같은 키워드를 하나씩 배우고, 결국 과학 개념으로까지 이어질 수 있어요.

작은 질문 하나가 탐구보고서 주제로, 또 나중에는 진로의 단서로까지 발전할 수 있다는 점을 부모는 기억해야 합니다.

중·고등학교에 가면 아이들은 탐구보고서, 프로젝트, 토론 수업을 통해 스스로 주제를 정하고 자료를 모으는 활동을 많이 하게 됩니다. 이때 필요한 건 완벽한 지식이 아니라 좋은 질문을 던지는 힘이에요. 초등 시절부터 질문을 소중히 다루는 습관을 들여놓으면, 그 힘이 학년이 올라갈수록 빛을 발합니다.

생활 속 탐구, 놀이처럼 즐기기

아이들의 호기심은 교과서 안에만 있는 게 아니에요. 부엌, 거실, 마당, 심지어 쓰레기통 속에서도 "왜 그럴까?"라는 물음은 끊임없이 솟아납니다. 공부를 억지로 시키려 할 때는 버겁고 힘들지만, 놀이처럼 연결할 때 아이는 탐구의 세계로 자연스럽게 들어갑니다.

예를 들어 요리할 때 "계란을 삶으면 왜 단단해질까?"라는 질문이 나올 수 있습니다. 단순히 답을 알려주는 대신, 실제로 삶아보면서 변화를 관찰하게 하면 과학 실험이 됩니다. 반죽을 하면서 밀가루와 물의 비율에 따라 모양이 달라지는 걸 직접 체험할 수도 있어요. 생활 속 경험이 곧바로 과학의 출발점이 되는 셈이지요.

집 밖으로 눈을 돌리면 탐구의 소재는 더 풍부해집니다. 산책길에서 만난 곤충, 계절마다 달라지는 나무, 비 오는 날 물웅덩이의 모습까지도 아이에게는 훌륭한 연구 주제가 됩니다. 부모가 "이건 공부야"라고 정해주지 않아도, 자연은 이미 끝없는 교재가 되어 아이의 궁금증을 자극하지요.

탐구는 꼭 자연이나 과학에만 국한되지 않습니다. 시장에 가서 가격표를 비교하다 보면 수학이 되고, 여행길에서 만난 역사 유적은 사회 공부로 이어집니다. "왜 이 지역은 다른 곳보다 값이 쌀까?", "왜 이 동상은 여기 세워졌을까?"라는 질문만 던져줘도 놀이와 탐구가 한순간에 이어집니다.

이런 생활 속 탐구의 가장 큰 장점은 즐겁다는 것입니다. 놀이처럼 시작했기에 아이는 억지로 한다는 생각이 없어요. **스스로 궁금해하고 답을 찾아가는 과정에서 성취감도 얻습니다. 즐거움 속에서 배운 지식은 오래 기억되고, 중고등에서 필요한 탐구 태도의 밑거름이 됩니다.**

부모가 해줄 일은 단순합니다. 아이의 "왜?"를 귀찮아하지 않고, 생활 속에서 솟아난 작은 질문을 탐구로 연결할 수 있도록 기회를 주는 거예요. 답을 모르면 "우리 같이 알아볼까?" 하고 함께 참여하는 것도 좋습니다. 이렇게 놀듯 탐구하는 경험을 반복할수록, 아이는 공부를 세상을 이해하는 즐거움으로 받아들이게 됩니다.

책과 자료를 통해 답 찾기

호기심이 탐구로 이어지려면 결국 자료를 찾는 습관이 필요합니다. 초등 아이들은 질문을 던지다가도 답을 찾는 방법을 배우지 못하면 궁금증이 금세 흘러가 버려요. 이때 부모가 안내할 수 있는 가장 좋은 길이 바로 책과 다양한 자료들입니다.

가장 먼저 떠올릴 수 있는 건 사전과 백과사전이에요. 단어 하나를 찾더라도 직접 사전을 펼쳐보는 경험은 아이에게 '궁금하면 찾아볼 수 있다'라는 자신감을 줍니다. 요즘은 전자사전, 온라인 백과도 많으니, 아날로그와 디지털을 함께 활용해 보세요. 사소한 단어 검색이 쌓이면 자료 탐색의 첫걸음이 됩니다.

책은 단순한 정보 전달을 넘어서, 호기심을 확장하는 자극이 됩니다. 예를 들어 공룡에 관심 있는 아이가 그림책으로 시작했다가, 점점 학습만화, 과학 도감, 논픽션으로 이어지는 경우가 많습니다. 부모가 "궁금하다면 책으로 더 알아볼 수 있어"라는 통로를 열어줄 때, 질문은 더 깊어지고 폭넓어집니다.

요즘은 영상 자료와 다큐멘터리도 큰 힘이 됩니다. 과학 실험이나 역사적 사건을 글로만 접하는 것보다, 다큐를 통해 장면을 직접 보는 순간 아이의 이해가 훨씬 깊어져요. 단, 무작정 영상을 틀어주는 것이 아니라 부모가 먼저 검증한 콘텐츠를 함께 보는 게 중요합니다. "이건 우리 공부에 도움이 되는 영상이야"라는 기준을 알려주는 거지요.

중학교에 가면 탐구보고서, 고등학교에서는 심화 과제를 위해 자료 조사와 정리 능력이 필수로 요구됩니다. 초등 시절부터 사전, 책, 영상, 기사 등 다양한 자료를 활용해 답을 찾아본 경험은 학년이 올라갈수록 그대로 힘을 발휘합니다. '자료를 찾을 수 있는 아이'는 스스로 공부를 이어갈 수 있는 아이가 됩니다.

부모가 아이와 함께할 수 있는 가장 큰 선물은 '궁금하면 찾아보자'라는 태도를 반복해서 심어주는 거예요. 정답을 다 외우고 있지 않아도 괜찮습니다. 함께 자료를 찾고 그 과정을 즐기는 경험 자체가 아이를 탐구하는 사람으로 키워줍니다. 결국 책과 자료를 통해 답을 찾는 습관은 단순한 공부 방법이 아니라 평생 학습자로 자라는 길이라고 바라봐야 합니다.

호기심을 지켜주는 부모의 태도

아이의 호기심은 촛불처럼 섬세합니다. 작은 반응 하나에 살아나기도 하고, 꺼져버리기도 하지요. "그건 몰라도 돼", "괜히 쓸데없는 걸 물어본다"라는 말은 아이의 호기심을 조용히 꺾어버립니다. 부모의 알맞은 태도와 반응이 아이의 탐구심을 지켜내는 첫 관문입니다.

아이의 질문에 부모가 꼭 정답을 알아야 하는 건 아니에요. 오히려 모르는 것을 솔직하게 인정하는 순간이 더 큰 배움으로 이어집니다. "엄마도 잘 모르겠네, 우리 같이 찾아볼까?"라는 대답은 정답보다 훨씬 값집니다. 아이는 '모른다'라는 상태를 부끄럽게 여기지 않고, 탐구의 출발점으로 받아들이게 되지요.

또 중요한 건 기다려주는 태도입니다. 아이가 엉뚱한 추측을 내놓아도, 그것을 곧바로 고쳐주기보다 충분히 설명해 보게 하는 겁니다. 그 과정을 통해 아이는 스스로 사고를 확장하고, 자기 생각을 검증하는 힘을 기릅니다. 정답으로 끊어버리면 생각의 싹은 더 자라지 못합니다.

탐구의 과정에는 실패도 많습니다. 실험이 예상과 다르게 끝나거나, 책에서 원하는 답을 찾지 못할 때도 있지요. 이때 부모가 "괜찮아, 다시 해보자" 하고 격려하는 한마디는 탐구심을 끝까지 이어가는 원동력이 됩니다. 아이는 실패가 끝이 아니라 다음 시도의 발판이라는 걸 몸으로 배우게 됩니다.

중·고등학교 학습은 정답을 빠르게 찾는 능력보다, 과정을 설명하고 근거를 제시하는 힘을 더 중요하게 여깁니다. 초등 시절 부모가 보여준 기다림, 함께 탐색해 준 태도는 그 자체로 아이의 학문적 성장을 지탱하는 기반이 됩니다. 결국 부모의 태도가 탐구심을 지켜주느냐 꺾느냐를 결정합니다.

아이의 호기심을 지켜주는 부모는 정답을 많이 아는 부모가 아닙니다. **질문을 가볍게 넘기지 않고, 모를 때는 함께 찾아보고, 실수와 실패마저 학습으로 품어주는 부모입니다.** 그 태도 속에서 아이는 세상을 두려움이 아니라 호기심으로 바라보게 되고, 탐구심은 평생 잃지 않는 힘으로 자라납니다.

07 비교와 자존감

비교 대상은 우리 아이의 어제와 오늘

대한민국에서 아이를 키운다는 건, 사실상 비교의 전쟁터 한복판에 서 있는 것과 같습니다. 주변 부모의 말 한마디, 단톡방의 한 줄, 학원에서 나오는 시험 결과 하나에도 괜찮았던 마음이 흔들리고 조급해지기 일쑤죠. 인정하고 싶지 않지만, 마음속으로는 '누구보다 잘했으면' 하는 작은 욕심이 자리 잡고 있다는 걸 압니다. 좁은 공간에서 함께 살아가며 옆집, 옆 반, 옆자리 아이와 비교하며 불안해하는 건 어쩌면 우리 모두의 자연스러운 본능일 거예요. 괜찮습니다. 그런 마음이 들었다고 자책하지 마세요. 중요한 건 그 비교가 '우리 아이'에게 어떤 영향을 미치는지를 생각해보는 것입니다. 지금부터 그 이야기를 해보겠습니다.

비교 지옥의 시작

본격적인 공부가 시작되면, 비교와 경쟁의 불씨가 슬그머니 피어오릅니다. 유치원 시절, 같은 개월 수인데도 우리 아이보다 말 잘하고 한글을 줄줄 읽던 옆집 아이를 보며 그저 부럽다고만 생각했던 마음이, 이제는 받아쓰기 점수, 단원평가 결과, 학기 말 성적표와 함께 현실적인 불안과 초조함으로 바뀌기 시작합니다. 특히 비교 대상인 아이와 우리 아이가 친한 사이일수록 그 감정은 더 깊고 날카로워지죠. '나도 저렇게 해줘야 하나?', '우리 아이가 뒤처지는 건 아닐까?' 부모 마음은 점점 흔들립니다.

이런 불안은 때로 아이를 위한 정보 수집이라는 이름으로 이어집니다. 잘하는 친구가 푸는 문제집, 다니는 학원, 과외 방식까지 따라 해보고 싶어집니다. 나쁜 건 아닙니다. 서로에게 긍정적인 자극이 되어 성장할 수도 있으니까요. 하지만 잊지 마세요. 우리 아이는 아직 초등학생입니다. 지금은 시험 성적보다 탄탄한 공부 습관이 필요하고, 경쟁 대신 순수한 우정을 경험할 수 있는 소중한 시기라는 사실을요. 지금이 아니면 '친구는 경쟁자가 아니다'라는 생각을 아이 마음에 새기기 어렵습니다.

중·고등학교에 가면 자연스럽게 경쟁과 서열이 생깁니다. 아이들도 그 현실을 받아들이고 적응합니다. 하지만 초등학교는 아직 함께 배우고 성장하는 시기입니다. **비교 대상은 친구가 아니라, 작년의 나, 지난달의 나, 어제의 나라는 말을 아이에게 자주 해주세요.** "조금 느려도 괜찮아, 네 속도로 가고 있으니까"라는 말이 아이에게는 가장 따뜻한 응원이 됩니다. 그리고 진짜로 중요한 건 '꾸준히 가고 있는가'입니다. 지금 잘한다고 해서 끝까지 잘하는 것도 아니고, 지금 조금 부족해 보여도 지속적으로 노력하면 반드시 성장합니다.

학급에서 조금 두각을 나타내는 아이는 엄마들의 대화에 자주 등장합니다. "그 아이는 책을 얼마나 읽는대", "그 집은 아빠가 학벌이 좋아" 같은 말들까지 과장되게 퍼집니다. 부러운 마음이 우리 시선을 흐리게 하고, 결국은 우리 아이에게 "왜 넌 그 아이만 못하니?"라는 속상한 말이 튀어나옵니다. 부모는 친구와 비교해서 승부욕을 자극하면 아이가 분발할 거라 생각하지만, 아이의 마음은 이미 상처로 가득 찬 채 주저앉고 있을지도 모릅니다.

비교가 아이에게 남기는 상처

부모가 아이를 키우면서 무심코 하는 말 중 가장 흔한 것이 "넌 왜 OO처럼 못하니?"입니다. 숙제를 빨리 끝내는 친구, 상장을 많이 받아오는 이웃집 아이, 성격이 차분한 사촌과 비교하는 말이 툭툭 나오곤 하지요. 부모는 아이를 자극해보려는 의도였을지 몰라도, 아이 마음에는 작은 칼자국처럼 남습니다.

아이들은 비교당하는 순간, 자신이 사랑받기 위해선 다른 아이처럼 되어야 한다는 잘못된 메시지를 받습니다. "나는 있는 그대로 괜찮지 않구나"라는 생각이 뿌리내리기 시작하는 것이지요. 잠깐의 말 한마디였어도 반복되면 아이의 내면에 상처처럼 쌓입니다.

비교가 항상 동기를 주는 건 아닙니다. 오히려 대부분의 아이는 '더 잘해야겠다'라는 의욕보다 '나는 해도 안 되는구나' 하는 무력감을 크게 느낍니다. 성적이나 재능 같은 눈에 보이는 영역은 비교 대상이 너무 분명하기 때문에 아이는 쉽게 열등감을 안고 돌아서게 됩니다. 작은 실패에도 포기하는 습관이 형성되기도 하지요.

교실에서 보면 비교에 익숙한 아이들은 쉽게 위축됩니다. 친구가 발표할 때 자신은 끝까지 손을 들지 못하고, 시험지를 나눠줄 때부터 이미 '나는 못할 거야'라는 마음으로 주눅이 듭니다. 노력보다 결과를 두려워하는 태도가 몸에 배어버린 것입니다. 이 모습은 공부뿐 아니라 또래 관계에서도 소극적인 성향으로 이어집니다.

중·고등학교에 가면 비교의 상처는 더 크게 드러납니다. 청소년기는 친구와 자신을 끊임없이 견주는 시기인데, 어릴 적부터 비교에 지친 아이는 그 압박을 견디지 못합니다. 친구보다 조금만 뒤처져도 불안해하고, 성적에 따라 자존감이 급격히 흔들립니다. 결국 자신만의 페이스를 잃고, 타인의 기준에 휘둘리는 경우가 많습니다.

결국 비교는 아이에게 자극이 아니라 존재 자체를 부정당하는 경험이 될 수 있습니다. 아이가 성장하는 데 필요한 건 비교가 아니라 관찰과 인정입니다. "너는 너라서 소중하다"는 메시지를 받는 순간, 아이는 비로소 비교에서 벗어나 자기 자리에서 성장을 이어갈 힘을 얻게 됩니다.

중·고등학교에서 드러나는 비교의 후폭풍

초등 시절 부모의 무심한 비교는 사춘기에 접어들며 그 진짜 얼굴을 드러냅니다. 어릴 때는 잠시 속상해하는 정도로 지나가던 말이, 사춘기에 들어서는 자존감을 흔드는 결정적 경험으로 남습니다. '나는 늘 누군가보다 부족하다'라는 자기 이미지가 뇌리에 깊이 새겨지는 것이지요.

중학교에 올라가면 과목이 늘어나고 경쟁 구도가 더 뚜렷해집니다. 이 시기 아이들은 친구와 자신을 끊임없이 견주며 정체성을 찾아가는데, 이미 비교의 상처가 많은 아이들은 작은 차이에도 불안해합니다. 친구가 시험에서 한 문제만 더 맞아도 크게 위축되고, 발표를 잘하는 아이 옆에만 서 있어도 자신은 존재감이 없다고 느낍니다.

고등학교에서는 그 압박이 훨씬 더 강해집니다. 성적이 곧 대학 입시와 연결되기 때문에 비교는 단순한 심리적 불편이 아니라 현실적인 두려움으로 다가옵니다. 성적표가 나오는 날마다 "나는 안 돼"라는 자기 암시가 강해지고, 그 무력감이 실제 성적 하락으로 이어지기도 합니다. 결국 비교 속에서 자란 아이는 경쟁의 무대에서 버티는 힘이 약해집니다.

비교의 후폭풍은 공부뿐 아니라 관계 속에서도 드러납니다. 친구가 잘하는 모습을 진심으로 응원하기보다 질투와 열등감으로 받아들이게 되고, 스스로 과소평가하며 새로운 도전에 나서기를 주저합니다. "나는 해도 안 돼"라는 생각이 사회적 관계까지 갉아먹는 것이지요.

사춘기의 아이들은 본래 자기 존재에 민감한 시기입니다. 그런데 초등 때부터 비교에 익숙해져 있던 아이들은 사춘기의 자의식과 맞물리며 더 깊은 혼란을 겪습니다. 자기 자리에서 최선을 다하는 것보다 타인의 기준에 맞추려는 압박이 커지고, 결국 자기만의 길을 찾는 데 시간이 더 오래 걸리게 됩니다.

결국 중고등에서 비교의 후폭풍은 단순히 성적 문제가 아니라 아이의 자존감 전체를 흔드는 문제로 나타납니다. 초등 시절부터 부모가 비교 대신 관찰과 격려의 시선을 가질 때, 아이는 사춘기의 거센 파도 속에서도 자신을 지켜내며 학업과 인간관계 모두 건강하게 성장할 수 있습니다.

 **경쟁보다 성장**
　- 비교의 방향을 바꿔주세요

　우리 아이들이 아직은 순수하고 사랑스러운 시기라는 걸 잊지 말아야 합니다. 친구의 잘한 모습을 보고 진심으로 축하해줄 수 있는 아이, 어제보다 나아지기 위해 조용히 스스로와의 싸움을 이어가는 아이로 자라나길 바라신다면, 부모인 우리가 먼저 비교의 기준부터 바꿔야 합니다. 시기와 질투 속에서 우정을 잃는 아이가 아니라, 성장과 응원 속에서 친구를 얻는 아이로 키우는 건 우리의 시선과 말 한마디에서 시작됩니다. 지금 아이에게는 '넌 왜 그 아이만 못하니'라는 말이 아니라, '너 정말 많이 자랐구나'라는 따뜻한 인정과 격려가 필요합니다.

　비교가 꼭 나쁜 건 아닙니다. 문제는 비교의 방향입니다. 성장의 관점에서 비교하려면 아이의 어제와 오늘을 바라보아야 합니다. "작년보다 글씨가 훨씬 예뻐졌네", "지난달보다 연산 속도가 빨라졌어", "이번 주는 영어책을 스스로 찾아 읽었구나" 같은 말이 아이에게는 진짜 자신감을 심어주는 비교입니다. 타인과의 비교는 아이를 불안하고 조급하게 만들지만, 과거의 나와 현재의 나를 비교하는 습관은 성장의 기쁨을 느끼게 해줍니다.

　부모인 우리의 생각이 조금 달라졌으면 합니다. 꾸준히 노력하고 있다면 비록 낮은 점수라도 격려해야 합니다. "점수는 낮지만, 계획대로 공부한 건 정말 잘했어"라는 말은 아이에게 결과보다 과정이 중요하다는 메시지를 줍니다. 반대로 백 점을 맞았다고 무조건 좋아하지 말고, "이번엔 잘했는데, 틀릴 뻔한 문제도 있네. 그 부분은 다시 점검해볼까?" 하고 차분히 피드백하는 태도도 필요합니다. 아이는 시험지를 건넬 때 부모의 반응을 무척 신경 씁니다. 부모의 반응이 쌓여 점수에 대한 감정, 공부에 대한 인식이 형성됩니다.

'점수'라는 숫자만 들여다보면, 아이는 잘했든 못했든 일희일비하는 성적 노예가 됩니다. 하지만 아이와 함께 "가장 어려웠던 문제는 뭐였어?", "열 문제 푸는 데 보통 얼마나 걸렸어?"라는 질문을 주고받으면, 그 시험이 단순한 결과물이 아닌 배움과 대화의 장이 됩니다. 이 과정에서 아이는 자신의 실력을 객관적으로 돌아보고, 부모는 아이의 학습 스타일과 약점을 이해할 수 있게 됩니다. 이렇게 쌓인 경험은 점수보다 훨씬 값진 자산이 됩니다.

부족한 부분은 지적이 아니라 제안의 말로 풀어주세요. "글씨가 알아보기 어렵다", "실수해서 틀렸다"는 말을 넘어, "다행히 맞혔는데 다음부터는 글씨 또박또박 쓰기로 약속하자", "덤벙거려서 틀린 문제, 다음엔 천천히 읽고 풀어보자"처럼 미래지향적인 표현이 아이를 더 건강하게 성장시킵니다. 이런 말은 아이에게 '엄마 아빠는 내 편'이라는 든든한 신뢰를 심어주고, 실패해도 다시 해볼 수 있는 용기를 줍니다.

부모의 반응은 아이에게 거울입니다. 칭찬받을 거라 생각했는데 실망스러운 반응을 받거나, 잘했는데도 늘 부족하다고 지적당하면 아이는 도전보다 회피를 선택하게 됩니다. 반면 노력의 과정을 존중받은 아이는 비록 실패해도 다시 해보겠다는 용기를 냅니다. **점수가 높든 낮든 부모의 격려와 조언이 균형을 이루는 태도가 아이의 자존감을 지켜주고, 무엇보다 꾸준히 성장하는 아이로 이끄는 힘이 됩니다.**

사랑스러운 우리 아이의 순수함과 성장 가능성을 지켜주는 건 오롯이 부모의 몫입니다. 친구의 영향도 중요하지만, 가정에서의 반복된 말과 태도, 비교의 방향이 아이의 사고방식과 삶의 태도를 좌우합니다. 오늘의 작은 성장이 내일의 큰 성취로 이어지도록, 부모의 격려가 아이의 힘이 되길 바랍니다. 경쟁이 아니라 성장, 그 길 위에 아이를 함께 세워주세요.

08 관계와 소통

말보다 태도, 훈육보다 공감

매일 공부를 함께하다 보면, 부모와 아이 사이에 작은 전쟁이 수시로 일어납니다. 오늘의 공부 분량을 둘러싼 줄다리기, "지금은 하기 싫어"라는 말에 흔들리는 마음, 아이의 미묘한 반항에 갈팡질팡하는 부모의 태도까지……. 그리고 갈등이 누적되면 부모의 마음속에도 의문이 피어오르죠. '이렇게까지 해야 할까?', '이럴 거면 학원에 맡기는 게 낫지 않을까?' 이런 고민과 주저함 속에서 아이와의 관계는 점점 소모되고, 부모도 지쳐갑니다. 결국 중요한 건, 먼저 아이와 부모 사이에 서로를 믿고 지지하는 '단단한 관계'가 형성되어야 합니다. 그 중심에 '단호함'과 '다정함'이라는 두 축을 일관되게 지키는 부모의 태도가 있습니다. 지금부터 그 이야기를 해보려 합니다.

아이와의 관계, 균형 잡기

아이와 마주 앉아 매일 공부하는 일상은 갈등을 부르는 시간이기도 합니다. 굳이 하지 않았다면 피할 수 있었을 수도 있는 크고 작은 갈등들이죠. 이때 우리가 반드시 기억해야 할 두 가지 태도, 바로 '단호함'과 '다정함'입니다. 이 두 태도는 결코 상반되는 것이 아닙니다. 오히려 서로를 보완하는 최상의 짝꿍이에요. 문제는 어느 한쪽으로 기울기 쉽고, 정작 기울어졌다는 걸 부모 스스로 인식하지 못하는 경우가 많다는 점입니다. 그래서 늘 균형 감각이 필요합니다.

기저귀 한번 갈기도 서툴렀던 시절을 떠올려보세요. 수십 번, 수백 번 반복한 끝에야 우리는 어두운 방에서도 감각적으로 기저귀를 갈고 토닥이며 아이를 재우는 베테랑이 되었습니다. 그 능숙함은 노력 없이 얻은 게 아니라 매일의 시행착오와 연습의 결과였죠. 아이와의 관계도 마찬가지입니다. 단호함과 다정함 사이의 균형은 하루아침에 잡히지 않습니다. 연습하고 고민하고 돌아보기를 거듭해야만, 어느 날 문득 "아, 이제 조금 알겠다"라는 순간이 옵니다. 그리고 그 순간부터 아이와의 관계는 훨씬 안정적이고 단단해질 수 있습니다.

그렇다고 갈등을 겁낼 필요는 없습니다. 갈등은 연습 문제일 뿐입니다. 문제집 속 문제처럼, 매일 주어지는 부모의 숙제라고 생각해보세요. 아이와 오늘도 삐걱거렸다면, 아직은 기저귀가 손에 익지 않앉을 뿐입니다. 나중에는 "그땐 정말 정신없었지" 하며 웃으며 떠올릴 날이 옵니다. 중요한 건, 매일 연습하고 있다는 자신감입니다. 오늘의 갈등은 아이와 함께 성장할 수 있는 기회라는 것, 그것만 잊지 마세요.

그리고 어느 날, 당신은 단호하게 원칙을 지키면서도 다정하게 아이의 마음을 보듬는 멋진 부모로 서 있게 될 거예요. 그 여정은 오늘 하루를 조금 더 따뜻한 눈으로 바라보는 것에서부터 시작됩니다.

아이의 하루를 바꾸는 놀라운 힘

아이는 공부하고 싶어서 책상에 앉는 존재가 아닙니다. 해야 한다니까 억지로 앉고, 잘하면 칭찬받는다니까 열심히 해보는 겁니다. 그런데도 못했다고 혼나고, 덜 했다고 또 혼나고, 그 위에 "빨리 좀 해라"라는 차가운 잔소리까지 얹히면, 억울하고 짜증이 날 수밖에 없어요. 아이도 잘하고 싶고, 인정받고 싶고, 무엇보다 사랑받고 싶습니다. **그런 아이에게 필요한 건 바로 '다정함'입니다. 말 한마디, 눈빛 하나에도 따뜻한 기운을 담아주세요. 더 많이 안아주고, 손을 잡아주고, 머리와 어깨를 쓰다듬어주세요.** '이만큼 컸어?' 하며 매일 놀라는 척을 해도 좋습니다. 이런 다정함이 아이의 하루를 바꾸는 힘입니다.

아이를 부를 때, '이규민'처럼 이름만 딱 부르지 마세요. 그건 학교, 학원에서 듣는 이름입니다. 적어도 집에서는 '우리 규민이'처럼 부드럽게, 따뜻하게 불러주세요. 이름 앞에 '우리'가 붙는 순간, 아이는 '내가 사랑받고 있구나'를 온몸으로 느낍니다. 그리고 그런 느낌은 오늘의 공부도 견딜 만한 일로 만들어줍니다. 말할 때는 끝까지 눈을 떼지 말고, 사랑스러운 눈길로 바라보며 다정하게 칭찬해보세요. "잘했어" 한 마디보다, 그 말이 전해지는 따뜻한 분위기가 아이를 움직입니다.

사실 아이는 엄마, 아빠가 지금 칭찬하는 건지 혼내는 건지 헷갈릴 때가 많습니다. 잔소리인지 훈계인지, 사랑해서 하는 말인지 아닌지……. 말투만으로는 구분이 안 될 때, 부모는 달라져야 합니다. 평소에 다정하면, 단호할 때 그 힘이 더 큽니다. 반대로 늘 무뚝뚝하고 퉁명스럽다면, 단호함도 그저 무서운 잔소리로 들릴 뿐입니다. 혹시 성격상 다정함이 어려우시더라도 하루만 눈 딱 감고 해보세요. 아이의 눈빛과 표정이 달라지는 순간, 다정함의 위력을 실감하게 될 겁니다.

그리고 놀라운 일이 생깁니다. 다정한 말 몇 마디에 아이의 행동이 달라지고, 목소리와 발걸음에 힘이 들어가고, '할 수 있다'라는 자신감이 생기기 시작합니다. 잔소리만 듣던 아이는 잔소리에 무감각해지고, 부모 말뿐 아니라 선생님의 훈계도 흘려듣는 아이로 변해갑니다. 하지만 다정한 말은 다릅니다. 다정함은 에너지를 덜 들이고 더 큰 효과를 얻을 수 있는 부모의 무기입니다. 진심을 담은 다정한 말 한마디, 그 힘으로 오늘도 아이는 다시 책상에 앉을 수 있습니다.

사랑하는 아이가 부모의 다정한 말 한마디에 춤추듯 움직이는 모습을 보면, 아마 다정함의 중독에서 빠져나오기 어려울 거예요. 한번 해보세요. 그리고 결정하세요. 다정함은 연습으로도 충분히 가능하며, 아이를 성장으로 이끄는 가장 수월하고도 확실한 길입니다.

단호함, '안 되는 건 안 되는 거야'의 힘

단호함은 무섭게 윽박지르는 것도 아니고, 차갑게 거리를 두거나 퉁명스럽게 대하는 것도 아닙니다. 가끔 부모가 단호함을 오해해, 아이가 부모를 두려워하게 만들거나 일부러 정서적 거리감을 두는 경우도 있죠. 그러나 진짜 단호함은 그런 모습이 아닙니다. **단호함의 핵심은 단 하나, "안 되는 건 안 되는 거야"라는 분명한 기준을 아이에게 일관되게 보여주는 것입니다. 따뜻함 속에 분명한 원칙이 살아있는 태도, 그것이 바로 단호함의 본질입니다.**

아이에게 습관을 길러주고 싶다면, 이 단호함은 절대 빠질 수 없는 도구입니다. 말로만 "안 돼"라고 하지 마세요. 기회가 될 때마다, 원칙에 어긋나는 상황이 생길 때마다 그 기준을 분명히 보여줘야 합니다. 단호함은 공부뿐 아니라 기본 생활 전반에서 드러나야 합니다. 건강, 예의, 도덕, 성품, 양심……. 이 모든 것이 결국 아이의 공부 습관에도 영향을 미치고, 아이의 삶 전체를 지탱하는 힘이 됩니다. 공부만 잘하고 예의 없는 아이, 실력만 있고 기본이 없는 아이, 우리가 원하는 모습은 절대 아니잖아요?

아이에게 한 번쯤 단호하게 말해야 할 순간, 망설여진 적 있으셨을 거예요. '괜히 우리 사이만 나빠지면 어쩌지?', '이 정도는 그냥 넘어가도 되지 않을까?' 하는 생각으로 부드럽게 타이르려다 아이가 여전히 원칙을 어기고, 결국 또 화내는 악순환이 반복될 수도 있습니다. 그런데요, 정말로 아이를 사랑한다면, 원칙을 어겼을 때는 반드시 단호한 모습을 보여줘야 합니다. 아이와 친밀한 관계일수록 단호함은 더 강한 메시지를 전달합니다. 아이는 부모의 단 한 마디, 눈빛 하나로도 분위기를 읽고 자신이 어긋났다는 걸 알아차립니다.

저도 평소엔 아이들과 다정하고 웃음 많은 엄마입니다. 하지만 아니다 싶을 땐, 복식호흡으로 목소리를 가다듬고 '모드 전환'에 들어갑니다. 아이들 앞에 암사자처럼 나타나 혼쭐을 내고 나면, 그다음 대화는 이렇게 시작되죠. "아까 암사자 한 마리 왔다 간 거 봤냐?"라며 웃고 떠드는 가족들. 그 말에 저는 은근히 흐뭇합니다. 순간이었지만 강렬하게 남은 그 기억, 아이는 그걸로 다시는 같은 실수를 반복하지 않습니다. '우리 엄마 아빠는 다정하지만, 안 되는 건 안 되는 사람이야'라는 이 메시지 하나가 아이를 제대로 이끄는 가장 강력한 부모의 힘입니다.

감정 조절, 화내지 않고 가르치는 법

아이는 공부하다 보면 실수도 하고, 딴청도 피우고, 때로는 말대꾸도 합니다. 그런 순간마다 부모의 속은 부글부글 끓죠. "왜 이렇게 집중을 못 해?", "도대체 몇 번을 말해야 알아듣니?" 하는 말이 입 밖으로 나오는 순간, 아이의 표정은 얼어붙고, 부모는 또 화를 참지 못한 자신을 자책하게 됩니다. 하지만 아이와 매일 공부하며 화를 안 내는 법을 배우는 것, 이것도 '부모의 공부'입니다. 감정이 올라올 때마다 '화내지 않는 연습'을 해보세요. 그 자체가 아이와의 관계를 지키는 가장 현명한 선택입니다.

부모도 사람이라 화를 낼 수 있습니다. 하지만 중요한 건 '어떻게' 표현하느냐입니다. **아이가 실수했을 때도, 반복해서 같은 잘못을 할 때도 "엄마, 화가 나"라고 감정을 '사실대로' 말하고, 단호하지만 조용한 목소리로 기준을 알려주세요.** 화를 내는 게 아니라 기준을 지키는 태도를 보여주는 겁니다. 이때 아이는 부모가 자기 편이지만, 지켜야 할 선은 확실하다는 걸 체감하게 됩니다.

아이와의 갈등은 대부분 작은 감정의 폭발에서 시작됩니다. 그리고 그 갈등이 쌓이면 아이는 부모를 '공부 잔소리만 하는 사람'으로 인식하게 됩니다. 하지만 갈등의 순간에 차분하게 감정을 조절하고, 아이를 '사람 대 사람'으로 존중하는 모습을 보여주면 관계는 오히려 더 깊어질 수 있습니다. 아이도 그 모습을 보고 자신의 감정을 다스리는 법을 배우게 되죠. 아이의 감정 조절력은 부모의 감정 표현 방식에서 시작됩니다.

화가 날 때, 잠깐 눈을 감고 숨을 크게 쉬어보세요. 복식호흡을 하며 속으로 셋까지 세고, 감정이 가라앉은 후에 아이를 바라보는 겁니다. 그리고 "지금 엄마는 속상해. 하지만 우리 같이 해결해보자"라고 말하세요. 이런 장면이 쌓이면 아이는 부모를 두려워하는 존재가 아닌, 함께 문제를 해결해가는 든든한 동반자로 인식하게 됩니다. 그게 바로 화를 내지 않아도 단호함과 다정함을 모두 전달하는 부모의 힘입니다.

아이와의 공부 시간은 감정 조절의 훈련장이기도 합니다. 잘하든 못하든, 아이의 노력과 마음을 먼저 봐주세요. 오늘은 좀 느려도 괜찮습니다. 엄마 아빠의 평정심 하나로도 아이의 공부는 놀라울 만큼 바뀔 수 있습니다. 화내지 않고 가르치는 법, 그것은 아이의 학습 태도뿐 아니라 부모와 아이의 신뢰를 키우는 가장 강력한 비결입니다. 그리고 그 신뢰는, 공부보다 더 오래, 더 깊게 아이를 지켜줄 거예요.

09 진로와 동기부여
꿈은 성적표가 아닌 대화에서 시작

아이의 진로를 생각하면 부모 마음은 조급하고 답답해지기 쉽습니다. 하루에도 몇 번씩 달라지는 장래 희망, 듣기엔 멋지지만 현실감 없는 꿈을 이야기할 때마다 속이 탈 수도 있지요. 그러나 이런 모습은 지극히 정상적인 성장 과정입니다. 아이는 시행착오 속에서 자신을 탐색하고, 다양한 꿈을 거치며 조금씩 방향을 잡아가는 중이니까요. 중요한 건 꿈의 완성도가 아니라, 아이가 마음껏 말할 수 있는 환경과 부모의 다정한 태도입니다. "정말 재미있겠다", "그 마음이 멋지다"라는 반응이 아이를 더 깊이 탐색하게 만들고, 그 과정에서 자신에게 맞는 길을 발견하게 됩니다. 아이의 진로는 성적표보다 부모와의 대화에서 제대로 시작된다는 점을 기억해야 합니다.

꿈이 없다는 아이에게 필요한 것

"너는 되고 싶은 것도 없니?" 아이가 꿈이 없다고 말하면 부모는 당황하고 답답해지죠. 하지만 없는 꿈을 혼내서 생기게 할 수는 없습니다. 꿈은 억지로 짜내는 게 아니라 경험과 대화 속에서 천천히 떠오르는 것입니다. 요즘 시대는 직업과 전공의 경계도 흐려졌습니다. 열심히 준비해 대학에 진학해도 졸업 후 전혀 다른 길로 가는 청년도 많고, 마흔이 넘어서야 진짜 하고 싶은 일을 찾는 어른도 많습니다. 진로는 빨리 정한다고 더 행복한 것도, 더 성공하는 것도 아니에요.

하지만 그렇다고 초등 시기를 아무 목표 없이 흘려보내도 되는 건 아닙니다. 초등 아이에게 '되고 싶은 직업', '해보고 싶은 일', '도전해보고 싶은 꿈'은 상상력과 가능성의 날개를 달아주는 역할을 합니다. 그 꿈이 허황되고 비현실적이어도 괜찮습니다. 오히려 "그런 것도 꿈이야?" 하며 깔보거나 "네가 그걸 할 수 있을 것 같아?" 하며 현실로 끌어내리는 게 문제입니다. **아이는 '지금 이룰 수 있는 꿈'보다 '꿀 수 있는 꿈'을 통해 미래를 향한 희망과 열정을 키워야 할 시기니까요.**

꿈이 있어야 노력도 의미가 있습니다. '왜 공부해야 하는지'에 대한 대답이 꿈 속에 있기 때문입니다. 오늘의 공부가 미래를 위한 작은 걸음이 될 수 있다는 걸 알려주세요. 현실적인 조언보다 마음껏 상상하고 말할 수 있는 자유를 주는 것, 그 자유가 아이를 살아가게 하는 힘이 됩니다. 가슴 벅찬 꿈 하나만 있어도 아이는 책상 앞에 앉는 이유를 발견할 수 있어요.

아이의 꿈이 너무 작아서, 너무 커서 불안하다고요? 그건 지금 우리 눈으로 판단하는 것이지 아이의 가능성을 다 본 것이 아닙니다. 중요한 건 지금 무엇을 꿈꾸느냐가 아니라, 매일 꿈에 관해 이야기할 수 있는 부모와 아이의 관계입니다. 질문해보세요. "요즘은 뭐가 재밌어?", "어디 가보고 싶어?", "이거 너랑 잘 어울릴 것 같아"처럼요. 이렇게 시작된 대화가 아이의 마음에 '나도 무언가를 할 수 있다'라는 믿음을 심어줍니다.

진로 대화는 아이에게 꿈을 이야기할 공간을 열어주는 것만으로도 충분합니다. 부모가 원하는 직업으로 유도하거나 현실적인 조언으로 틀을 짜기보다 아이의 마음을 열어 듣고 함께 기대하는 것, 그게 부모가 할 수 있는 가장 든든한 지원입니다. 꿈을 응원해주는 부모가 곁에 있다는 것만으로도 아이는 어느 날 갑자기 꿈을 찾아 나설 수 있습니다. 그 시작을 매일의 대화에서 열어주세요.

꿈이 없는 아이, 영상과 책으로 열어주세요

"넌 커서 뭐가 되고 싶니?"라는 질문은 아이에게 때론 막연하고 부담스럽게 느껴집니다. 그럴 때는 말 대신 영상과 책을 통한 경험이 필요합니다. 김연아, 손흥민, BTS처럼 유명한 사람들의 이야기도 좋지만, 요즘 아이들에게는 평범한 직업인들의 이야기도 큰 자극과 호기심을 불러일으켜요. **꿈이 없다는 아이에게 "넌 뭘 하고 싶니?" 묻기보다, 다양한 삶의 모습을 담은 콘텐츠를 함께 보는 것을 추천합니다.**

영상은 아이의 호기심을 자극하고 상상력을 열어주는 최고의 도구입니다. 다큐멘터리처럼 깊이 있는 이야기도 좋고, 유튜브에서 쉽게 볼 수 있는 직업인들의 일상 브이로그나 인터뷰 영상도 훌륭한 콘텐츠예요. "저 사람처럼 되고 싶다", "이런 일은 나도 잘할 수 있을 것 같아" 하는 작은 반응이 쌓이면 아이의 꿈은 조금씩 윤곽을 드러냅니다. 부모는 그저 옆에서 영상 속 인물들의 삶을 함께 지켜봐 주면 됩니다.

그리고 영상에서 받은 자극을 책으로 연결해보는 것도 좋은 방법입니다. 영상으로 흥미를 느낀 분야의 책을 함께 읽으며, 더 깊은 이해와 상상력을 키워주세요. 억지로 읽게 하지 말고, "이 책 보면 네가 좋아할 것 같아서" 같은 가벼운 권유로 시작하면 충분합니다. 책과 영상이 만나면, 아이의 머릿속에서 직업과 진로에 대한 상상이 훨씬 입체적으로 자라납니다.

이후 대화는 훈계보다 자연스러운 질문으로 시작하세요. "어땠어?", "저 사람처럼 일해보고 싶지 않아?", "그 직업은 어떤 점이 재미있어 보여?" 같은 말들이 아이의 마음을 열 수 있습니다. 그리고 꼭 기억하세요. 가르치려 하지 말고, 보여주고 기다리기. 아이의 꿈은 부모의 말이 아닌, 경험과 자극에서 시작됩니다.

꿈이 없다는 건 아직 하고 싶은 일을 못 만났다는 뜻입니다. 매주 한 편의 영상, 한 권의 책이면 충분합니다. 다양한 삶을 함께 보고, 느끼는 것만으로도 아이의 내면에서는 조금씩 꿈이 움트고 있습니다. 부모는 그 여정을 지켜보는 든든한 동반자면 됩니다. 꿈은 그렇게 천천히, 자연스럽게 찾아지는 것입니다.

아이의 꿈, 평가하지 말고 들어주세요

아이가 부모의 "너는 커서 뭐가 되고 싶니?"라는 질문을 듣고 용기 내어 대답한 그 순간, 부모가 어떤 반응을 보이느냐에 따라 꿈은 자라기도 하고 사라지기도 합니다. "그건 꿈도 아니야", "그건 현실적으로 힘들어"라는 한마디는 아이의 마음에 벽을 세우고, 다시는 꿈 이야기를 꺼내고 싶지 않게 만듭니다. 우리는 아이의 꿈을 무의식적으로 평가하고 줄 세우는 실수를 종종 저지릅니다.

대한민국에서 아이를 키우는 부모라면 '의사', '판검사', '교수' 같은 단어에 자동으로 반응합니다. 마치 그 대답을 들으려고 매번 "무슨 꿈이 있니?"라고 물어보는 듯합니다. 하지만 아이는 우리가 기대하는 정답을 모르고, 자신이 진짜 좋아하는 걸 말했을 뿐입니다. 그 솔직한 대답이 받아들여지지 않고, 무시되거나 평가받는다면 다시는 꿈에 대해 말하지 않게 됩니다. **반대로 "그 꿈을 꾸고 있다니 멋지다", "그걸 왜 하고 싶은지 나중에 들려줘" 같은 말은 아이를 스스로 특별한 사람으로 느끼게 해줍니다. 꿈을 가지고 있다는 것만으로도 칭찬받아야 합니다.**

실제로 많은 초등학생이 꿈이 없다고 말합니다. 하고 싶은 게 없고, 생각조차 해본 적이 없다고 합니다. 왜 그럴까요? 꿈꾸는 시간이 없었기 때문입니다. 늘 누군가가 시키는 공부를 하고, 학원에 쫓기며, 그 꿈이 현실적이냐 아니냐는 잣대에 맞춰 시도조차 해보지 못한 채 자라기 때문입니다. 고학년이 되면 '꿈'이라는 단어를 듣는 것조차 부담스러워지고, 점점 더 무기력해지죠. 이런 현실을 만든 것이 바로 우리 부모의 조급함과 기준이었다는 걸 인정해야 합니다.

아이의 꿈은 무한한 가능성의 씨앗입니다. 그 씨앗이 자랄지 말지는 부모의 반응에 달려 있습니다. "그 꿈 멋지다", "왜 그런 꿈을 꾸게 됐는지 궁금해"라고 말해보세요. 말도 안 되는 꿈이라도, 그 꿈을 존중해주는 부모의 시선이 아이를 살아 있게 만듭니다. 꿈을 평가하지 마세요. 아이가 꿈을 꾼다는 그 자체로 이미 반은 성공한 겁니다.

진짜 직업 체험, 일상 속에서 해보세요

초등 시기는 다양한 직업을 간접적으로 체험해보는 데 매우 좋은 시기입니다. 그래서일까요? 키자니아, 잡월드 같은 직업 체험관은 주말이면 발 디딜 틈도 없고, 평일에도 단체 견학으로 붐빕니다. 게다가 입장료도 만만치 않고, 짜인 시간 안에 짧게 경험하는 틀에 박힌 체험이 아쉬울 때가 많습니다. 그렇다면, 조금 다른 시도를 해보는 건 어떨까요? 아이를 직접 진짜 직업 현장으로 데려가는 겁니다.

저는 휴직할 때, 엄마표 직업 체험을 꾸준히 시도했습니다. 매달 한 번씩 가정 체험학습을 신청해 한산한 평일에 직업 현장으로 떠났죠. 주요 방송국을 방문해 아이가 MC, 아나운서, 성우 역할을 체험해보게 했고, 동네 법원에 재판 일정을 확인해 실제 재판을 방청하며 법조인의 모습을 직접 보기도 했어요. 청와대, 국회의사당, 국회도서관도 꼭 들렀던 코스였고요. 그 외에도 대형 병원, 약국, 시청, 구청처럼 입장료가 없고, 실제 직업인이 일하는 현장을 둘러보는 게 중심이었습니다.

직장에 다니는 부모라면 쉽지 않게 느껴질 수 있지만, 학기 중 하루, 혹은 방학 중 하루만 시간을 내어 이런 체험을 시도해보세요. 체험관보다 훨씬 생생한 경험이 됩니다. 정해진 순서 없이 자유롭게 둘러보며, 실제 그 일을 하는 어른을 보고 느끼는 감동은 매우 크거든요. '나도 저런 어른이 되고 싶다'라는 마음이 자연스레 생깁니다. 남들 다 간다고 비싼 체험 프로그램을 선택하기보다, 우리 아이만을 위한 맞춤형 체험 코스를 함께 기획해보세요.

아이의 꿈은 교과서나 영상만으로는 생기기 어렵습니다. 내가 직접 보고 느끼고 경험한 것을 바탕으로 꿈은 조금씩 다듬어지고 자라납니다. 세상의 다양한 직업과 사람들을 가까이에서 경험할 기회를 만들어주세요. 이 작은 경험들이 쌓여 아이는 언젠가 "나, 이 일 하고 싶어"라고 말하게 될 것입니다. 아이가 선택한 그 꿈의 현장을 직접 찾아간 기억은, 오랫동안 마음속에 따뜻한 에너지로 남게 됩니다.

공부 마음을 다잡는 힘, 부모의 말 한마디

중학교와 고등학교에 가면 아이들은 누구나 "왜 공부해야 하지?"라는 질문 앞에 서게 됩니다. 시험은 끝도 없이 이어지고, 성적은 늘 비교의 기준이 됩니다. 이 시기에 진로와 연결되지 않은 공부는 무의미하게 느껴지고, "열심히 하면 뭐가 달라지나" 하는 회의감으로 이어지기 쉽습니다. 그래서 중고등 시절에 가장 중요한 건 성적 그 자체가 아니라 공부를 계속할 이유, 즉 동기입니다.

동기가 분명한 아이는 힘든 시기도 버틸 수 있습니다. "나는 이 길이 좋아서", "내 꿈에 다가가고 싶어서"라는 마음이 있을 때 집중력과 회복력이 커집니다. 반대로 동기가 없는 아이는 잠깐의 실패에도 무너지고, 부모의 잔소리에만 끌려가기 쉽습니다. 결국 진로와 동기를 연결해주는 것이 부모가 해줄 수 있는 가장 큰 역할입니다.

여기서 중요한 건 부모의 말 한마디입니다. 같은 말이라도 "성적이 안 나오면 어떻게 하려고 그래?"라는 말은 압박으로 다가오지만, "네가 원하는 길을 가려면 지금 이 과정이 필요해"라는 말은 아이를 설득하고 움직이는 힘이 됩니다. 부모의 언어는 단순한 정보가 아니라 아이의 마음을 여는 동기 자극제가 되기 때문입니다.

아이들은 부모의 기대와 태도에서 자신의 가치를 확인합니다. "너는 할 수 있어"라는 격려, "나는 네가 자랑스러워"라는 인정은 아이에게 강력한 내적 동기를 심어줍니다. 이런 말이 반복될수록 아이는 자기 꿈을 향해 조금씩 나아가려는 힘을 얻습니다.

특히 사춘기에는 부모의 말이 더욱 민감하게 다가옵니다. 때론 반항하는 듯 보여도, 부모의 말이 마음속 깊이 남아 기준이 되곤 합니다. 따라서 부모가 어떤 언어로 아이를 대하느냐가 진로와 동기 형성에 직접적인 영향을 미칩니다. 작은 칭찬, 다정한 인정이야말로 아이가 "나도 할 수 있다"라는 믿음을 갖게 하는 시작점입니다.

결국 중고등 시절의 공부는 점수 싸움 같아 보여도, 그 밑바탕에는 동기가 깔려 있습니다. 그리고 그 동기는 부모의 한마디, 대화 속 메시지에서 싹트고 자랍니다. 성적표보다 더 큰 힘을 가지는 건 부모의 언어라는 사실, 이 점을 잊지 않고 아이에게 오늘부터 따뜻한 말 한마디를 건네 보세요.

10 기다림과 신뢰

아이 안에 이미 있는 힘을 믿고 지지

    부모는 늘 아이가 빨리 자라주길 바라고, 오늘 한 공부가 내일 성적에 곧바로 드러나길 기대합니다. 하지만 아이의 성장은 직선이 아니라 곡선이고, 때로는 느리게, 때로는 엉뚱하게 돌아가며 조금씩 자라납니다. 그래서 필요한 건 조급한 재촉이 아니라 기다림과 신뢰입니다. 기다림은 손을 놓는 게 아니라 아이가 스스로 걸을 시간을 주는 것이고, 신뢰는 근거 없는 낙관이 아니라 아이 안에 이미 있는 힘을 믿어주는 시선입니다. 부모가 이 두 가지를 품을 때, 아이는 불안하지 않고 자기 속도로 배우고 성장할 수 있습니다.

조급함과 성장의 곡선

아이를 키우다 보면 부모 마음은 늘 앞서갑니다. 오늘 배운 게 내일 성적으로 드러나길 바라거나, 한 번 익힌 개념이 곧바로 완벽하게 정착되기를 기대하지요. 하지만 현실은 그렇지 않습니다. 아이는 때로는 금세 이해한 듯하다가도 며칠 뒤 잊어버리고, 작은 문제에서 자꾸 발목이 잡히기도 합니다. 이럴 때 부모는 "왜 이렇게 더딜까"라는 조급함에 휩싸이게 됩니다.

부모의 조급함은 대체로 불안에서 비롯됩니다. 남들보다 뒤처지면 어쩌나, 지금 놓치면 평생 따라잡지 못하는 건 아닐까 하는 두려움이죠. 그래서 친구 아이와 비교하게 되고, 성적표에 더 집착하게 됩니다. 하지만 아이에게 전해지는 건 부모의 불안이지 지혜가 아닙니다. 불안한 시선은 아이를 재촉하고, 재촉은 아이의 자존감을 깎아 내립니다.

실제로 성장의 속도는 아이마다 다릅니다. 어떤 아이는 초등 저학년 때부터 성적이 눈에 띄게 오르기도 하지만, 어떤 아이는 고학년이 돼서야 비로소 집중력이 붙고 성적이 차차 안정되기도 합니다. 성장은 정해진 공식처럼 직선으로 이어지지 않고, 오르락내리락하는 곡선으로 진행됩니다.

배움의 과정도 마찬가지입니다. 한 번에 쭉 이해하는 것처럼 보이다가도 갑자기 제자리걸음을 하기도 하고, 때로는 전혀 뜻밖의 경험에서 성장이 튀어 오르기도 합니다. 부모는 이런 곡선을 직선으로 착각하고, 매번 결과를 확인하려 해서 조급해지는 것이지요.

중·고등학교에 가면 이 곡선이 더 뚜렷하게 드러납니다. 사춘기 시기에는 감정과 호르몬 변화 때문에 집중력이 흔들리고, 갑자기 성적이 오르락내리락하기도 합니다. 하지만 초등 시절부터 "성장은 직선이 아니라 곡선"이라는 관점을 가진 부모는 이 흔들림을 당연하게 받아들이고 기다릴 수 있습니다.

아이의 성장은 빠르거나 늦음의 문제가 아니라, 각자의 리듬을 따라 흐르는 곡선입니다. 부모가 해야 할 일은 그 곡선을 억지로 펴는 것이 아니라, 아이의 속도를 존중하며 기다려주는 것입니다. 조급한 마음을 내려놓고, 곡선의 여유를 인정할 때 아이는 비로소 자기 힘으로 성장할 수 있습니다.

기다림과 신뢰가 만드는 자존감

많은 부모가 "기다려줘야 한다"라는 말을 들으면 마음속으로 불안해집니다. 기다리다 보면 아이가 뒤처지는 건 아닐까, 내가 너무 방임하는 건 아닐까 하는 걱정 때문이지요. 하지만 기다림은 방관이 아닙니다. 무심히 손을 놓아버리는 것이 아니라, 아이가 스스로 해낼 시간을 주고, 그 과정을 지켜보는 적극적인 태도입니다.

아이에게 필요한 건 부모가 옆에서 묵묵히 지켜보며 보내주는 신뢰의 시선입니다. 부모가 불안해하지 않고 자리를 지켜줄 때, 아이는 넘어지더라도 다시 일어나려는 힘을 갖게 됩니다. "내가 해낼 수 있다"라는 믿음은 누군가 대신 해주었을 때가 아니라, 스스로 시도하고 기다림 속에서 인정받았을 때 생겨납니다.

신뢰는 아이의 자존감을 키우는 가장 확실한 방법입니다. 부모가 "나는 너를 믿는다"라는 태도를 보여주면 아이는 결과와 상관없이 존재 자체로 존중받는다는 경험을 합니다. 성적이나 점수가 기준이 아닌, 있는 그대로의 자신을 인정받았을 때 아이는 다시 도전할 용기를 얻습니다.

반대로 끊임없는 불신은 아이를 위축시킵니다. "넌 제대로 못 할 거야"라는 메시지를 반복해서 받으면, 아이는 도전하기 전에 먼저 포기하는 습관을 갖게 되지요. 부모의 기다림과 신뢰가 부족할수록 아이의 자존감은 약해지고, 작은 실패에도 쉽게 무너집니다.

특히 중·고등학교에 가면 성적과 비교가 쏟아지는 환경 속에서 자존감이 흔들리기 쉽습니다. 이 시기에 부모가 결과 대신 과정을 인정해주고, 기다림과 신뢰의 태도를 유지한다면 아이는 성적에 일희일비하지 않고 자기 속도를 유지할 수 있습니다. 신뢰는 치열한 경쟁 속에서 아이를 지켜주는 든든한 방패가 됩니다.

결국 기다림과 신뢰는 아이의 자존감을 지켜주는 가장 단순하면서도 강력한 방법입니다. 조급한 재촉, 결과를 먼저 확인하려는 성급함보다, "너는 네 속도로 잘 가고 있어"라는 메시지를 보내는 부모의 태도가 아이의 마음을 단단하게 세워줍니다. 자존감이 지켜진 아이는 넘어져도 다시 일어서고, 실패 속에서도 성장을 이어갈 수 있습니다.

중고등에서 드러나는 기다림과 신뢰의 힘

중학교에 들어서면 아이들은 본격적으로 경쟁의 무대에 서게 됩니다. 과목 수가 늘어나고, 수행평가와 시험이 이어지며, 또래와의 비교가 더 치열해집니다. 이 시기 부모가 조급하게 다그치면 아이는 더 쉽게 지칩니다. 하지만 어릴 때부터 기다림과 신뢰 속에 자란 아이는 시험 성적 하나에 크게 흔들리지 않고 자기 리듬을 유지할 수 있습니다.

사춘기의 감정 기복은 부모에게 큰 시험대가 됩니다. 기분이 오르락내리락하고, 말도 잘 섞지 않으려 할 때 부모는 답답함을 느끼지요. 이럴 때 필요한 것이 바로 신뢰입니다. "네가 잘하고 있을 거라 믿는다"라는 메시지는 말없이도 전해집니다. 부모가 믿고 기다려줄 때 아이는 반항 속에서도 내심 안정을 얻습니다.

고등학교에 올라가면 그동안 쌓아온 힘이 성적과 생활 속에서 분명하게 드러납니다. 공부량이 폭발적으로 늘어나고, 하루가 시험 준비로 이어지는 강도 높은 시기입니다. 이때 신뢰받으며 자란 아이는 작은 실패에도 무너지지 않고, 버티는 힘을 발휘합니다. 성적이 일시적으로 떨어져도 "나는 다시 할 수 있다"라는 자기 확신을 갖는 것이지요.

반대로 어린 시절부터 늘 비교와 조급함에 노출된 아이는 사춘기와 고등학교에서 더 크게 흔들립니다. 성적이 떨어질 때마다 부모의 눈치를 보고, 자신감이 무너져 장기전을 버티기 힘들어합니다. 조급한 부모의 태도가 결국 아이의 동기와 자존감을 무너뜨리는 결과로 이어집니다.

중·고등학교는 체력, 집중력, 자존감이 동시에 시험대에 오르는 시기입니다. 이 세 가지 중 자존감은 부모의 기다림과 신뢰가 만들어 줍니다. **부모가 믿어주고 지켜봐 주는 힘이 있을 때, 아이는 공부뿐 아니라 또래 관계, 진로 탐색에서도 자신감을 잃지 않습니다.**

기다림과 신뢰는 중·고등학교라는 치열한 무대에서 아이가 자기 자리를 지키고 끝까지 버틸 수 있는 가장 강력한 토대입니다. 부모가 지금부터 그 힘을 길러주면, 아이는 불안한 경쟁 속에서도 흔들리지 않고 자기 길을 걸어갈 수 있습니다.

작은 성장을 발견하며 불안 다스리기

아이를 키우며 부모가 가장 힘들어하는 건 불안을 다스리는 일입니다. 성적이 오르내릴 때, 친구들과 비교될 때, 진로에 확신이 없을 때 부모 마음은 금세 흔들립니다. 이 불안이 아이를 향한 조급한 재촉으로 바뀌면, 아이는 성장의 여유를 잃고 오히려 위축되기 쉽습니다. 그래서 기다림과 신뢰의 출발점은 부모 스스로 불안을 관리하는 것입니다.

불안을 다스린다는 건 억지로 불안을 없애겠다는 뜻이 아닙니다. 불안을 인정하고, 그것이 당연한 감정임을 받아들이는 데서 시작합니다. "나는 불안하지만, 그래도 아이를 믿겠다"라는 태도가 필요합니다. 부모가 흔들리지 않고 자리를 지켜줄 때, 아이는 안정감을 얻고 자기 속도로 성장할 수 있습니다.

이때 중요한 건 부모가 불안을 덜어낼 수 있는 자기만의 방법을 갖는 것입니다. 독서, 산책, 글쓰기, 대화 등으로 마음을 다스리고, 불안을 아이에게 직접 쏟아내지 않도록 훈련해야 합니다. 부모의 불안은 말투와 표정, 작은 행동에 고스란히 드러나 아이에게 영향을 주기 때문에, 부모 스스로 균형을 잡는 노력이 필요합니다.

또 하나, 아이의 작은 변화에 주목하는 눈을 기르는 것입니다. 오늘 스스로 책을 펼쳤다거나, 어제보다 문제를 하나 더 풀었다는 사소한 진전이 바로 성장의 증거입니다. 이 작은 변화를 발견하고 인정해 줄 때 부모는 불안 대신 희망을 품게 됩니다.

작은 성장을 포착해 칭찬해주면, 아이는 자신이 인정받는 경험을 하고 더 큰 성장을 향해 나아갈 힘을 얻습니다. "넌 아직 멀었어"라는 조급한 말보다 "오늘은 네가 스스로 시작했구나"라는 한마디가 아이의 자존감을 세우고, 부모의 불안도 함께 줄여줍니다. **기다림이 지루하지 않게 만드는 비밀은 바로 작은 성장을 눈여겨보는 습관입니다.**

기다림과 신뢰는 부모 마음을 다스리는 일에서 시작해, 아이의 작은 성장을 발견하는 눈으로 완성됩니다. 불안이 아닌 관찰, 재촉이 아닌 인정으로 시선을 바꿀 때, 부모는 조급함 대신 단단한 믿음을 심어줄 수 있습니다. 그리고 그 믿음은 아이가 긴 성장의 여정을 자기 속도로 걸어갈 수 있는 가장 큰 힘이 됩니다.

아이의 롤모델이 되어주세요

아이의 성장은 생각보다 느리고, 예측하지 못한 방향으로 흘러가기도 합니다. 이 시간을 견디는 부모 마음은 늘 조급하지만, 결국 성장은 기다림 속에서 이루어집니다. 이렇게 기다리는 동안 부모에게는 가장 큰 역할이 있습니다. 바로 아이의 롤모델이 되는 것입니다. 부모가 흔들리지 않고 자기 삶을 성실히 살아가는 모습을 보일 때,

아이는 "나도 저렇게 할 수 있겠다"라는 믿음을 갖습니다.

　부모가 아이를 믿고 기다려주는 태도는 아이의 자존감을 지탱하는 힘이 됩니다. 동시에 부모 역시 아이에게 신뢰를 얻습니다. "엄마, 아빠는 늘 나를 믿어줬어"라는 기억은 시간이 지나 아이 마음속에 깊이 남아, 부모를 향한 든든한 믿음으로 돌아옵니다. 신뢰는 한 방향이 아니라, 부모와 아이 사이에서 서로 주고받으며 자라납니다.

　기다림 속에서 부모가 보여줄 수 있는 롤모델은 거창하지 않습니다. 매일 꾸준히 책을 읽거나, 운동을 하거나, 작은 목표를 세워 실천하는 모습이면 충분합니다. 아이는 그 과정을 보면서 '꾸준함이 성장의 발판'이라는 사실을 몸으로 배우게 됩니다. 부모가 삶에서 보여주는 꾸준함과 태도는 아이에게 또 다른 신뢰의 근거가 됩니다. 아이가 부모를 통해 배운 이 믿음은 사춘기와 청소년기의 거센 파도 속에서도 쉽게 무너지지 않는 내적 힘이 됩니다.

　기다림은 단순히 시간을 흘려보내는 일이 아니라, 부모가 아이의 눈앞에서 살아 있는 롤모델이 되는 시간입니다. 부모가 아이를 믿어주듯, 아이도 부모의 삶을 보며 믿음을 쌓아갑니다. 그 믿음은 서로를 지탱하는 다리가 되어, 아이는 더 자신 있게 자기 길을 걸어갈 수 있습니다. 아이를 재촉하기보다, 부모가 먼저 한 걸음씩 성실히 내디뎌 보세요. 그 모습이야말로 기다림의 시간 속에서 부모와 아이 모두를 성장하게 만드는 힘이 될 것입니다.

맺으며

"다시 초등 아이를 키운다면"

　이 책을 처음 세상에 내놓았을 때, 제 두 아이는 초등학생이었습니다. 시간이 흘러 이제 두 아이 모두 고등학생이 되었습니다. 교직 생활을 하는 동안 교실에서 만났던 제자들의 소식이 들려오고, 제 아이의 초등 시절 친구들이 어떤 모습의 고등학생이 되어있는지도 종종 전해 듣고 있습니다. 이렇게 어느새 고등학생이 된 아이들의 요즘 이야기를 가까이에서 전해 들을 때마다, 초등 시절의 공부가 남긴 흔적이 얼마나 길게 이어지는지 새삼 느끼게 됩니다.

　여러 소식 중 가장 안타까운 것은 너무 일찍, 너무 빠르게 달린 아이들의 이야기입니다. 남들보다 뒤처지지 말아야 한다는 조급함에 떠밀려 시작한 과도한 선행학습이 결국 아이에게는 무력감으로, 부모에게는 실망감으로 돌아와 서로의 마음을 다치게 만드는 경우를 자주 보았습니다. 공부가 즐거움이 아니라 불안의 다른 이름이 되어버린 현실에 무척이나 마음 아팠습니다.

입시를 눈앞에 둔 고등학생의 부모가 되고 보니 확신할 수 있습니다. 초등의 공부는 '속도전'이 아니라 '기초체력전'이라는 사실을요. 단기간에, 초등 시기에 열심히 달려 나가는 것보다 중요한 건 힘들어도 버티고, 실망해도 포기하지 않고, 실패해도 회복하는 힘이 진짜 공부력이라는 사실을 말입니다.

제가 만약 다시 초등 아이를 키운다면 빨리 가는 것이 아니라 오래 가는 게 목표라는 걸 더 선명하게 떠올릴 것입니다. 오늘도 그 마음을 되새기며 매일의 공부를 지속할 생각입니다. 빠름보다 깊음을, 성적보다 성장을 기억하며 아이의 시간과 속도를 지켜주겠습니다.

이번 개정판은 그 긴 시간의 기록이자 이제 막 초등 아이를 키우기 시작하는 부모님들에게 전하고 싶은 저의 진심 어린 편지입니다. 혹시라도 지금 '이걸 안 시키면 뒤처지지 않을까' 하는 불안이 든다면, 잠시 멈춰 숨을 고르시기를 권해드립니다. 우리 아이들이 스스로의 힘으로, 자신만의 속도로 앞으로의 날들을 씩씩하게 살아가기를 기대하며 말이지요.

2025년 가을
개정판을 출간하며,

고등 두 아들의 엄마 이은경 드림

초등 매일 공부의 힘

초판 1쇄 발행 2025년 11월 19일

지은이 이은경
펴낸이 서선행 | **책임편집** 이여진 | **본문 디자인** 이연수 | **표지 디자인** STUDIO 보글

펴낸곳 서교책방 | **출판등록** 2024년 3월 27일 제 2024-000037호
전화 070) 7701-3001 | **이메일** seokyo337@naver.com
종이 (주)월드페이퍼 | **인쇄·제본** 한영문화사

ISBN 979-11-992065-9-5(03590)

* 책값은 뒤표지에 있습니다.
* 파본은 구입하신 서점에서 교환해드립니다.
* 이 책은 저작권법에 의하여 보호를 받는 저작물이므로 무단 전재와 복제를 금합니다.

(주)서교책방은 독자 여러분의 책에 관한 아이디어와 원고 투고를 기다리고 있습니다.
책 출간을 원하시는 분은 이메일 seokyo337@naver.com으로 간단한 개요와 취지, 연락처 등을 보내주세요.

초등 공부 플래너 365

이은경 지음

서교책방

초등 공부 플래너 365, 이렇게 활용하세요!

🌼 내 삶의 주인은 바로 나

더 멋진 나로 성장하기 위해 이 플래너에 목표와 계획을 직접 세워보세요. 계획대로 다 지키지 못해도 괜찮고, 중간에 방향이 바뀌어도 돼요. 하지만 그 과정에서 스스로 고민하고 기록한 시간은 차곡차곡 쌓여 나의 든든한 힘과 실력이 됩니다.

🌼 이렇게 행동하겠습니다

나는 어떤 모습으로 한 걸음 더 나아가고 싶나요? '더 멋진 나', '한 뼘 더 성장한 나'를 기대하며 어떤 노력을 해야 할지 마음속에 그려보세요. 작은 다짐들이 모여 나를 앞으로 이끄는 힘이 되어줄 거예요.

🌼 이렇게 공부하겠습니다

재미없고 어렵고, 하기 싫고 지루할 때도 있겠지요. 그래도 한번 멋지게 도전해볼까요? 과목별로 내가 이루고 싶은 목표를 정해보세요. 결국 해낸 나를 만났을 때의 성취감은 도전하는 사람만이 누릴 수 있는 특별한 행복이랍니다.

🌼 성공의 탑 쌓기

과목별로 매일 목표를 달성할 때마다 사탕에 색을 입히며 조금씩 탑을 쌓아보세요. 꼭대기까지 차근차근 올라가는 거예요. 탑을 다 쌓았을 때 부모님께 받고 싶은 선물을 적어두어도 좋아요. 한 달이 되면, 어떤 색의 사탕 탑이 완성되어 있을까요?

🌼 얼마나 읽었나요?

내가 읽은 책의 제목을 차곡차곡 기록해보세요. 읽은 책만큼 나는 어느새 더 깊고 단단한 사람이 되어 있을 거예요. 이 기록은 나만의 작은 도서관이자, 나를 설명해주는 특별한 발자취가 되어줄 거예요.

목표를 세우고, 달콤한 보상을 정하고, 특별한 순간을 기대해보세요.

★ GOAL	이루고 싶은 나만의 목표와 꿈, 바람, 소원, 그리고 작은 기대까지 마음껏 적어보세요.
★ CANDY	목표를 이루었을 때 부모님께 받고 싶은 선물, 함께하고 싶은 시간, 여행, 자유, 용돈 같은 달콤한 보상을 기록해보세요.
★ EVENT	이번 주, 이번 달에 있는 특별한 계획과 약속, 여행, 행사, 모임 등을 써보세요.

MY DREAM
PLAN

제 이름은 _____ 입니다.

____ 년 후, _____ 가 될
(천재 / 멋진 / 용감한 / 최고의 / 반짝이는) _____ 의
엄청나게 멋진 계획입니다! ✦

저는 앞으로

_____

_____

하기 위해 노력할 거예요.

제가 멋지게 해낼 수 있도록 많이 응원해주세요!

CONTENTS

★ 과목별 공부 핵심포인트 한눈에 보기 ★

① 공부 계획, 이렇게 세워요 ··· 10

② 국어, 읽기·쓰기·어휘·문법까지 제대로 잡는 법 ··· 28

③ 수학, 개념부터 문제 풀이까지 자신감 키우기 ··· 46

④ 영어, 듣기·말하기·읽기·쓰기 균형 잡기 ··· 64

⑤ 사회, 흐름을 이해하고 스토리로 기억하기 ··· 82

⑥ 과학, 원리를 깨닫고 탐구력 키우기 ··· 100

⑦ 독서, 습관이 성적이 되고 힘이 되는 방법 ··· 118

⑧ 스마트 기기, 나만의 사용 원칙 ··· 130

이렇게 생활하겠습니다

한 걸음 더 자란 나는 어떤 모습일까요? 멋지게 성장할 나를 기대하며 노력하고 싶은 모습을 마음속에 그려보세요. 작은 다짐이 모여 나를 앞으로 이끄는 든든한 힘이 될 거예요.

수면	
공부	
학교생활	
학원생활	
독서	
운동	
취미	
여행	
친구	
태도	
언어습관	
용돈	
스마트폰	
게임	

이렇게 공부하겠습니다 ✏️

하기 싫고 힘든 날도 있겠지만 그래도 한번 도전해봅시다! 과목별로 이루고 싶은 목표를 정해보세요. 결국 끝까지 목표를 이뤄낸 나는 얼마나 멋질까요?

구분	과제	목표	확인
국어	1.		☺
	2.		☺
독서	1.		☺
	2.		☺
글쓰기	1.		☺
	2.		☺
수학	1.		☺
	2.		☺
영어	1.		☺
	2.		☺
사회	1.		☺
	2.		☺
과학	1.		☺
	2.		☺
그 외 과목	1.		☺
	2.		☺

나의 일주일

___ 학년 ___ 반 ___ 학기

	월요일 MONDAY	화요일 TUESDAY	수요일 WEDNESDAY	목요일 THURSDAY	금요일 FRIDAY	토요일 SATURDAY	일요일 SUNDAY
9AM							
10AM							
11AM							
12AM							
1PM							
2PM							
3PM							
4PM							
5PM							
6PM							
7PM							
8PM							
9PM							
10PM							
11PM							

이번 학기에는 일주일을 어떻게 채우고 싶나요? 공부도, 운동도, 즐거운 약속도 하루하루 균형 있게 담아보세요. 작은 계획을 세우고 지켜나가면서 나는 더 단단해질 거예요.

	월요일 MONDAY	화요일 TUESDAY	수요일 WEDNESDAY	목요일 THURSDAY	금요일 FRIDAY	토요일 SATURDAY	일요일 SUNDAY
9AM							
10AM							
11AM							
12AM							
1PM							
2PM							
3PM							
4PM							
5PM							
6PM							
7PM							
8PM							
9PM							
10PM							
11PM							

☺ 나만의 계획을 표에 자유롭게 표시해보세요.

 **공부 계획, 이렇게 세워요**

　부모님이 시키는 공부를 빠짐없이 해내는 것도 훌륭하지만, 그보다 훨씬 중요한 건 스스로 계획을 세우고 점검하는 힘이에요. 지금까지 부모님이 하라는 대로만 공부했다면, 이제는 직접 나의 공부를 설계해보세요. 계획을 세우고 지키는 일은 마치 달리기를 하는 것과 비슷해요. 처음엔 숨이 차고 엉성하지만 매일 연습하다 보면 점점 내 몸에 맞는 리듬과 자신감이 생기지요. 완벽하지 않아도 괜찮아요. '내가 직접' 계획하고 실천해보는 과정이 더 중요해요. 이 플래너와 함께 연습하다 보면 어느새 '계획 세우기 달인'이 되어, 꿈에 한 발짝 더 가까이 다가갈 거예요. 선생님도 든든하게 응원할게요.

1. 중요한 공부와 덜 중요한 공부를 나눠보세요.
　지금 나의 학년과 그동안 공부한 양을 생각하며 '매일 꼭 해야 하는 공부'와 '일주일에 한두 번만 해도 괜찮은 공부'를 나눠보세요. 이때는 부모님의 조언이 꼭 필요해요. 혼자 판단하다가 중요한 걸 놓치거나 덜 중요한 것에 시간을 쓸 수 있거든요.

2. '매일 해야 하는 공부'의 종류와 분량을 정해보세요.
　과목의 성격, 공부 속도, 하루에 쓸 수 있는 시간을 고려해서 정하면 돼요. '매일 30분'처럼 시간을 기준으로 정하거나, '매일 두 쪽'처럼 분량으로 정하는 방법이 있어요.

3. '일주일에 한두 번 해도 되는 공부'도 있을 거예요.

일주일에 몇 번, 어떤 요일에 할지 정해보세요. 학교 수업이 늦게 끝나는 날, 운동이나 악기 수업이 있는 날처럼 생활 일정을 고려하는 게 중요해요. 그래야 무리하지 않고 꾸준히 이어갈 수 있어요.

4. 주말 계획도 세워보세요.

그대로 이어갈 과목과 잠시 빼둘 과목을 정해보세요. 독서, 운동, 악기 같은 특별한 활동도 어떻게 넣을지 고민해보세요. 부모님이 시키는 대로만 하면 오래 가지 않아요. 내가 직접 주말을 계획하고 실천해야 오래 가고 성취감도 커집니다. 아래의 예시처럼 나만의 주말 계획을 세워보세요.

[3학년 계획표 예시]

월	화	수	목	금	주말
연산 한 쪽 영어책 30분	연산 한 쪽 영어책 30분	연산 한 쪽 영어책 30분	연산 한 쪽 영어책 30분	연산 한 쪽 영어책 30분	독서 2시간 가족 산책
영어 동영상 수학 복습 일기 쓰기 독서 30분 줄넘기 한자	영어 동영상 수학 복습 일기 쓰기 독서 30분 줄넘기 축구 연습	영어 동영상 수학 복습 일기 쓰기 독서 30분 줄넘기 사고력 수학	영어 동영상 수학 복습 일기 쓰기 독서 30분 줄넘기 영어 일기	영어 동영상 수학 복습 일기 쓰기 독서 30분 줄넘기 역사 공부	피아노 연습

나의 한 달

한 달은 절대 짧지 않은 시간이에요. 매일 작은 목표를 정해 꾸준히 실천하다 보면, 한 달이 끝났을 때 달라진 나를 만날 수 있답니다. 이번 달에는 어떤 도전을 하고, 어떤 즐거운 일들을 만들어가고 싶나요? 한 달 뒤 웃고 있을 나를 떠올리며 계획을 세워보세요.

_____ 년 _____ 월

일요일 SUNDAY	월요일 MONDAY	화요일 TUESDAY	수요일 WEDNESDAY	목요일 THURSDAY	금요일 FRIDAY	토요일 SATURDAY

"100번만 반복하면 그것이 당신 인생의 무기가 된다"

_____월의 GOAL

_____월의 CANDY

_____월의 EVENT

 **성공의 탑 쌓기**

목표를 향해 나아가는 길은 마치 탑을 하나하나 쌓아 올리는 것과 같아요. 매일 조금씩 꾸준히 채워가다 보면 언젠가 탑 꼭대기에 성취한 목표가 반짝이며 서 있을 거예요.

CANDY	☺	☺	☺	☺	☺	☺
30일						
29일						
28일						
27일						
26일						
25일						
24일						
23일						
22일						
21일						
20일						
19일						
18일						
17일						
16일						
15일						
14일						
13일						
12일						
11일						
10일						
9일						
8일						
7일						
6일						
5일						
4일						
3일						
2일						
1일						
과목						

이렇게 공부해요

틀려도 괜찮고, 속도가 느려도 괜찮아요. 중요한 건 멈추지 않고 조금씩 나아가는 거죠. 오늘의 작은 한 걸음이 내일의 큰 변화를 만들 거예요.

　　　　　　　　　　　　　　　　　　　　　　　　　　월　　　　주

날짜	요일	오늘의 공부	확인	날짜	요일	오늘의 공부	확인
	월		☺		금		☺
			☺				☺
			☺				☺
	화		☺		토		☺
			☺				☺
			☺				☺
	수		☺		일		☺
			☺				☺
			☺				☺
	목		☺		이번 주도 해냈다!		
			☺				
			☺				

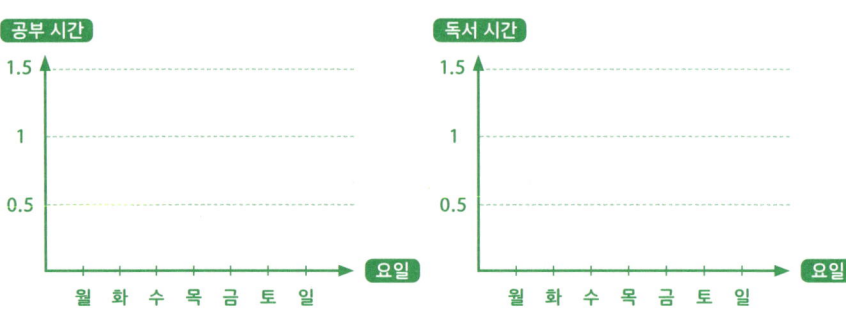

※ 요일별로 공부와 독서 시간을 그래프로 그려보세요.

   월   주

날짜	요일	오늘의 공부	확인	날짜	요일	오늘의 공부	확인
			☺				☺
	월		☺		금		☺
			☺				☺
			☺				☺
	화		☺		토		☺
			☺				☺
			☺				☺
	수		☺		일		☺
			☺				☺
			☺		이번 주도 해냈다!		
	목		☺				
			☺				

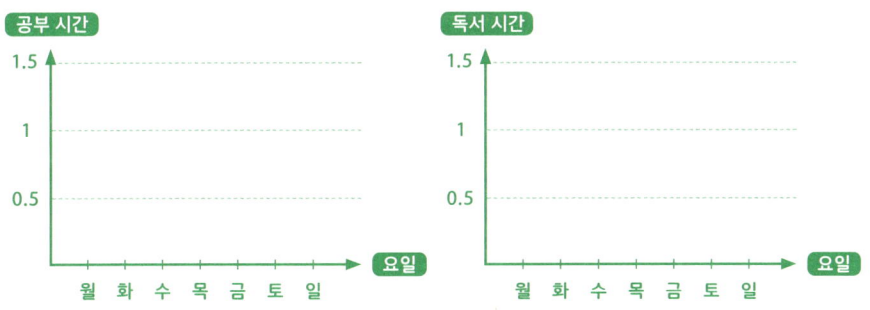

※ 요일별로 공부와 독서 시간을 그래프로 그려보세요.

15

이렇게 공부해요

 월   주

날짜	요일	오늘의 공부	확인	날짜	요일	오늘의 공부	확인
	월		☺		금		☺
			☺				☺
			☺				☺
	화		☺		토		☺
			☺				☺
			☺				☺
	수		☺		일		☺
			☺				☺
			☺				☺
	목		☺		이번 주도 해냈다!		
			☺				
			☺				

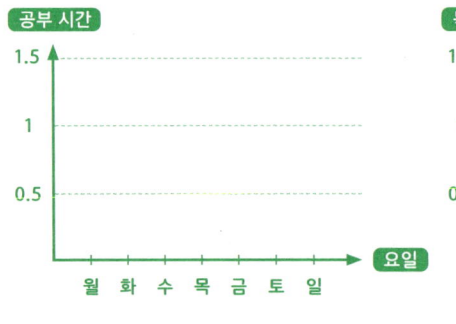

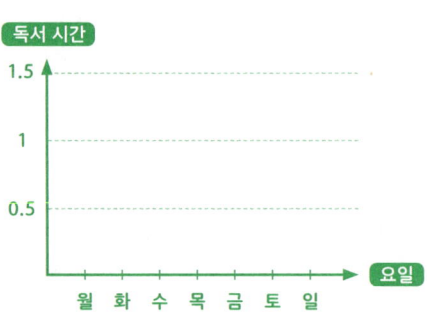

※요일별로 공부와 독서 시간을 그래프로 그려보세요.

월   주

날짜	요일	오늘의 공부	확인	날짜	요일	오늘의 공부	확인
			☺				☺
	월		☺		금		☺
			☺				☺
			☺				☺
	화		☺		토		☺
			☺				☺
			☺				☺
	수		☺		일		☺
			☺				☺
			☺				
	목		☺		이번 주도 해냈다!		
			☺				

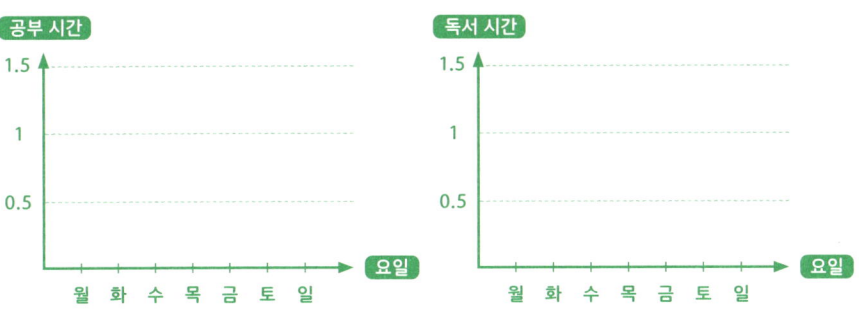

※요일별로 공부와 독서 시간을 그래프로 그려보세요.

📝 이렇게 공부해요

◯ 월 ◯ 주

날짜	요일	오늘의 공부	확인	날짜	요일	오늘의 공부	확인
	월		☺		금		☺
			☺				☺
			☺				☺
	화		☺		토		☺
			☺				☺
			☺				☺
	수		☺		일		☺
			☺				☺
			☺				☺
	목		☺		이번 주도 해냈다!		
			☺				
			☺				

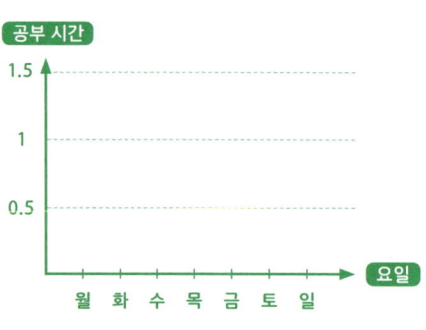

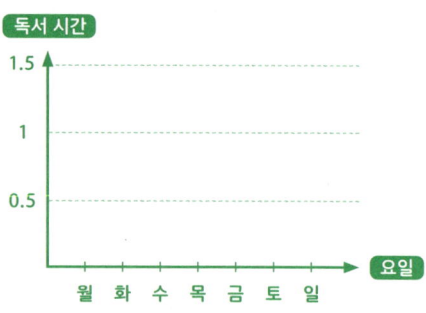

※ 요일별로 공부와 독서 시간을 그래프로 그려보세요.

이번 달도 최선을 다한 사랑하는 우리 귀염둥이에게♡

부모님의 칭찬과 응원이 아이에게는 무엇보다 큰 보상이에요.
한 달 동안 노력한 아이에게 따뜻한 칭찬과 응원을 적어주세요.

 **나의 한 달**

___ 년 ___ 월

일요일 SUNDAY	월요일 MONDAY	화요일 TUESDAY	수요일 WEDNESDAY	목요일 THURSDAY	금요일 FRIDAY	토요일 SATURDAY

"100번만 반복하면 그것이 당신 인생의 무기가 된다"

___월의 GOAL

___월의 CANDY

___월의 EVENT

 **성공의 탑 쌓기**

CANDY	☺	☺	☺	☺	☺	☺
30일						
29일						
28일						
27일						
26일						
25일						
24일						
23일						
22일						
21일						
20일						
19일						
18일						
17일						
16일						
15일						
14일						
13일						
12일						
11일						
10일						
9일						
8일						
7일						
6일						
5일						
4일						
3일						
2일						
1일						
과목						

이렇게 공부해요

 월   주

날짜	요일	오늘의 공부	확인	날짜	요일	오늘의 공부	확인
	월		☺		금		☺
			☺				☺
			☺				☺
	화		☺		토		☺
			☺				☺
			☺				☺
	수		☺		일		☺
			☺				☺
			☺				☺
	목		☺		이번 주도 해냈다!		
			☺				
			☺				

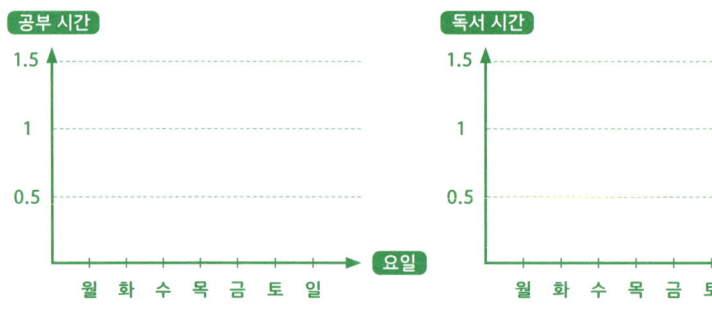

※요일별로 공부와 독서 시간을 그래프로 그려보세요.

날짜	요일	오늘의 공부	확인	날짜	요일	오늘의 공부	확인
	월		☺		금		☺
			☺				☺
			☺				☺
	화		☺		토		☺
			☺				☺
			☺				☺
	수		☺		일		☺
			☺				☺
			☺				☺
	목		☺	이번 주도 해냈다!			
			☺				
			☺				

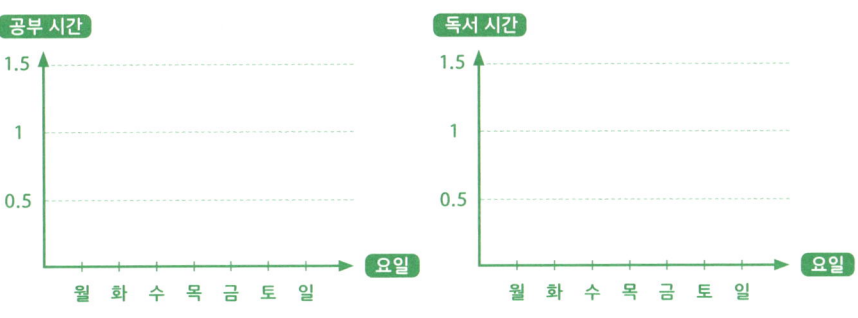

※ 요일별로 공부와 독서 시간을 그래프로 그려보세요.

📝 이렇게 공부해요

월　　주

날짜	요일	오늘의 공부	확인	날짜	요일	오늘의 공부	확인
	월		☺		금		☺
			☺				☺
			☺				☺
	화		☺		토		☺
			☺				☺
			☺				☺
	수		☺		일		☺
			☺				☺
			☺				☺
	목		☺	이번 주도 해냈다!			
			☺				
			☺				

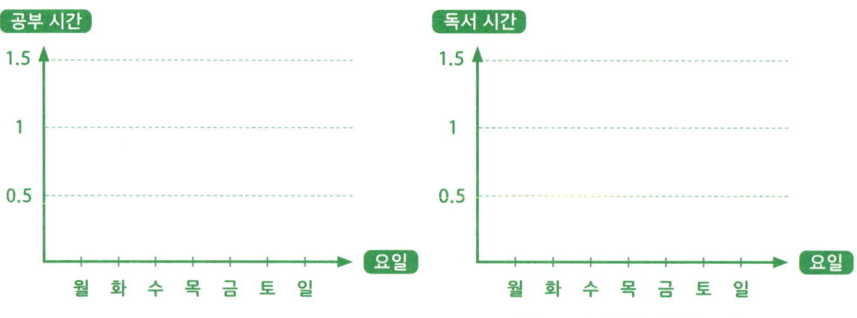

※ 요일별로 공부와 독서 시간을 그래프로 그려보세요.

　　　　　　　　　　　　　　　　　　월　　　주

날짜	요일	오늘의 공부	확인	날짜	요일	오늘의 공부	확인
	월		☺		금		☺
			☺				☺
			☺				☺
	화		☺		토		☺
			☺				☺
			☺				☺
	수		☺		일		☺
			☺				☺
			☺				☺
	목		☺		이번 주도 해냈다!		
			☺				
			☺				

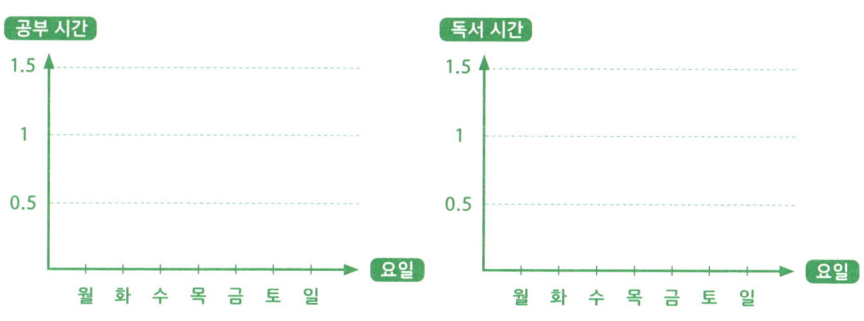

※요일별로 공부와 독서 시간을 그래프로 그려보세요.

25

이렇게 공부해요

 월 주

날짜	요일	오늘의 공부	확인	날짜	요일	오늘의 공부	확인
			☺				☺
	월		☺		금		☺
			☺				☺
			☺				☺
	화		☺		토		☺
			☺				☺
			☺				☺
	수		☺		일		☺
			☺				☺
			☺				
	목		☺	이번 주도 해냈다!			
			☺				

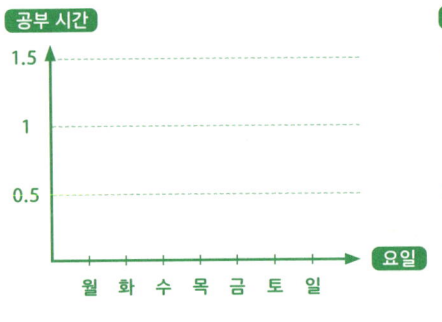

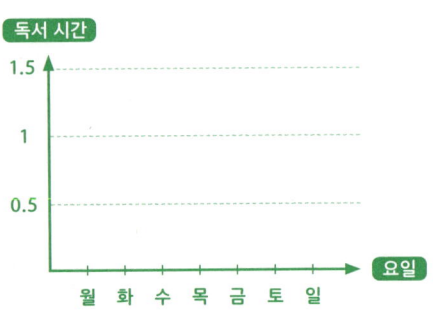

※ 요일별로 공부와 독서 시간을 그래프로 그려보세요.

이번 달도 최선을 다한 사랑하는 우리 귀염둥이에게 ♡

 ## 국어, 읽기·쓰기·어휘·문법까지 제대로 잡는 법

국어는 모든 공부의 뿌리라는 사실, 잘 알고 있지요? 특히 독서가 국어 실력을 키우는 가장 좋은 방법이랍니다. 국어에는 읽기·쓰기·어휘·문법 등 여러 영역이 있는데, 영역별로 공부법을 알고 꾸준히 연습하면 훨씬 더 효과적으로 실력을 쌓을 수 있어요.

1. 읽기(독해)

국어 실력의 중심은 독해력이에요. 글을 읽고 문제를 풀 때 '문제에서 무엇을 묻는지 정확히 읽어내는 것'이 제일 중요하거든요. 글은 잘 읽었는데 문제를 대충 읽어 틀린 적이 있나요? 문제를 꼼꼼히 읽고, 질문에 맞는 답을 찾는 습관을 들여보세요. 독해력은 단순히 점수를 올리는 기술이 아니라, 세상을 이해하는 눈을 길러주는 힘이 된답니다.

2. 글쓰기

초등 시기에 다양한 글을 써보는 경험은 국어 실력은 물론, 나중에 꿈을 이루는 데도 큰 자산이 됩니다. 글쓰기는 단번에 늘지 않아서 하루하루 쌓는 습관이 중요해요. 일기장을 단순히 하루를 기록하는 공책이 아니라, 내가 쓰고 싶은 모든 글을 담는 '자유 글쓰기 노트'로 활용해보세요. 한 줄이라도 꾸준히 모아가면 어느새 자신만의 목소리로 글을 쓰게 됩니다.

3. 어휘력 기르기

책이나 뉴스에서 모르는 단어가 나오면 퀴즈를 풀듯이 즐겁게 짐작해보세요. 그 뒤 부모님께 물어보거나 사전을 찾아 확인하면 더 쉽게 배울 수 있어요. 새로운 단어는 알기만 하면 금세 잊히니, 부모님과 대화할 때나 글을 쓸 때 일부러 자주 사용해보세요. 이렇게 습관을 들이면 어휘력이 쑥쑥 자라나고, 모든 공부에 도움이 됩니다.

4. 글씨 쓰기

정성 들여 또박또박 쓰는 습관을 길러보세요. 처음에는 손가락이 아플 수 있지만, 꾸준히 쓰다 보면 단정한 글씨가 쌓이고 뿌듯함도 커집니다. 빠르게 쓰는 것도 필요하지만, 초등 시기에는 차분히 힘주어 쓰는 습관이 더 중요해요. 초등 때 다져 둔 글씨체는 평생의 자산이 되고, 어디서든 자신감 있게 글을 쓸 수 있는 힘이 됩니다.

5. 문법 감각 키우기

문법은 외우는 공부라고 생각하기 쉽지만, 실제로는 문장을 읽고 쓰는 과정에서 자연스럽게 익히는 것이 훨씬 효과적이에요. 글을 읽을 때 "이 문장은 왜 이렇게 썼을까?" 하고 눈여겨보고, 글을 쓸 때는 맞춤법과 띄어쓰기를 한 번 더 확인해보세요. 짧은 글을 부모님이나 선생님께 보여드리고 고쳐 달라고 부탁하는 것도 좋은 방법이에요.

🕐 나의 한 달

한 달은 절대 짧지 않은 시간이에요. 매일 작은 목표를 정해 꾸준히 실천하다 보면, 한 달이 끝났을 때 달라진 나를 만날 수 있답니다. 이번 달에는 어떤 도전을 하고, 어떤 즐거운 일들을 만들어가고 싶나요? 한 달 뒤 웃고 있을 나를 떠올리며 계획을 세워보세요.

_____ 년 _____ 월

일요일 SUNDAY	월요일 MONDAY	화요일 TUESDAY	수요일 WEDNESDAY	목요일 THURSDAY	금요일 FRIDAY	토요일 SATURDAY

"100번만 반복하면 그것이 당신 인생의 무기가 된다"

____월의 GOAL

____월의 CANDY

____월의 EVENT

성공의 탑 쌓기

목표를 향해 나아가는 길은 마치 탑을 하나하나 쌓아 올리는 것과 같아요. 매일 조금씩 꾸준히 채워가다 보면 언젠가 탑 꼭대기에 성취한 목표가 반짝이며 서 있을 거예요.

CANDY	☺	☺	☺	☺	☺	☺
30일						
29일						
28일						
27일						
26일						
25일						
24일						
23일						
22일						
21일						
20일						
19일						
18일						
17일						
16일						
15일						
14일						
13일						
12일						
11일						
10일						
9일						
8일						
7일						
6일						
5일						
4일						
3일						
2일						
1일						
과목						

이렇게 공부해요

틀려도 괜찮고, 속도가 느려도 괜찮아요. 중요한 건 멈추지 않고 조금씩 나아가는 거죠. 오늘의 작은 한 걸음이 내일의 큰 변화를 만들 거예요.

　　　　　　　　　　　　　　　　　　월　　　　주

날짜	요일	오늘의 공부	확인	날짜	요일	오늘의 공부	확인
	월		☺		금		☺
			☺				☺
			☺				☺
	화		☺		토		☺
			☺				☺
			☺				☺
	수		☺		일		☺
			☺				☺
			☺				☺
	목		☺		이번 주도 해냈다!		
			☺				
			☺				

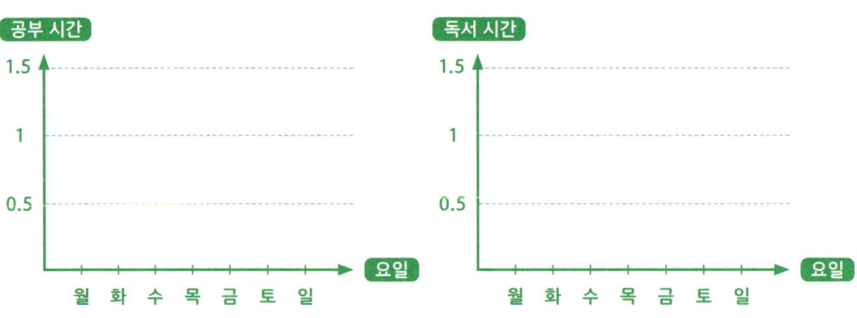

※요일별로 공부와 독서 시간을 그래프로 그려보세요.

 월  주

날짜	요일	오늘의 공부	확인	날짜	요일	오늘의 공부	확인
			☺				☺
	월		☺		금		☺
			☺				☺
			☺				☺
	화		☺		토		☺
			☺				☺
			☺				☺
	수		☺		일		☺
			☺				☺
			☺		이번 주도 해냈다!		
	목		☺				
			☺				

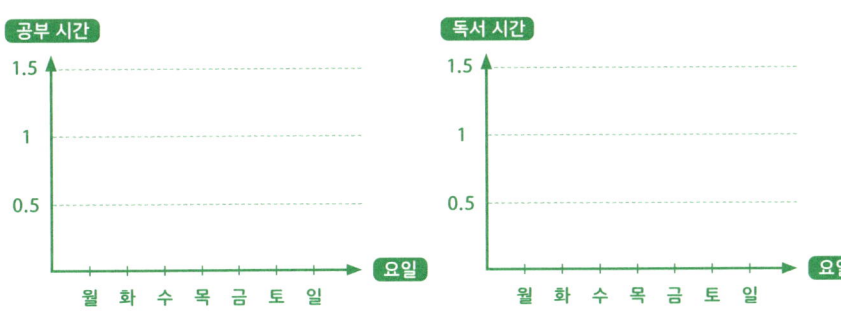

※ 요일별로 공부와 독서 시간을 그래프로 그려보세요.

이렇게 공부해요

⬭ 월 ⬭ 주

날짜	요일	오늘의 공부	확인	날짜	요일	오늘의 공부	확인
	월		☺		금		☺
			☺				☺
			☺				☺
	화		☺		토		☺
			☺				☺
			☺				☺
	수		☺		일		☺
			☺				☺
			☺				☺
	목		☺	이번 주도 해냈다!			
			☺				
			☺				

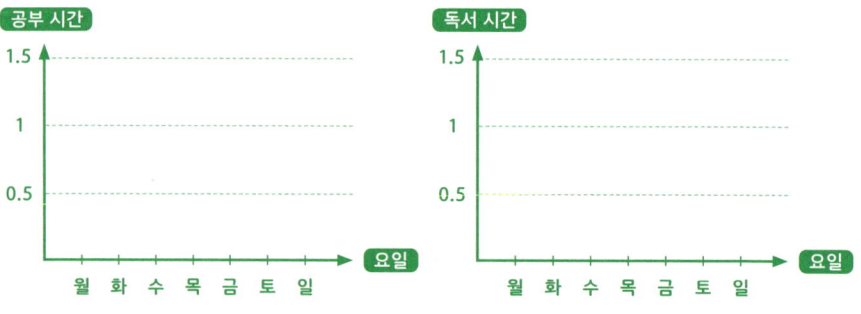

※요일별로 공부와 독서 시간을 그래프로 그려보세요.

 월   주

날짜	요일	오늘의 공부	확인	날짜	요일	오늘의 공부	확인
			☺				☺
	월		☺		금		☺
			☺				☺
			☺				☺
	화		☺		토		☺
			☺				☺
			☺				☺
	수		☺		일		☺
			☺				☺
			☺		이번 주도 해냈다!		
	목		☺				
			☺				

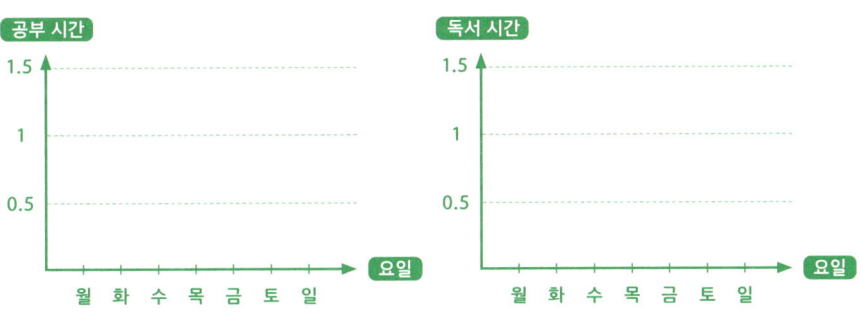

※요일별로 공부와 독서 시간을 그래프로 그려보세요.

📔 이렇게 공부해요

 월 주

날짜	요일	오늘의 공부	확인	날짜	요일	오늘의 공부	확인
	월		☺		금		☺
			☺				☺
			☺				☺
	화		☺		토		☺
			☺				☺
			☺				☺
	수		☺		일		☺
			☺				☺
			☺				☺
	목		☺	이번 주도 해냈다!			
			☺				
			☺				

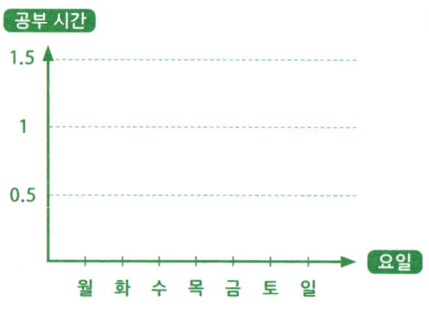

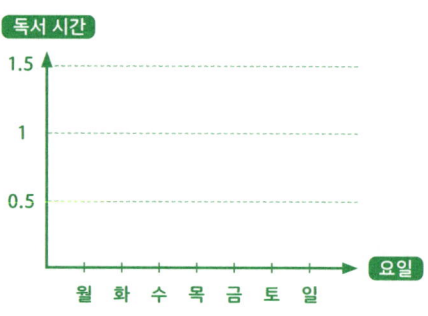

※ 요일별로 공부와 독서 시간을 그래프로 그려보세요.

이번 달도 최선을 다한 사랑하는 우리 귀염둥이에게

부모님의 칭찬과 응원이 아이에게는 무엇보다 큰 보상이에요.
한 달 동안 노력한 아이에게 따뜻한 칭찬과 응원을 적어주세요.

 **나의 한 달**

_____ 년 _____ 월

일요일 SUNDAY	월요일 MONDAY	화요일 TUESDAY	수요일 WEDNESDAY	목요일 THURSDAY	금요일 FRIDAY	토요일 SATURDAY

"100번만 반복하면 그것이 당신 인생의 무기가 된다"

___월의 GOAL

___월의 CANDY

___월의 EVENT

 **성공의 탑 쌓기**

CANDY	☺	☺	☺	☺	☺	☺
30일						
29일						
28일						
27일						
26일						
25일						
24일						
23일						
22일						
21일						
20일						
19일						
18일						
17일						
16일						
15일						
14일						
13일						
12일						
11일						
10일						
9일						
8일						
7일						
6일						
5일						
4일						
3일						
2일						
1일						
과목						

📝 이렇게 공부해요

 월　　　주

날짜	요일	오늘의 공부	확인	날짜	요일	오늘의 공부	확인
	월		☺		금		☺
			☺				☺
			☺				☺
	화		☺		토		☺
			☺				☺
			☺				☺
	수		☺		일		☺
			☺				☺
			☺				☺
	목		☺	이번 주도 해냈다!			
			☺				
			☺				

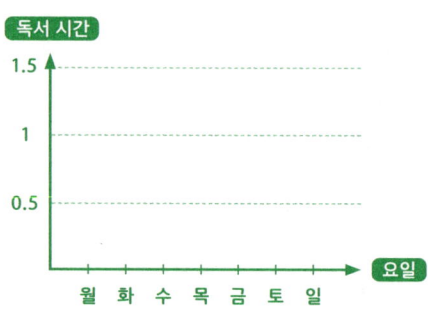

※요일별로 공부와 독서 시간을 그래프로 그려보세요.

　　　　　　　　　　　　　　　　　　　월　　　주

날짜	요일	오늘의 공부	확인	날짜	요일	오늘의 공부	확인
	월		☺		금		☺
			☺				☺
			☺				☺
	화		☺		토		☺
			☺				☺
			☺				☺
	수		☺		일		☺
			☺				☺
			☺				☺
	목		☺	이번 주도 해냈다!			
			☺				
			☺				

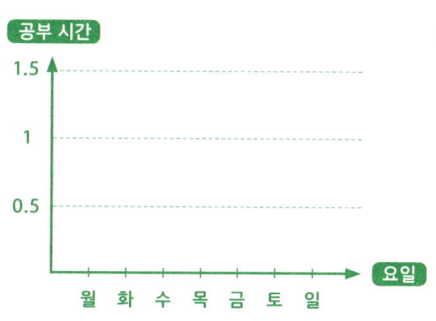

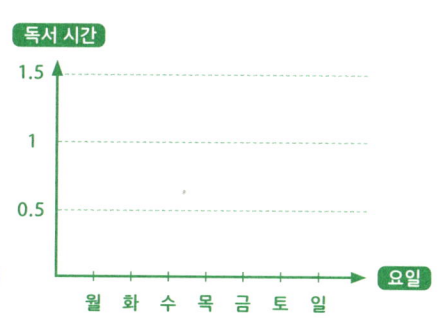

※ 요일별로 공부와 독서 시간을 그래프로 그려보세요.

이렇게 공부해요

　　　월　　　주

날짜	요일	오늘의 공부	확인	날짜	요일	오늘의 공부	확인
	월		☺		금		☺
			☺				☺
			☺				☺
	화		☺		토		☺
			☺				☺
			☺				☺
	수		☺		일		☺
			☺				☺
			☺				☺
	목		☺		이번 주도 해냈다!		
			☺				
			☺				

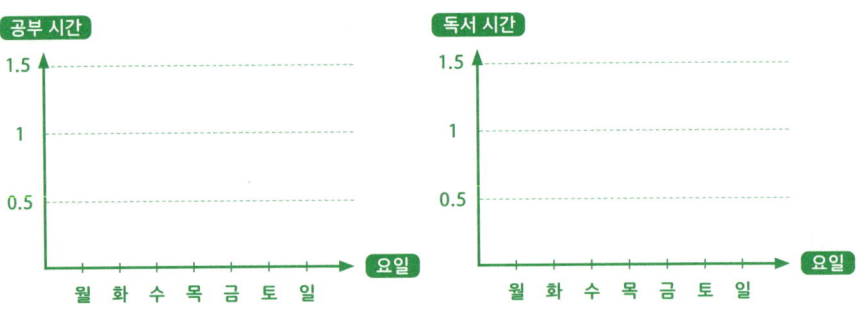

※ 요일별로 공부와 독서 시간을 그래프로 그려보세요.

_____ 월 _____ 주

날짜	요일	오늘의 공부	확인	날짜	요일	오늘의 공부	확인
	월		☺		금		☺
			☺				☺
			☺				☺
	화		☺		토		☺
			☺				☺
			☺				☺
	수		☺		일		☺
			☺				☺
			☺				☺
	목		☺	이번 주도 해냈다!			
			☺				
			☺				

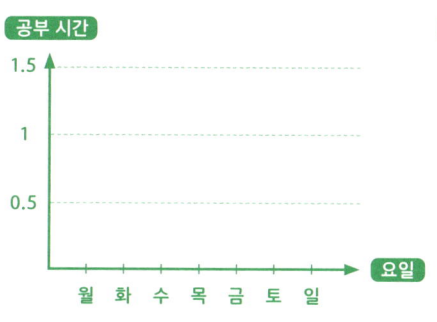

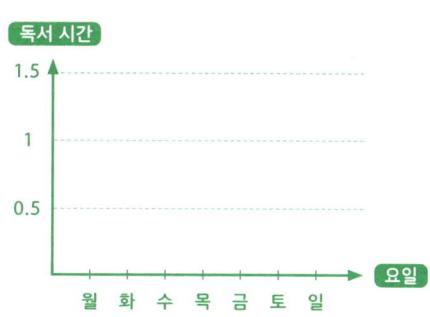

※ 요일별로 공부와 독서 시간을 그래프로 그려보세요.

이렇게 공부해요

 월 주

날짜	요일	오늘의 공부	확인	날짜	요일	오늘의 공부	확인
	월		☺		금		☺
			☺				☺
			☺				☺
	화		☺		토		☺
			☺				☺
			☺				☺
	수		☺		일		☺
			☺				☺
			☺				☺
	목		☺	이번 주도 해냈다!			
			☺
			☺

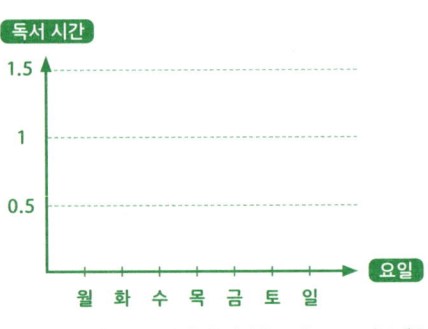

※ 요일별로 공부와 독서 시간을 그래프로 그려보세요.

이번 달도 최선을 다한 사랑하는 우리 귀염둥이에게♡

수학, 개념부터 문제 풀이까지 자신감 키우기

수학은 생각하는 힘을 단단하게 키워주지만, 때로는 낯설고 어렵게 느껴질 수 있어요. 스스로 "나는 수학이랑 안 맞아"라고 단정 짓고 싶어질 때도 있지요. 괜찮아요. 방법을 바꾸면 느낌이 달라질 거예요. 아래 다섯 가지만 꾸준히 해보면, 수학은 '못 하는 과목'이 아니라 '방법을 배우는 과목'이 된답니다.

1. 개념을 정확하게 외우는 것이 기본입니다.

분수, 각도, 원주율 같은 핵심 개념을 모르면 문제 자체가 풀리지 않아요. 문제를 풀기 전 내가 이 개념을 정확히 알고 있는지를 먼저 점검해보세요. '정의 → 이유 → 식'의 구조로 짧게 설명해보는 연습을 하면 기억이 오래가고, 중학교에서 갑자기 많아지는 공식에도 흔들리지 않아요.

2. 문제는 '조건'과 '질문'으로 읽어야 해요.

정답의 단서는 문제 안에 숨어 있어요. 조건에는 밑줄, '무엇을 구하라'는 말에는 동그라미, 단위는 네모로 표시해보세요. '주어진 것 → 구하는 것 → 필요한 도구(공식/성질)'를 메모하고 시작하면 길을 잃지 않고, 중학교에서 만날 서술형 평가에서도 실수를 줄일 수 있어요.

3. 오답 노트를 활용해보세요.

틀린 문제는 다시 보지 않으면 또 틀리기 쉬워요. 다만, 틀린 문제 중에서 '왜 틀렸는지 알 때까지 생각해 볼 가치가 있는 문제'만 골라 적으세요. '틀린 이유-올바른 풀이-다시 푼 정답' 세 줄로 간단히 정리하면 시험 전에도 한눈에 약점을 확인할 수 있어요. 오답을 되짚는 과정이야말로 실력을 진짜로 키워주는 시간이라는 걸 잊지 마세요.

4. 반드시 두 번씩 확인하세요.

자신 있는 문제에서 실수가 자주 나올 수 있어요. 조건 누락, 연산 실수, 단위 착각, 답 잘못 적기 같은 흔한 실수를 체크리스트로 만들어두고 문제를 풀 때마다 살펴보세요. 이런 검산 루틴은 수학 시험을 준비할 때 든든한 안전장치이자 점수를 지키는 가장 확실한 투자랍니다.

5. 말로 설명하며 풀어보세요.

풀이 과정을 친구나 가족에게 가르치듯 소리 내어 설명해보세요. 말로 풀어내는 방법은 미처 몰랐던 빈틈을 발견할 수도 있고, 개념과 절차가 머릿속에서 다시 정리되는 효과가 있어요. 혼잣말이라도 괜찮고, 녹음해 들어보면 더 좋아요. 완벽히 설명할 수 있다면 그건 이미 자기 것이 되었다는 확실한 증거예요.

🕐 나의 한 달

한 달은 절대 짧지 않은 시간이에요. 매일 작은 목표를 정해 꾸준히 실천하다 보면, 한 달이 끝났을 때 달라진 나를 만날 수 있답니다. 이번 달에는 어떤 도전을 하고, 어떤 즐거운 일들을 만들어가고 싶나요? 한 달 뒤 웃고 있을 나를 떠올리며 계획을 세워보세요.

_____ 년   _____ 월

일요일 SUNDAY	월요일 MONDAY	화요일 TUESDAY	수요일 WEDNESDAY	목요일 THURSDAY	금요일 FRIDAY	토요일 SATURDAY

"100번만 반복하면 그것이 당신 인생의 무기가 된다"

____ 월의 GOAL

____ 월의 CANDY

____ 월의 EVENT

성공의 탑 쌓기

목표를 향해 나아가는 길은 마치 탑을 하나하나 쌓아 올리는 것과 같아요. 매일 조금씩 꾸준히 채워가다 보면 언젠가 탑 꼭대기에 성취한 목표가 반짝이며 서 있을 거예요.

CANDY	☺	☺	☺	☺	☺	☺
30일						
29일						
28일						
27일						
26일						
25일						
24일						
23일						
22일						
21일						
20일						
19일						
18일						
17일						
16일						
15일						
14일						
13일						
12일						
11일						
10일						
9일						
8일						
7일						
6일						
5일						
4일						
3일						
2일						
1일						
과목						

📝 이렇게 공부해요

틀려도 괜찮고, 속도가 느려도 괜찮아요. 중요한 건 멈추지 않고 조금씩 나아가는 거죠. 오늘의 작은 한 걸음이 내일의 큰 변화를 만들 거예요.

(   ) 월 (   ) 주

날짜	요일	오늘의 공부	확인	날짜	요일	오늘의 공부	확인
	월		☺		금		☺
			☺				☺
			☺				☺
	화		☺		토		☺
			☺				☺
			☺				☺
	수		☺		일		☺
			☺				☺
			☺				☺
	목		☺		이번 주도 해냈다!		
			☺				
			☺				

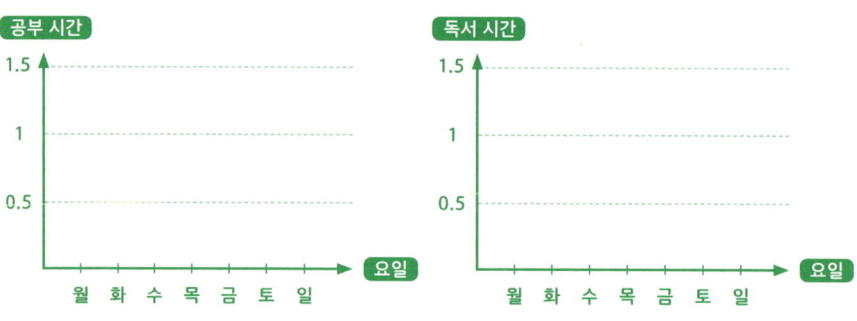

※ 요일별로 공부와 독서 시간을 그래프로 그려보세요.

 월　　주

날짜	요일	오늘의 공부	확인	날짜	요일	오늘의 공부	확인
	월		☺		금		☺
			☺				☺
			☺				☺
	화		☺		토		☺
			☺				☺
			☺				☺
	수		☺		일		☺
			☺				☺
			☺				☺
	목		☺		이번 주도 해냈다!		
			☺				
			☺				

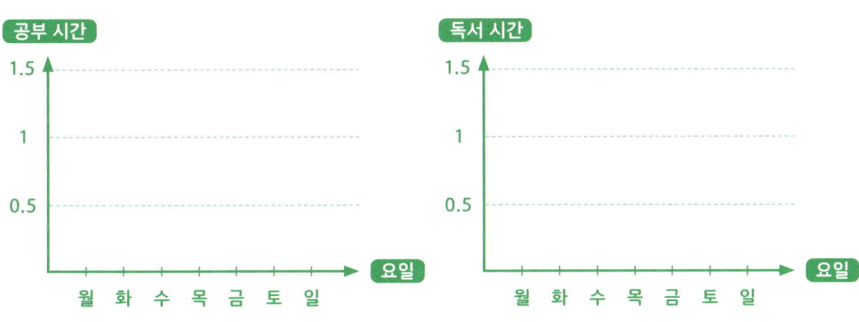

※ 요일별로 공부와 독서 시간을 그래프로 그려보세요.

이렇게 공부해요

 월   주

날짜	요일	오늘의 공부	확인	날짜	요일	오늘의 공부	확인
	월		☺		금		☺
			☺				☺
			☺				☺
	화		☺		토		☺
			☺				☺
			☺				☺
	수		☺		일		☺
			☺				☺
			☺				☺
	목		☺		이번 주도 해냈다!		
			☺				
			☺				

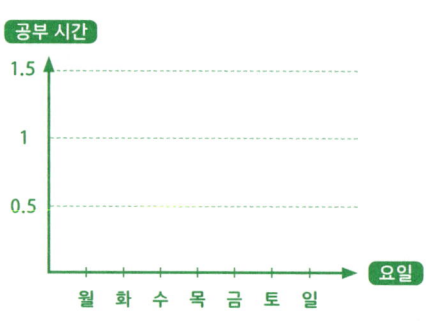

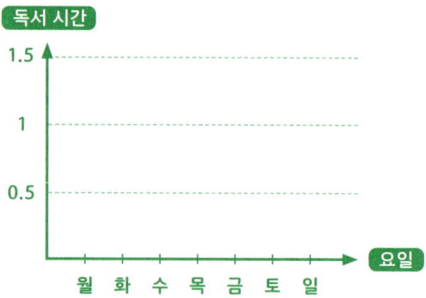

※요일별로 공부와 독서 시간을 그래프로 그려보세요.

 월　　　주

날짜	요일	오늘의 공부	확인	날짜	요일	오늘의 공부	확인
	월		☺		금		☺
			☺				☺
			☺				☺
	화		☺		토		☺
			☺				☺
			☺				☺
	수		☺		일		☺
			☺				☺
			☺				☺
	목		☺	이번 주도 해냈다!			
			☺				
			☺				

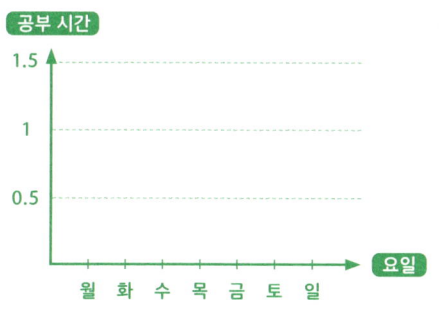

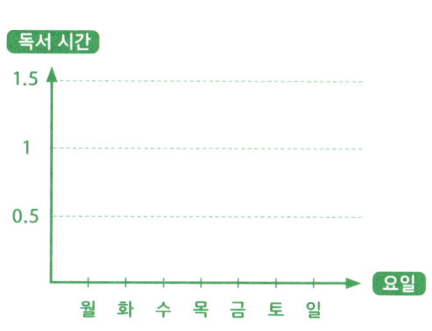

※요일별로 공부와 독서 시간을 그래프로 그려보세요.

이렇게 공부해요

 월 　　 주

날짜	요일	오늘의 공부	확인	날짜	요일	오늘의 공부	확인
			☺				☺
	월		☺		금		☺
			☺				☺
			☺				☺
	화		☺		토		☺
			☺				☺
			☺				☺
	수		☺		일		☺
			☺				☺
			☺		이번 주도 해냈다!		
	목		☺				
			☺				

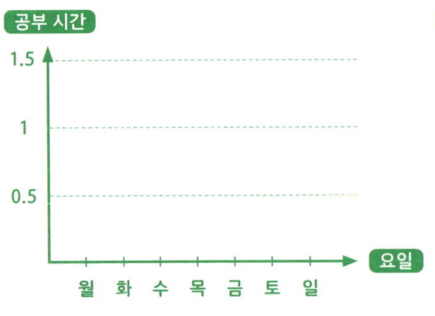

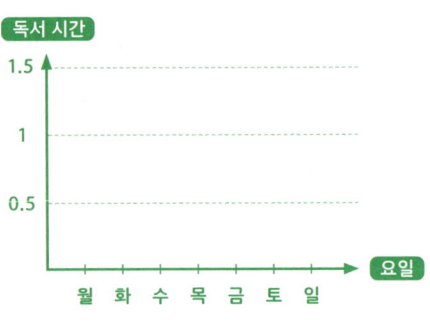

※ 요일별로 공부와 독서 시간을 그래프로 그려보세요.

이번 달도 최선을 다한 사랑하는 우리 귀염둥이에게

부모님의 칭찬과 응원이 아이에게는 무엇보다 큰 보상이에요.
한 달 동안 노력한 아이에게 따뜻한 칭찬과 응원을 적어주세요.

 나의 한 달

_____ 년 _____ 월

일요일 SUNDAY	월요일 MONDAY	화요일 TUESDAY	수요일 WEDNESDAY	목요일 THURSDAY	금요일 FRIDAY	토요일 SATURDAY

"100번만 반복하면 그것이 당신 인생의 무기가 된다"

____월의 GOAL

____월의 CANDY

____월의 EVENT

 **성공의 탑 쌓기**

CANDY	☺	☺	☺	☺	☺	☺
30일						
29일						
28일						
27일						
26일						
25일						
24일						
23일						
22일						
21일						
20일						
19일						
18일						
17일						
16일						
15일						
14일						
13일						
12일						
11일						
10일						
9일						
8일						
7일						
6일						
5일						
4일						
3일						
2일						
1일						
과목						

이렇게 공부해요

 월　　주

날짜	요일	오늘의 공부	확인	날짜	요일	오늘의 공부	확인
	월		☺		금		☺
			☺				☺
			☺				☺
	화		☺		토		☺
			☺				☺
			☺				☺
	수		☺		일		☺
			☺				☺
			☺				☺
	목		☺		이번 주도 해냈다!		
			☺				
			☺				

※요일별로 공부와 독서 시간을 그래프로 그려보세요.

날짜	요일	오늘의 공부	확인	날짜	요일	오늘의 공부	확인
			☺				☺
	월		☺		금		☺
			☺				☺
			☺				☺
	화		☺		토		☺
			☺				☺
			☺				☺
	수		☺		일		☺
			☺				☺
			☺	이번 주도 해냈다!			
	목		☺				
			☺				

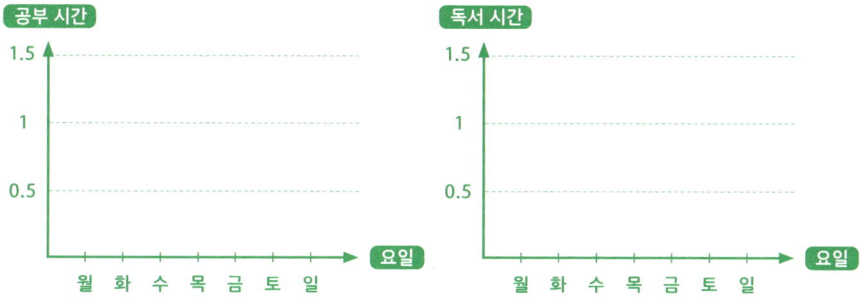

※요일별로 공부와 독서 시간을 그래프로 그려보세요.

📝 이렇게 공부해요

 월 　 주

날짜	요일	오늘의 공부	확인	날짜	요일	오늘의 공부	확인
	월		☺		금		☺
			☺				☺
			☺				☺
	화		☺		토		☺
			☺				☺
			☺				☺
	수		☺		일		☺
			☺				☺
			☺				☺
	목		☺	이번 주도 해냈다!			
			☺				
			☺				

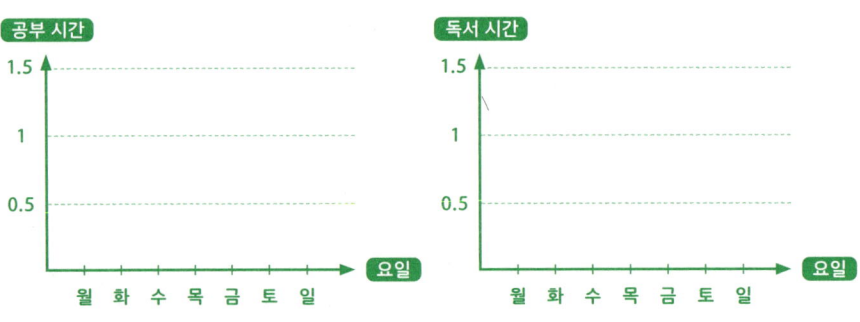

※ 요일별로 공부와 독서 시간을 그래프로 그려보세요.

☐ 월 ☐ 주

날짜	요일	오늘의 공부	확인	날짜	요일	오늘의 공부	확인
	월		☺		금		☺
			☺				☺
			☺				☺
	화		☺		토		☺
			☺				☺
			☺				☺
	수		☺		일		☺
			☺				☺
			☺				☺
	목		☺	이번 주도 해냈다!			
			☺				
			☺				

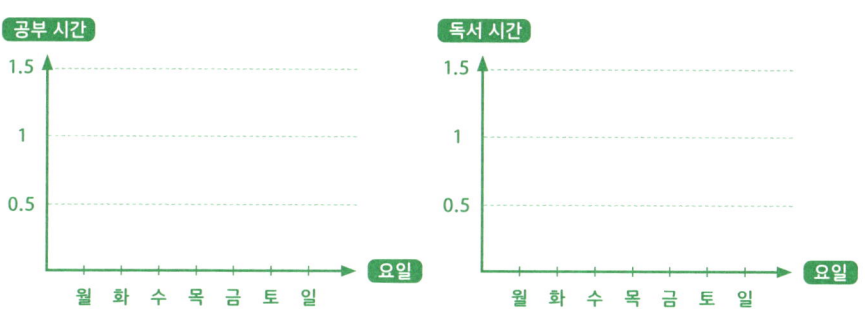

※ 요일별로 공부와 독서 시간을 그래프로 그려보세요.

이렇게 공부해요

월   주

날짜	요일	오늘의 공부	확인	날짜	요일	오늘의 공부	확인
	월		☺		금		☺
			☺				☺
			☺				☺
	화		☺		토		☺
			☺				☺
			☺				☺
	수		☺		일		☺
			☺				☺
			☺				☺
	목		☺		이번 주도 해냈다!		
			☺				
			☺				

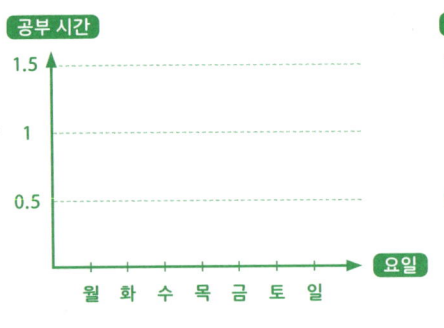

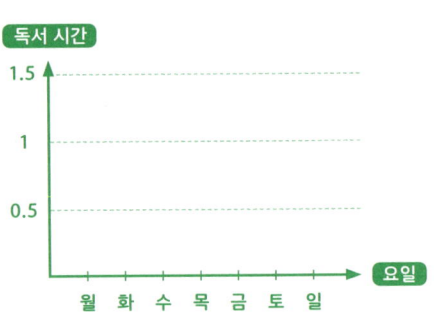

※요일별로 공부와 독서 시간을 그래프로 그려보세요.

이번 달도 최선을 다한 사랑하는 우리 귀염둥이에게♡

 **영어, 듣기·말하기·읽기·쓰기 균형 잡기**

영어가 가능성과 기회를 열어 줄 든든한 도구라고 생각해보세요. 언어는 작은 반복이 가장 큰 힘을 냅니다. 완벽함을 목표로 하기보다 부담은 낮추고 빈도는 높이는 것이 비결이에요. 듣기·말하기·읽기·쓰기가 균형을 이루면 서로가 서로를 밀어 올려 줍니다. 무엇을 얼마나, 매일 어떻게 반복할지 항목별로 간단히 알려드릴게요.

1. 듣기

좋아하는 영상을 한글 자막 없이 영어만으로 보는 습관을 들여보세요. 너무 길지 않은 3~5분짜리로 시작해 같은 영상을 며칠간 반복하면 귀가 빠르게 적응합니다. 많이 보기보다 조금씩, 자주가 더 효과적이에요. 낯선 표현은 잠깐 멈추고 다시 들어보는 것만으로도 이해가 깊어집니다.

2. 말하기

영상에서 들은 한두 문장을 그대로 따라 말하기(쉐도잉)부터 시작해요. 오늘의 한 문장을 정해 여러 번 말하고, 가능하면 짧게 녹음해 스스로 들어보세요. 가족과 대화할 때 아주 쉬운 문장 하나를 영어로 바꿔 말해보는 것도 좋아요. '짧게, 또렷하게, 매일'이 포인트입니다. 실수해도 괜찮아요. 소리 내는 순간, 영어는 이미 내 입에 조금씩 자리를 잡기 시작한 거예요.

3. 읽기

조금은 이해되는 수준의 쉬운 책을 고르고, 하루에 한 쪽이라도 꾸준히 읽어보세요. 완벽히 해석하려 애쓰기보다 흐름을 놓치지 않는 읽기가 중요합니다. 모르는 단어는 표시만 해두고 끝까지 읽은 뒤에 필요한 것만 찾아보세요. 익숙해질수록 문장 패턴이 자연스럽게 쌓입니다. 오늘 한 쪽이 내일의 한 권을 가능하게 한다는 걸 믿고, 작게라도 꾸준히 이어가보세요.

4. 쓰기

길고 완벽한 문장보다 짧고 정확한 문장 몇 개로 시작하세요. 오늘 배운 표현을 활용해 두세 문장을 쓰고, 다음 날 한 문장만 더 다듬어 보는 식으로 반복하면 부담이 줄어듭니다. 일기·감사 한 줄·오늘의 문장 같은 고정 형식을 정하면 꾸준히 이어가기 쉬워요. 틀려도 괜찮습니다. 중요한 건 계속 쓰는 거예요.

5. 어휘·표현

따로 외우기보다 문장 덩어리로 수집하세요. 하루에 3~5개 표현을 적고, 그 표현으로 내 상황 문장을 한 줄씩 만들어봅니다. 메모장이나 카드에 적어 '오늘-내일-일주일 뒤' 간격으로 짧게 복습하면 기억에 오래 남아요. 시험뿐 아니라 실제 말하기·쓰기에서 가장 빨리 효과가 나는 방법입니다.

나의 한 달

한 달은 절대 짧지 않은 시간이에요. 매일 작은 목표를 정해 꾸준히 실천하다 보면, 한 달이 끝났을 때 달라진 나를 만날 수 있답니다. 이번 달에는 어떤 도전을 하고, 어떤 즐거운 일들을 만들어가고 싶나요? 한 달 뒤 웃고 있을 나를 떠올리며 계획을 세워보세요.

___년 ___월

일요일 SUNDAY	월요일 MONDAY	화요일 TUESDAY	수요일 WEDNESDAY	목요일 THURSDAY	금요일 FRIDAY	토요일 SATURDAY

"100번만 반복하면 그것이 당신 인생의 무기가 된다"

___월의 GOAL

___월의 CANDY

___월의 EVENT

 **성공의 탑 쌓기**

목표를 향해 나아가는 길은 마치 탑을 하나하나 쌓아 올리는 것과 같아요. 매일 조금씩 꾸준히 채워가다 보면 언젠가 탑 꼭대기에 성취한 목표가 반짝이며 서 있을 거예요.

CANDY	☺	☺	☺	☺	☺	☺
30일						
29일						
28일						
27일						
26일						
25일						
24일						
23일						
22일						
21일						
20일						
19일						
18일						
17일						
16일						
15일						
14일						
13일						
12일						
11일						
10일						
9일						
8일						
7일						
6일						
5일						
4일						
3일						
2일						
1일						
과목						

이렇게 공부해요

틀려도 괜찮고, 속도가 느려도 괜찮아요. 중요한 건 멈추지 않고 조금씩 나아가는 거죠. 오늘의 작은 한 걸음이 내일의 큰 변화를 만들 거예요.

　　　　　　　　　　　　　　　　　　　　　월　　　주

날짜	요일	오늘의 공부	확인	날짜	요일	오늘의 공부	확인
	월		☺		금		☺
			☺				☺
			☺				☺
	화		☺		토		☺
			☺				☺
			☺				☺
	수		☺		일		☺
			☺				☺
			☺				☺
	목		☺	이번 주도 해냈다!			
			☺				
			☺				

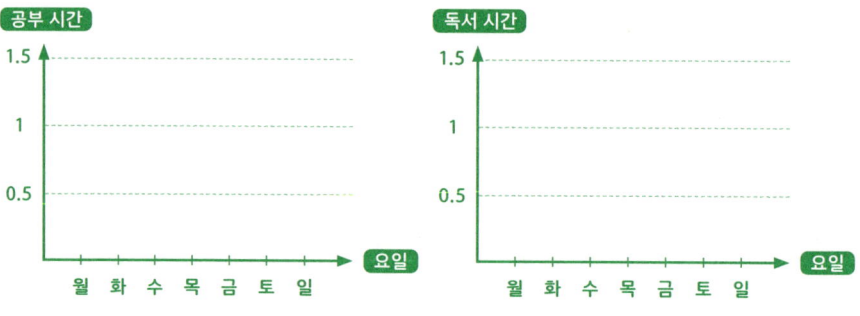

※요일별로 공부와 독서 시간을 그래프로 그려보세요.

월   주

날짜	요일	오늘의 공부	확인	날짜	요일	오늘의 공부	확인
	월		☺		금		☺
			☺				☺
			☺				☺
	화		☺		토		☺
			☺				☺
			☺				☺
	수		☺		일		☺
			☺				☺
			☺				☺
	목		☺		이번 주도 해냈다!		
			☺				
			☺				

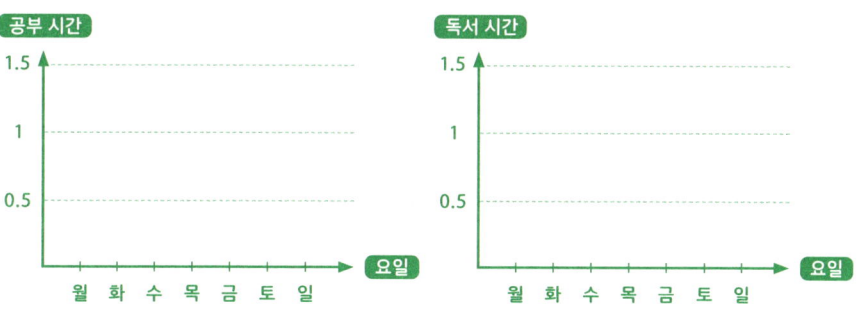

※요일별로 공부와 독서 시간을 그래프로 그려보세요.

📝 이렇게 공부해요

                                                                         월   주

날짜	요일	오늘의 공부	확인	날짜	요일	오늘의 공부	확인
	월		☺		금		☺
			☺				☺
			☺				☺
	화		☺		토		☺
			☺				☺
			☺				☺
	수		☺		일		☺
			☺				☺
			☺				☺
	목		☺		이번 주도 해냈다!		
			☺				
			☺				

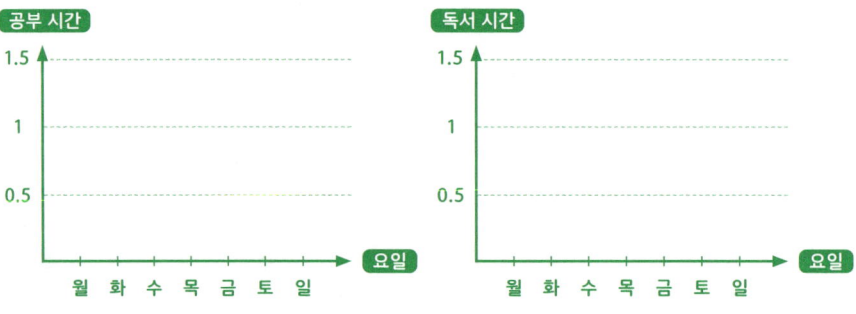

※ 요일별로 공부와 독서 시간을 그래프로 그려보세요.

 월   주

날짜	요일	오늘의 공부	확인	날짜	요일	오늘의 공부	확인
	월		☺		금		☺
			☺				☺
			☺				☺
	화		☺		토		☺
			☺				☺
			☺				☺
	수		☺		일		☺
			☺				☺
			☺				☺
	목		☺		이번 주도 해냈다!		
			☺				
			☺				

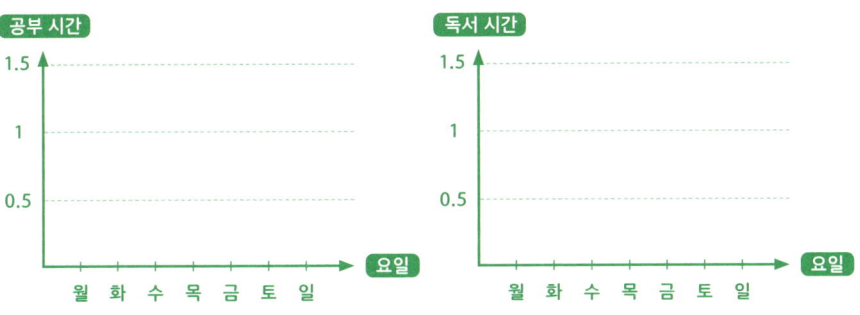

※요일별로 공부와 독서 시간을 그래프로 그려보세요.

📝 이렇게 공부해요

 월 주

날짜	요일	오늘의 공부	확인	날짜	요일	오늘의 공부	확인
	월		☺		금		☺
			☺				☺
			☺				☺
	화		☺		토		☺
			☺				☺
			☺				☺
	수		☺		일		☺
			☺				☺
			☺				☺
	목		☺	이번 주도 해냈다!			
			☺				
			☺				

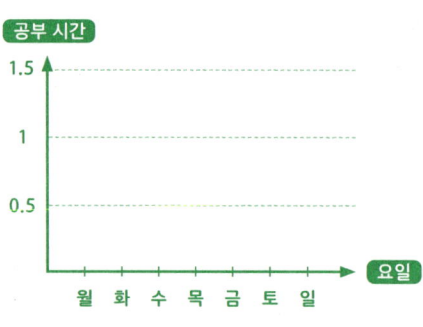

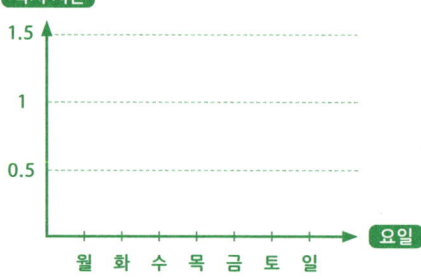

※ 요일별로 공부와 독서 시간을 그래프로 그려보세요.

이번 달도 최선을 다한 사랑하는 우리 귀염둥이에게♡

부모님의 칭찬과 응원이 아이에게는 무엇보다 큰 보상이에요.
한 달 동안 노력한 아이에게 따뜻한 칭찬과 응원을 적어주세요.

 **나의 한 달**

_____ 년 _____ 월

일요일 SUNDAY	월요일 MONDAY	화요일 TUESDAY	수요일 WEDNESDAY	목요일 THURSDAY	금요일 FRIDAY	토요일 SATURDAY

"100번만 반복하면 그것이 당신 인생의 무기가 된다"

___월의 GOAL

___월의 CANDY

___월의 EVENT

 **성공의 탑 쌓기**

CANDY	☺	☺	☺	☺	☺	☺
30일						
29일						
28일						
27일						
26일						
25일						
24일						
23일						
22일						
21일						
20일						
19일						
18일						
17일						
16일						
15일						
14일						
13일						
12일						
11일						
10일						
9일						
8일						
7일						
6일						
5일						
4일						
3일						
2일						
1일						
과목						

이렇게 공부해요

 월 주

날짜	요일	오늘의 공부	확인	날짜	요일	오늘의 공부	확인
	월		☺		금		☺
			☺				☺
			☺				☺
	화		☺		토		☺
			☺				☺
			☺				☺
	수		☺		일		☺
			☺				☺
			☺				☺
	목		☺		이번 주도 해냈다!		
			☺				
			☺				

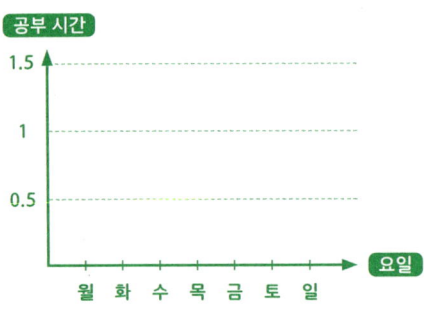

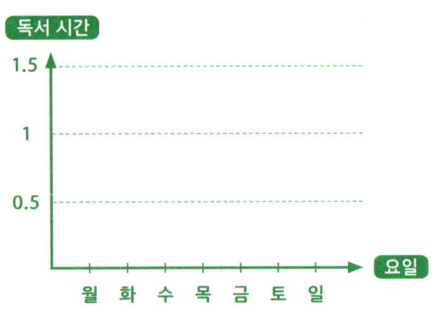

※ 요일별로 공부와 독서 시간을 그래프로 그려보세요.

 월   주

날짜	요일	오늘의 공부	확인	날짜	요일	오늘의 공부	확인
	월		☺		금		☺
			☺				☺
			☺				☺
	화		☺		토		☺
			☺				☺
			☺				☺
	수		☺		일		☺
			☺				☺
			☺				☺
	목		☺	이번 주도 해냈다!			
			☺				
			☺				

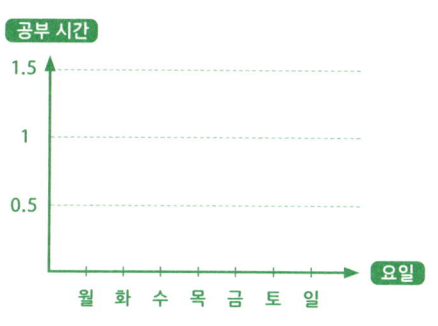
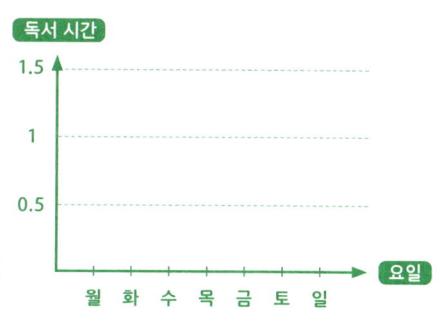

※요일별로 공부와 독서 시간을 그래프로 그려보세요.

📝 이렇게 공부해요

 월   주

날짜	요일	오늘의 공부	확인	날짜	요일	오늘의 공부	확인
	월		☺		금		☺
			☺				☺
			☺				☺
	화		☺		토		☺
			☺				☺
			☺				☺
	수		☺		일		☺
			☺				☺
			☺				☺
	목		☺	이번 주도 해냈다!			
			☺				
			☺				

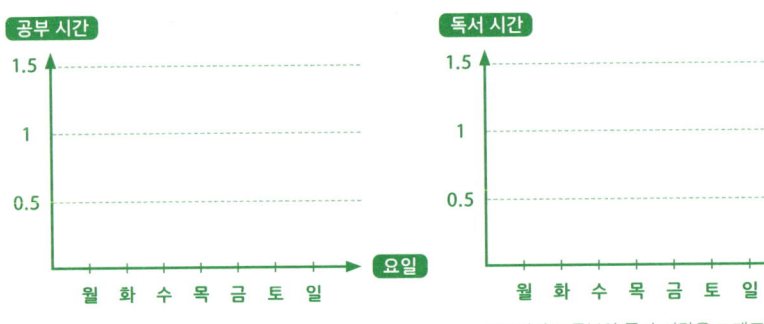

※ 요일별로 공부와 독서 시간을 그래프로 그려보세요.

 월　　　주

날짜	요일	오늘의 공부	확인	날짜	요일	오늘의 공부	확인
			☺				☺
	월		☺		금		☺
			☺				☺
			☺				☺
	화		☺		토		☺
			☺				☺
			☺				☺
	수		☺		일		☺
			☺				☺
			☺		이번 주도 해냈다!		
	목		☺				
			☺				

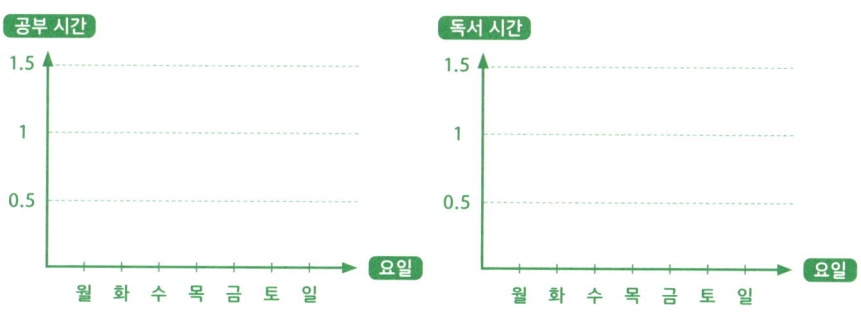

※요일별로 공부와 독서 시간을 그래프로 그려보세요.

79

📒 **이렇게 공부해요**

 월 주

날짜	요일	오늘의 공부	확인	날짜	요일	오늘의 공부	확인
			☺				☺
	월		☺		금		☺
			☺				☺
			☺				☺
	화		☺		토		☺
			☺				☺
			☺				☺
	수		☺		일		☺
			☺				☺
			☺				
	목		☺	이번 주도 해냈다!			
			☺				

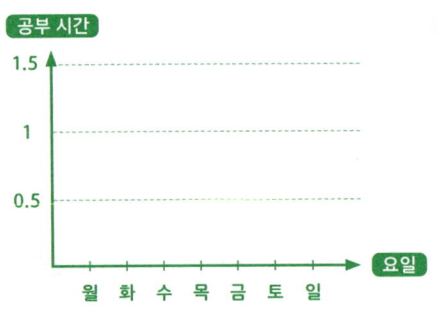

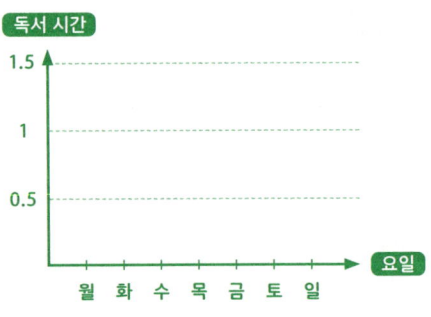

※ 요일별로 공부와 독서 시간을 그래프로 그려보세요.

이번 달도 최선을 다한 사랑하는 우리 귀염둥이에게♡

 **사회, 흐름을 이해하고 스토리로 기억하기**

사회는 낯선 용어를 정확히 이해하고, 사건과 지역·시간의 흐름을 연결해 이야기처럼 기억하는 과목이에요. 교과서를 여러 번 읽어 외우는 것도 필요하지만, '용어-원인 → 결과-지도/시간'을 함께 묶어주면 훨씬 오래갑니다. 아래 방법을 가볍게 반복해보세요.

1. 교과서와 친해지세요.

사회 공부의 출발점은 언제나 교과서예요. 수업 전엔 제목·소제목만 훑어 큰 그림을 그리고 수업 뒤엔 단락 첫 문장과 그림·표를 다시 보며 핵심을 한 줄로 메모해보세요. 낯선 용어엔 표시를, 원인과 결과엔 화살표를 그려 두면 내용이 이야기처럼 이어집니다. 이렇게 공부하면 시험이 달라져도 교과서로 되짚는 힘이 생기게 된답니다.

2. 말로 설명해보세요.

오늘 새롭게 배운 내용, 새롭게 알게 된 어휘가 있다면 머릿속에 떠올려보고 가족, 친구에게 말로 설명해보세요. 어떤 내용을 잘 알고 있는지 아닌지를 확인하는 가장 좋은 방법은 '다른 사람에게 설명할 수 있는가'인데요, 실제로 다른 사람에게 설명하고 나면 훨씬 더 오랜 시간 뇌에 기억된다고 하네요. 말할 상대가 없다면 눈을 감고 교과서의 내용을 떠올리며 혼잣말로 설명하는 것도 좋습니다.

3. 공책에 정리해보세요.

　빈 공책에 말로 설명했던 내용을 적어보세요. 예를 들어 '민주주의'라는 개념이 오늘 사회 시간에 처음으로 등장했다면 교과서를 다시 보면서 그 뜻을 익히고, 말로 설명해보고, 내용을 공책에 적는 거예요. 머릿속에만 있던 개념, 잘 알고 있다고 생각했던 개념을 말과 글로 표현해보면 내가 정확하게 알지 못했던 부분이 어디인지를 정확하게 점검할 수 있습니다. 이렇게 개념이 확실하게 정리되어 있으면 어떤 유형의 문제가 나와도 어려움 없이 풀 수 있답니다.

4. 다양하고 깊은 독서에 도전하세요.

　유독 사회 시간에 자신감 있고 즐거워하는 친구들의 공통점은 책을 좋아한다는 것이에요. 평소에 다양한 종류의 책을 읽어왔던 친구들은 사회 시간이 되면 책에서 읽었던 내용을 만나 반가워합니다. 사회는 우리가 살아가는 일상, 살아온 역사를 배우는 과목이기 때문이지요. 지금부터라도 조금씩 독서를 시작해보세요. 그럼 사회 시간이 재미있어질 거예요.

5. 영상·미디어를 똑똑하게 활용하세요.

　다큐·뉴스·교육 채널, 온라인 전시·가상 박물관, 지도 서비스 등은 교과 내용을 생생하게 연결해줍니다. 부모님과 함께 보면서 대화를 나누어보고 새로운 지식도 얻을 수 있는 유익한 텔레비전 프로그램, 영상을 찾아보세요.

나의 한 달

한 달은 절대 짧지 않은 시간이에요. 매일 작은 목표를 정해 꾸준히 실천하다 보면, 한 달이 끝났을 때 달라진 나를 만날 수 있답니다. 이번 달에는 어떤 도전을 하고, 어떤 즐거운 일들을 만들어가고 싶나요? 한 달 뒤 웃고 있을 나를 떠올리며 계획을 세워보세요.

____ 년 ____ 월

일요일 SUNDAY	월요일 MONDAY	화요일 TUESDAY	수요일 WEDNESDAY	목요일 THURSDAY	금요일 FRIDAY	토요일 SATURDAY

"100번만 반복하면 그것이 당신 인생의 무기가 된다"

___월의 GOAL

___월의 CANDY

___월의 EVENT

성공의 탑 쌓기

목표를 향해 나아가는 길은 마치 탑을 하나하나 쌓아 올리는 것과 같아요. 매일 조금씩 꾸준히 채워가다 보면 언젠가 탑 꼭대기에 성취한 목표가 반짝이며 서 있을 거예요.

CANDY	☺	☺	☺	☺	☺	☺
30일						
29일						
28일						
27일						
26일						
25일						
24일						
23일						
22일						
21일						
20일						
19일						
18일						
17일						
16일						
15일						
14일						
13일						
12일						
11일						
10일						
9일						
8일						
7일						
6일						
5일						
4일						
3일						
2일						
1일						
과목						

이렇게 공부해요

틀려도 괜찮고, 속도가 느려도 괜찮아요. 중요한 건 멈추지 않고 조금씩 나아가는 거죠. 오늘의 작은 한 걸음이 내일의 큰 변화를 만들 거예요.

　월　　　주

날짜	요일	오늘의 공부	확인	날짜	요일	오늘의 공부	확인
			☺				☺
	월		☺		금		☺
			☺				☺
			☺				☺
	화		☺		토		☺
			☺				☺
			☺				☺
	수		☺		일		☺
			☺				☺
			☺		이번 주도 해냈다!		
	목		☺				
			☺				

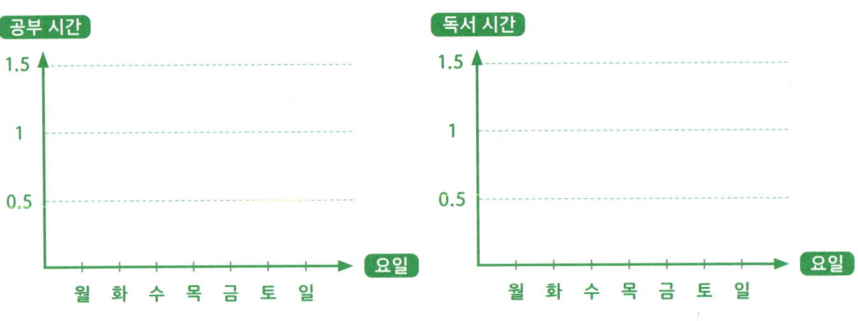

※ 요일별로 공부와 독서 시간을 그래프로 그려보세요.

   월   주

날짜	요일	오늘의 공부	확인	날짜	요일	오늘의 공부	확인
			☺				☺
	월		☺		금		☺
			☺				☺
			☺				☺
	화		☺		토		☺
			☺				☺
			☺				☺
	수		☺		일		☺
			☺				☺
			☺	이번 주도 해냈다!			
	목		☺				
			☺				

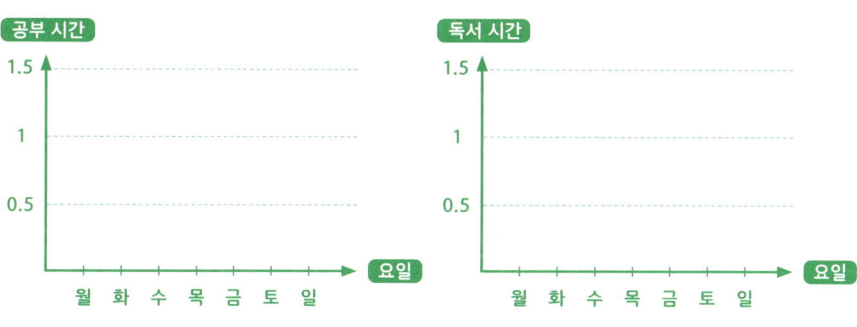

※ 요일별로 공부와 독서 시간을 그래프로 그려보세요.

📝 이렇게 공부해요

 월   주

날짜	요일	오늘의 공부	확인	날짜	요일	오늘의 공부	확인
	월		☺		금		☺
			☺				☺
			☺				☺
	화		☺		토		☺
			☺				☺
			☺				☺
	수		☺		일		☺
			☺				☺
			☺				☺
	목		☺		이번 주도 해냈다!		
			☺				
			☺				

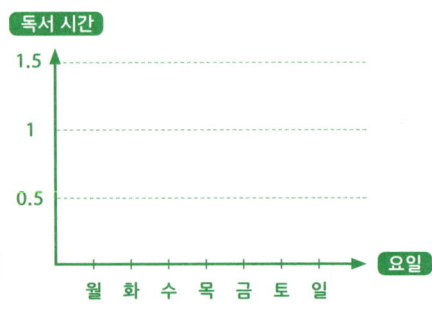

※요일별로 공부와 독서 시간을 그래프로 그려보세요.

 월 　 주

날짜	요일	오늘의 공부	확인	날짜	요일	오늘의 공부	확인
	월		☺		금		☺
			☺				☺
			☺				☺
	화		☺		토		☺
			☺				☺
			☺				☺
	수		☺		일		☺
			☺				☺
			☺				☺
	목		☺		이번 주도 해냈다!		
			☺				
			☺				

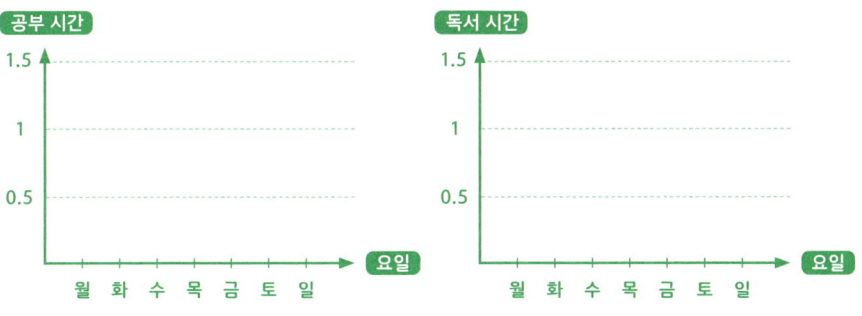

※ 요일별로 공부와 독서 시간을 그래프로 그려보세요.

📝 이렇게 공부해요

 월   주

날짜	요일	오늘의 공부	확인	날짜	요일	오늘의 공부	확인
	월		☺		금		☺
			☺				☺
			☺				☺
	화		☺		토		☺
			☺				☺
			☺				☺
	수		☺		일		☺
			☺				☺
			☺				☺
	목		☺		이번 주도 해냈다!		
			☺				
			☺				

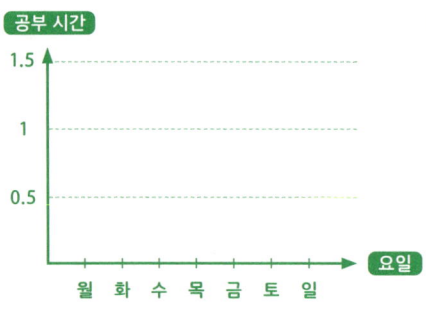

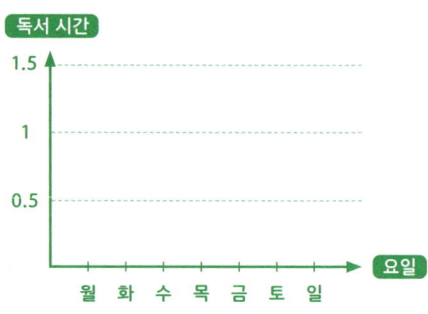

※ 요일별로 공부와 독서 시간을 그래프로 그려보세요.

이번 달도 최선을 다한 사랑하는 우리 귀염둥이에게 🍃

부모님의 칭찬과 응원이 아이에게는 무엇보다 큰 보상이에요.
한 달 동안 노력한 아이에게 따뜻한 칭찬과 응원을 적어주세요.

 **나의 한 달**

_____ 년 _____ 월

일요일 SUNDAY	월요일 MONDAY	화요일 TUESDAY	수요일 WEDNESDAY	목요일 THURSDAY	금요일 FRIDAY	토요일 SATURDAY

"100번만 반복하면 그것이 당신 인생의 무기가 된다"

___월의 GOAL

___월의 CANDY

___월의 EVENT

 성공의 탑 쌓기

CANDY	☺	☺	☺	☺	☺	☺
30일						
29일						
28일						
27일						
26일						
25일						
24일						
23일						
22일						
21일						
20일						
19일						
18일						
17일						
16일						
15일						
14일						
13일						
12일						
11일						
10일						
9일						
8일						
7일						
6일						
5일						
4일						
3일						
2일						
1일						
과목						

이렇게 공부해요

　　　　　　　　　　　　　　　　　　　월　　　주

날짜	요일	오늘의 공부	확인	날짜	요일	오늘의 공부	확인
	월		☺		금		☺
			☺				☺
			☺				☺
	화		☺		토		☺
			☺				☺
			☺				☺
	수		☺		일		☺
			☺				☺
			☺				☺
	목		☺		이번 주도 해냈다!		
			☺				
			☺				

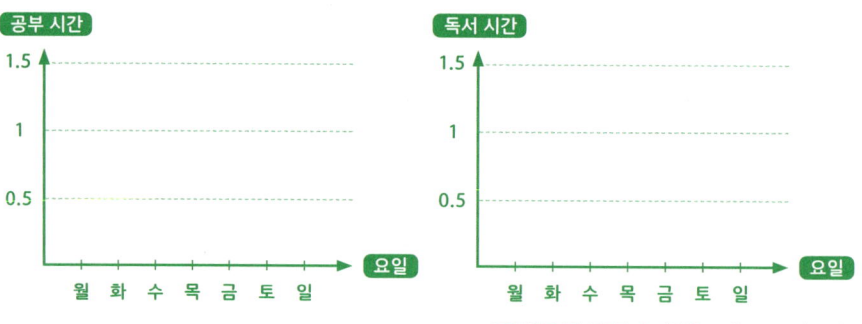

※ 요일별로 공부와 독서 시간을 그래프로 그려보세요.

월   주

날짜	요일	오늘의 공부	확인	날짜	요일	오늘의 공부	확인
	월		☺		금		☺
			☺				☺
			☺				☺
	화		☺		토		☺
			☺				☺
			☺				☺
	수		☺		일		☺
			☺				☺
			☺				☺
	목		☺	이번 주도 해냈다!			
			☺				
			☺				

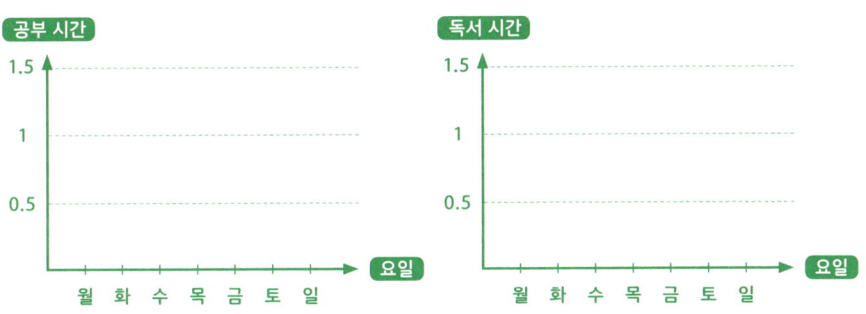

※ 요일별로 공부와 독서 시간을 그래프로 그려보세요.

이렇게 공부해요

 월   주

날짜	요일	오늘의 공부	확인	날짜	요일	오늘의 공부	확인
			☺				☺
	월		☺		금		☺
			☺				☺
			☺				☺
	화		☺		토		☺
			☺				☺
			☺				☺
	수		☺		일		☺
			☺				☺
			☺	이번 주도 해냈다!			
	목		☺				
			☺				

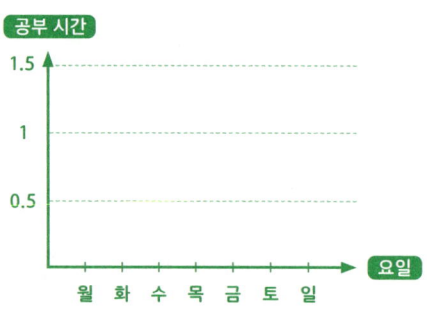

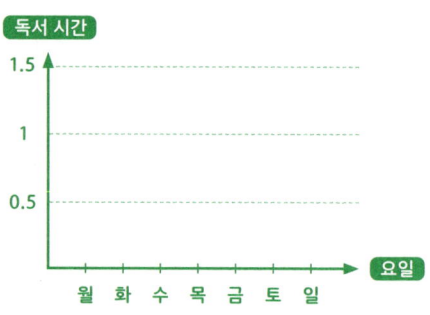

※ 요일별로 공부와 독서 시간을 그래프로 그려보세요.

 월 　 주

날짜	요일	오늘의 공부	확인	날짜	요일	오늘의 공부	확인
	월		☺		금		☺
			☺				☺
			☺				☺
	화		☺		토		☺
			☺				☺
			☺				☺
	수		☺		일		☺
			☺				☺
			☺				☺
	목		☺		이번 주도 해냈다!		
			☺				
			☺				

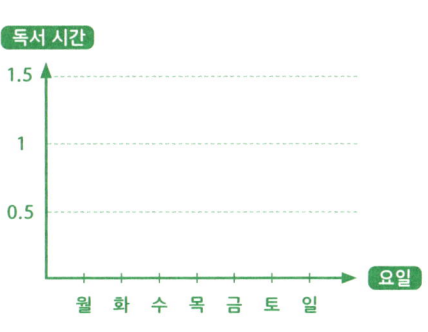

※ 요일별로 공부와 독서 시간을 그래프로 그려보세요.

이렇게 공부해요

 월 주

날짜	요일	오늘의 공부	확인	날짜	요일	오늘의 공부	확인
	월		☺		금		☺
			☺				☺
			☺				☺
	화		☺		토		☺
			☺				☺
			☺				☺
	수		☺		일		☺
			☺				☺
			☺				☺
	목		☺		이번 주도 해냈다!		
			☺				
			☺				

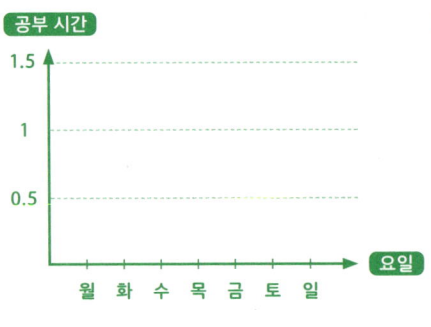

※요일별로 공부와 독서 시간을 그래프로 그려보세요.

이번 달도 최선을 다한 사랑하는 우리 귀염둥이에게♡

과학, 원리를 깨닫고 탐구력 키우기

과학을 좋아하는 친구들에게 이유를 물으면 대부분 비슷하게 답해요. 직접 실험해보고, 동물과 자연 현상을 만나면서 세상에 대한 궁금증을 풀 수 있으니까요. 다만, 실험할 때와 다르게 관찰한 사실을 글과 그림으로 정리하는 건 귀찮고 어렵게 느껴지기도 해요. 그런데 바로 그 정리가 과학의 핵심이에요. 실험에서 본 것을 증거로 결론을 말하는 힘! 그 힘이 쌓이면 과학이 훨씬 재미있어집니다.

1. 교과서 실험관찰이 기본입니다.

과학 시간에 과학책과 짝꿍으로 준비하는 실험관찰은 주로 수업 시간의 실험을 기록하고, 새롭게 배운 내용을 정리하는 용도로 활용합니다. 또한, 단원 평가를 대비하고 배운 내용을 확인할 때도 유용한 교재입니다. 그래서 실험관찰에 나오는 문제에 답을 적는 습관을 들여놓는 것이 좋은 공부 방법입니다.

2. 실험하는 것보다 중요한 것은 정확한 결론 내리기입니다.

알코올램프에 불을 붙여보고, 시험관을 흔들어보고, 암석을 만지면서 비교하는 과학 실험 시간은 정말 재미있습니다. 다만, 과학 실험을 하는 목적은 그 실험을 통해 물질의 성질을 알아보고, 다른 물질과 비교하는 것이에요. 그러니 실험의 결론을 기록하는 일에도 최선을 다하세요.

3. 영화 속 장면을 그냥 지나치지 마세요.

자연재해, 우주, 환경 오염 등을 다루고 있는 영화, 애니메이션의 장면을 한번 유심히 살펴보세요. 어디까지 사실이고, 허구일지 생각하면서 '정말 저런 일이 가능할까?', '저게 사실이라면 이유가 무엇일까?' 고민해보세요. 생각하는 힘은 일상의 사소한 일, 사소한 장면을 지나치지 않고 꼬리를 물어가며 확장하는 습관에서 자란답니다.

4. 데이터로 설명해보세요.

과학 실험에서 얻은 결과를 표로 정리한 뒤, 막대 그래프나 선 그래프로 바꿔 보면 훨씬 이해하기 쉬워요. 그래프를 만들 때는 가로·세로 축에 이름과 단위를 꼭 쓰고, 무엇을 나타내는지 범례도 표시해야 해요. 그래프를 다 그리고 나면 "햇볕을 본 시간이 늘어날수록 식물이 더 잘 자랐다"처럼 간단한 문장으로 정리해보세요.

5. 질문 → 가설 → 검증 루틴을 습관화하세요.

과학은 '왜 그럴까?' 하는 작은 궁금증에서 시작돼요. 예를 들어 "햇볕이 있는 곳에서 빨래가 더 빨리 마를까?"라는 질문이 생기면, "햇볕이 있는 곳에서 빨래가 빨리 마른다"라는 가설을 세워보세요. 그다음 실제로 같은 옷을 햇빛이 드는 곳과 그늘진 곳에 두고 다 마르는 데 얼마나 걸리는지 시간을 재보는 거예요. 실험 결과를 표나 그림으로 정리하고, 결론 문장을 적으면 하나의 탐구가 완성됩니다.

 나의 한 달

한 달은 절대 짧지 않은 시간이에요. 매일 작은 목표를 정해 꾸준히 실천하다 보면, 한 달이 끝났을 때 달라진 나를 만날 수 있답니다. 이번 달에는 어떤 도전을 하고, 어떤 즐거운 일들을 만들어가고 싶나요? 한 달 뒤 웃고 있을 나를 떠올리며 계획을 세워보세요.

　　　　년　　　　월

일요일 SUNDAY	월요일 MONDAY	화요일 TUESDAY	수요일 WEDNESDAY	목요일 THURSDAY	금요일 FRIDAY	토요일 SATURDAY

"100번만 반복하면 그것이 당신 인생의 무기가 된다"

　　월의 GOAL

　　월의 CANDY

　　월의 EVENT

 성공의 탑 쌓기

목표를 향해 나아가는 길은 마치 탑을 하나하나 쌓아 올리는 것과 같아요. 매일 조금씩 꾸준히 채워가다 보면 언젠가 탑 꼭대기에 성취한 목표가 반짝이며 서 있을 거예요.

CANDY	☺	☺	☺	☺	☺	☺
30일						
29일						
28일						
27일						
26일						
25일						
24일						
23일						
22일						
21일						
20일						
19일						
18일						
17일						
16일						
15일						
14일						
13일						
12일						
11일						
10일						
9일						
8일						
7일						
6일						
5일						
4일						
3일						
2일						
1일						
과목						

이렇게 공부해요

틀려도 괜찮고, 속도가 느려도 괜찮아요. 중요한 건 멈추지 않고 조금씩 나아가는 거죠. 오늘의 작은 한 걸음이 내일의 큰 변화를 만들 거예요.

〔　　〕월　〔　　〕주

날짜	요일	오늘의 공부	확인	날짜	요일	오늘의 공부	확인
			☺				☺
	월		☺		금		☺
			☺				☺
			☺				☺
	화		☺		토		☺
			☺				☺
			☺				☺
	수		☺		일		☺
			☺				☺
			☺	이번 주도 해냈다!			
	목		☺				
			☺				

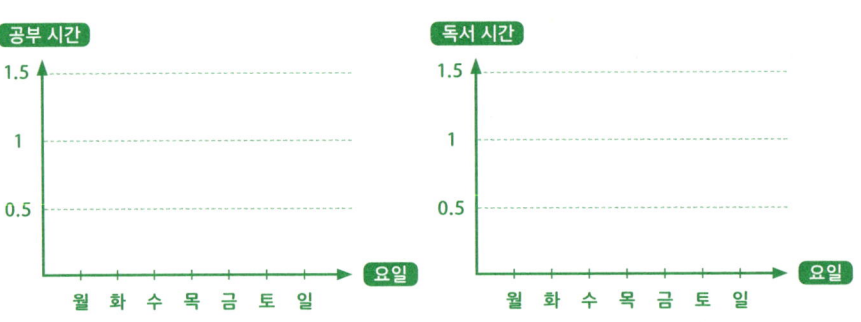

※요일별로 공부와 독서 시간을 그래프로 그려보세요.

　　　　　　　　　　　　　　　　월　　　주

날짜	요일	오늘의 공부	확인	날짜	요일	오늘의 공부	확인
	월		☺		금		☺
			☺				☺
			☺				☺
	화		☺		토		☺
			☺				☺
			☺				☺
	수		☺		일		☺
			☺				☺
			☺				☺
	목		☺	이번 주도 해냈다!			
			☺				
			☺				

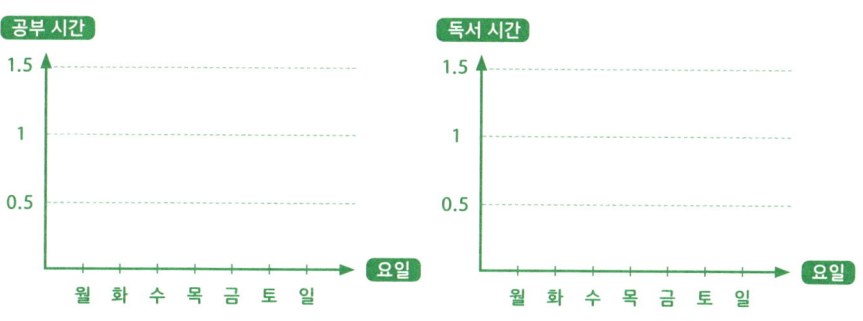

※요일별로 공부와 독서 시간을 그래프로 그려보세요.

📝 이렇게 공부해요

				월 　　 주

날짜	요일	오늘의 공부	확인	날짜	요일	오늘의 공부	확인
	월		☺		금		☺
			☺				☺
			☺				☺
	화		☺		토		☺
			☺				☺
			☺				☺
	수		☺		일		☺
			☺				☺
			☺				☺
	목		☺		이번 주도 해냈다!		
			☺				
			☺				

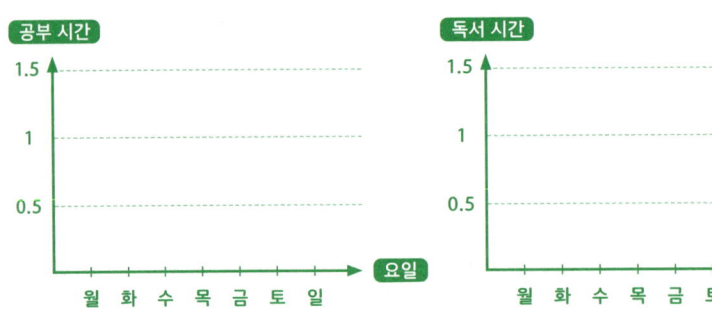

※요일별로 공부와 독서 시간을 그래프로 그려보세요.

월   주

날짜	요일	오늘의 공부	확인	날짜	요일	오늘의 공부	확인
			☺				☺
	월		☺		금		☺
			☺				☺
			☺				☺
	화		☺		토		☺
			☺				☺
			☺				☺
	수		☺		일		☺
			☺				☺
			☺	이번 주도 해냈다!			
	목		☺				
			☺				

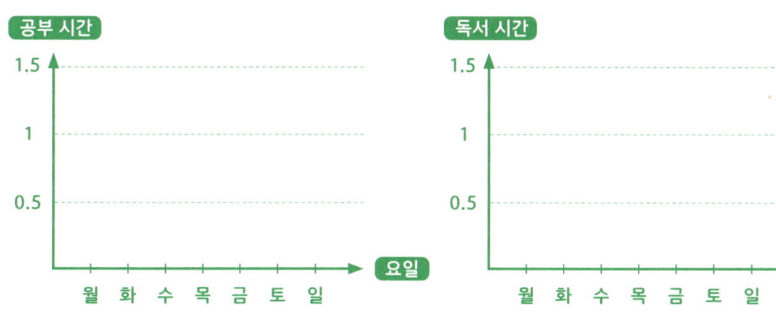

※요일별로 공부와 독서 시간을 그래프로 그려보세요.

📝 이렇게 공부해요

 월   주

날짜	요일	오늘의 공부	확인	날짜	요일	오늘의 공부	확인
			☺				☺
	월		☺		금		☺
			☺				☺
			☺				☺
	화		☺		토		☺
			☺				☺
			☺				☺
	수		☺		일		☺
			☺				☺
			☺	이번 주도 해냈다!			
	목		☺				
			☺				

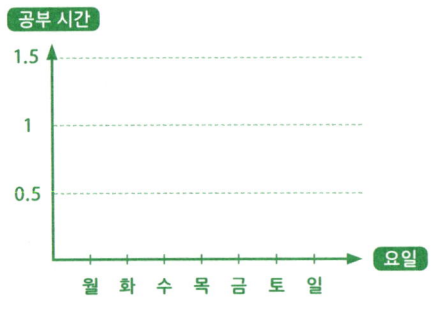

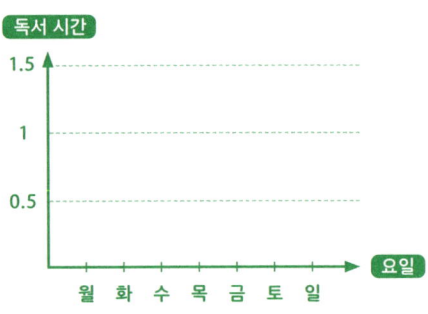

※ 요일별로 공부와 독서 시간을 그래프로 그려보세요.

이번 달도 최선을 다한 사랑하는 우리 귀염둥이에게

부모님의 칭찬과 응원이 아이에게는 무엇보다 큰 보상이에요.
한 달 동안 노력한 아이에게 따뜻한 칭찬과 응원을 적어주세요.

 **나의 한 달**

_____ 년   _____ 월

일요일 SUNDAY	월요일 MONDAY	화요일 TUESDAY	수요일 WEDNESDAY	목요일 THURSDAY	금요일 FRIDAY	토요일 SATURDAY

"100번만 반복하면 그것이 당신 인생의 무기가 된다"

___월의 GOAL

___월의 CANDY

___월의 EVENT

 **성공의 탑 쌓기**

CANDY	☺	☺	☺	☺	☺	☺
30일						
29일						
28일						
27일						
26일						
25일						
24일						
23일						
22일						
21일						
20일						
19일						
18일						
17일						
16일						
15일						
14일						
13일						
12일						
11일						
10일						
9일						
8일						
7일						
6일						
5일						
4일						
3일						
2일						
1일						
과목						

이렇게 공부해요

 월   주

날짜	요일	오늘의 공부	확인	날짜	요일	오늘의 공부	확인
	월		☺		금		☺
			☺				☺
			☺				☺
	화		☺		토		☺
			☺				☺
			☺				☺
	수		☺		일		☺
			☺				☺
			☺				☺
	목		☺	이번 주도 해냈다!			
			☺				
			☺				

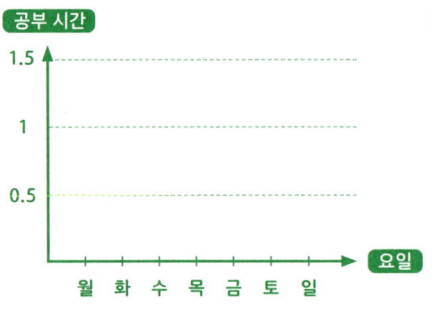
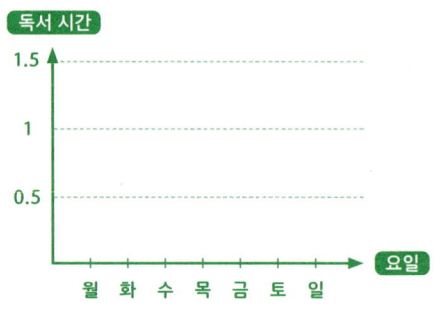

※ 요일별로 공부와 독서 시간을 그래프로 그려보세요.

월   주

날짜	요일	오늘의 공부	확인	날짜	요일	오늘의 공부	확인
	월		☺		금		☺
			☺				☺
			☺				☺
	화		☺		토		☺
			☺				☺
			☺				☺
	수		☺		일		☺
			☺				☺
			☺				☺
	목		☺	이번 주도 해냈다!			
			☺				
			☺				

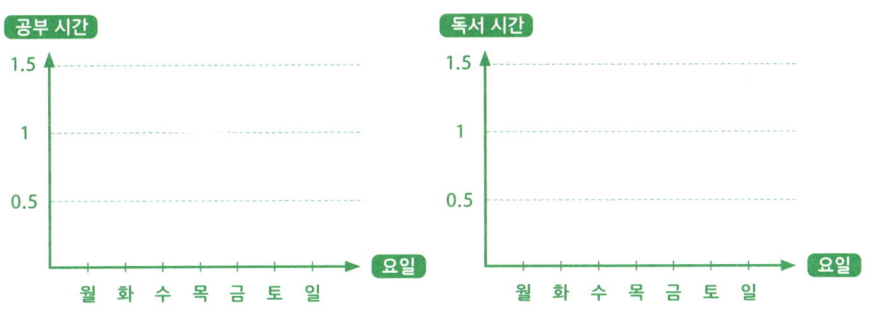

※요일별로 공부와 독서 시간을 그래프로 그려보세요.

이렇게 공부해요

                                                                        월   주

날짜	요일	오늘의 공부	확인	날짜	요일	오늘의 공부	확인
			☺				☺
	월		☺		금		☺
			☺				☺
			☺				☺
	화		☺		토		☺
			☺				☺
			☺				☺
	수		☺		일		☺
			☺				☺
			☺	이번 주도 해냈다!			
	목		☺				
			☺				

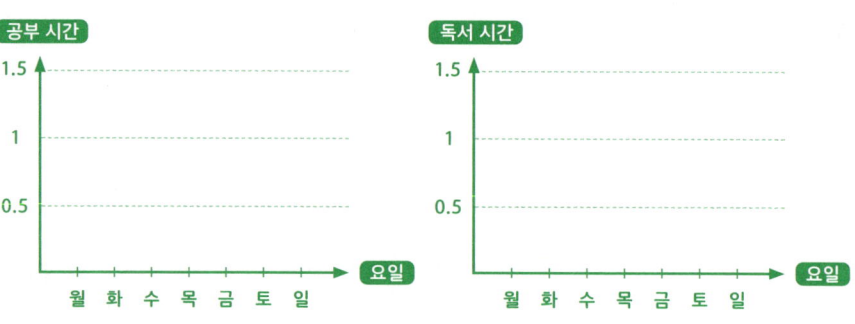

※요일별로 공부와 독서 시간을 그래프로 그려보세요.

　　　월　　　주

날짜	요일	오늘의 공부	확인	날짜	요일	오늘의 공부	확인
			☺				☺
	월		☺		금		☺
			☺				☺
			☺				☺
	화		☺		토		☺
			☺				☺
			☺				☺
	수		☺		일		☺
			☺				☺
			☺		이번 주도 해냈다!		
	목		☺
			☺

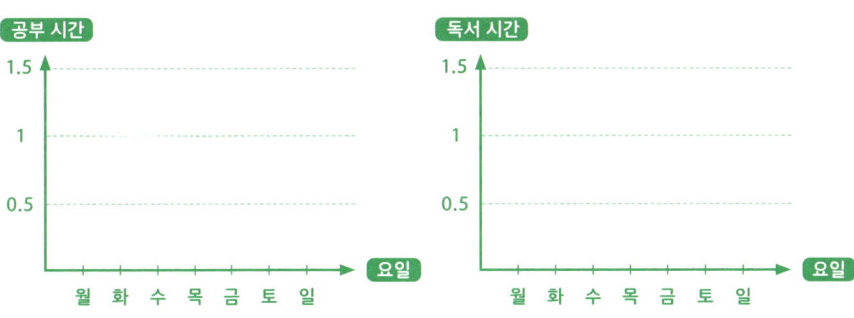

※요일별로 공부와 독서 시간을 그래프로 그려보세요.

이렇게 공부해요

◯ 월 ◯ 주

날짜	요일	오늘의 공부	확인	날짜	요일	오늘의 공부	확인
	월		☺		금		☺
			☺				☺
			☺				☺
	화		☺		토		☺
			☺				☺
			☺				☺
	수		☺		일		☺
			☺				☺
			☺				☺
	목		☺	이번 주도 해냈다!			
			☺				
			☺				

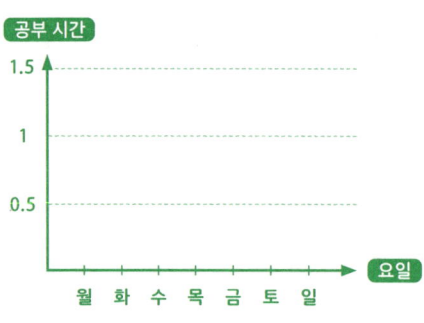

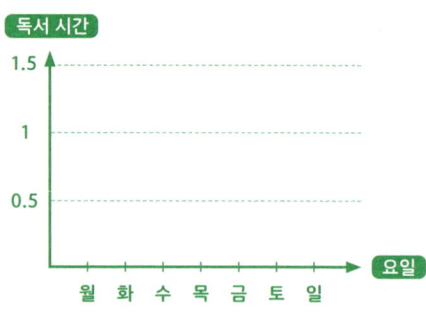

※ 요일별로 공부와 독서 시간을 그래프로 그려보세요.

이번 달도 최선을 다한 사랑하는 우리 귀염둥이에게♡

독서, 습관이 성적이 되고 힘이 되는 방법

　초등 6년 동안 독서보다 더 중요한 공부는 없다고 해도 과언이 아니에요. 하지만 요즘은 유튜브, 스마트폰, 게임처럼 눈길을 끄는 것들이 너무 많아 책에서 점점 멀어지고 있지요. 안타깝게도 그 순간 생각하는 힘을 기르는 기회를 놓치게 돼요. 초등 시기는 공부의 기초 체력을 쌓는 시간이고, 그 힘을 만들어 주는 가장 든든한 방법이 바로 독서랍니다. 그렇다면 어떻게 읽으면 좋을까요?

1. 매일 잠깐이라도 책을 읽으세요.
　시간이 넉넉하다면 길게 읽는 게 가장 좋아요. 혹시 학원, 숙제 때문에 바쁘다면 단 10분 만이라도 책을 펼쳐 보세요. 독서는 시간이 있을 때만 하는 활동이 아니라, 매일의 습관이에요. 오늘의 10분이 내일의 힘이 되고요, 이 힘이 차곡차곡 쌓이면 어느새 스스로 놀랄 만큼 단단해진 자신을 만나게 될 거예요.

2. 책가방에 늘 책 한 권을 넣어두세요.
　교실에서 남는 시간, 선생님께 "책 읽어도 되나요?" 하고 물어보세요. 허락을 받으면 바로 가방에서 꺼내 읽는 거예요. 집에서 억지로 읽으려 졸린 눈을 비비는 것보다, 틈틈이 남는 시간을 활용하는 게 훨씬 쉽고 즐겁습니다. 항상 가방 속에 책 한 권이 준비되어 있다면 언제든 독서 습관을 이어갈 수 있어요.

3. 학교 도서관과 친구가 되세요.

집에 책이 많아도 도서관에 가야 하는 이유가 있어요. 서가를 거닐다 보면 내가 몰랐던 나와 꼭 맞는 책을 우연히 만나게 되거든요. 관심이 없던 주제도 직접 보고 고르면 신기하게 재미가 생깁니다. 학교 도서관, 동네 도서관 등 책이 많은 공간을 습관처럼 드나드는 것, 그것만으로도 독서와 친해질 수 있어요.

4. 만화책만 좋아한다면 규칙을 정해보세요.

만화책은 재미있고 읽기 쉽지만, 생각을 깊게 이어가기에는 아쉬움이 있어요. 만화책 한 권을 읽었다면 글 위주의 책도 한 권 읽겠다고 약속해보세요. 이렇게 균형을 잡으면, 즐거움도 챙기고 '생각하는 힘'도 놓치지 않게 됩니다.

5. 독서 기록 습관을 만들어보세요.

책을 읽는 것도 중요하지만, 읽은 책을 기록으로 남기는 건 또 다른 힘이 됩니다. 책 제목, 저자, 읽은 날짜만 간단히 적어도 좋고, 마음에 남은 문장이나 짧은 느낌을 한 줄 남겨도 좋아요. 이렇게 기록을 쌓다 보면 내가 어떤 책을 좋아하는지, 어떤 주제에 관심이 많은지 스스로 알게 되고 성취감도 커집니다. 독서 기록을 남기는 습관은 중학교에 갔을 때 수행평가나 자기소개서에도 큰 도움이 된답니다.

얼마나 읽었나요?

내가 읽은 책 제목과 독서 시간을 한곳에 모아 기록해보세요. 내가 얼마나 많은 세상과 만나는지 알 수 있고, 책이 쌓일수록 자신감도 커진답니다.

번호	날짜	제목	시간
1			
2			
3			
4			
5			
6			
7			
8			
9			
10			
11			
12			
13			
14			
15			

번호	날짜	제목	시간
16			
17			
18			
19			
20			
21			
22			
23			
24			
25			
26			
27			
28			
29			
30			

번호	날짜	제목	시간
31			
32			
33			
34			
35			
36			
37			
38			
39			
40			
41			
42			
43			
44			
45			

번호	날짜	제목	시간
46			
47			
48			
49			
50			
51			
52			
53			
54			
55			
56			
57			
58			
59			
60			

번호	날짜	제목	시간
61			
62			
63			
64			
65			
66			
67			
68			
69			
70			
71			
72			
73			
74			
75			

번호	날짜	제목	시간
76			
77			
78			
79			
80			
81			
82			
83			
84			
85			
86			
87			
88			
89			
90			

번호	날짜	제목	시간
91			
92			
93			
94			
95			
96			
97			
98			
99			
100			
101			
102			
103			
104			
105			

번호	날짜	제목	시간
106			
107			
108			
109			
110			
111			
112			
113			
114			
115			
116			
117			
118			
119			
120			

번호	날짜	제목	시간
121			
122			
123			
124			
125			
126			
127			
128			
129			
130			
131			
132			
133			
134			
135			

번호	날짜	제목	시간
136			
137			
138			
139			
140			
141			
142			
143			
144			
145			
146			
147			
148			
149			
150			

스마트 기기, 나만의 사용 원칙

　스마트 기기는 이제 우리 일상에 가까이 와 있는 친구입니다. 재미있고, 궁금한 것도 금방 찾아주니 편리하지요. 하지만 너무 오래 사용하면 눈이 아프고, 해야 할 일을 놓치기도 합니다. 그래서 우리에게 필요한 것이 바로 '나만의 사용 원칙'입니다. 스스로 정한 규칙이 있으면 기기를 똑똑하게 쓸 수 있어요.

1. 시간을 정해두세요.

　게임이든 영상이든 '몇 분만 하겠다' 하고 딱 정해두면 마음이 편해집니다. 신기하게도 오히려 더 집중해서 재미있게 즐기게 돼요. 괜히 시간 끌다 혼나는 일도 줄어들고, 스스로 약속을 지켰다는 뿌듯함도 따라오지요. 알람을 맞춰두거나, 부모님과 함께 시간표를 정해 놓으면 더 지키기 쉽답니다.

2. 할 일을 먼저 끝내세요.

　숙제, 정리, 책 읽기 같은 할 일을 다 하고 나서 스마트 기기를 쓰면 훨씬 기분이 좋아집니다. 만약 할 일을 미뤄두고 기기를 쓰면 어떨까요? 마음 한쪽이 찝찝해서 제대로 즐기지도 못하고, 결국 다시 부모님께 잔소리를 듣게 됩니다. 반대로 해야 할 걸 다 끝내고 나면, "이제 정말 맘 놓고 놀아도 돼!" 하는 자유로운 기분이 들어요. '해야 할 것 → 하고 싶은 것'의 순서를 기억하세요.

3. 왜 쓰는지 생각해보세요.

스마트 기기를 켤 때 잠깐만 생각해보세요. 게임 하려고 켜는 건가요? 궁금한 걸 찾아보려는 건가요? 목적이 있으면 딴 데로 새는 시간을 막을 수 있습니다. "심심하니까 그냥 켰어" 하는 순간, 시간은 훌쩍 지나가 버립니다. 반대로 목적이 분명하면 집중해서 쓰고 금방 끝낼 수 있어요.

4. 몸도 눈도 쉬게 하세요.

화면만 오래 보지 말고, 잠깐 멈추고 스트레칭을 하거나 창밖을 보세요. 자리에서 일어나 간단하게 기지개를 켜거나, 물을 한 컵 마셔도 충분한 휴식이 됩니다. 몸도 눈도 계속 쓰기만 하면 금세 피곤해지고 집중력이 떨어지거든요. 친구랑 잠깐 얘기하거나 그림을 그리거나, 산책하는 것도 좋은 방법이에요.

5. 기록을 남겨보세요.

하루 동안 스마트 기기를 얼마나 썼는지 간단히 적어보세요. "헉, 내가 이렇게 많이 썼다고?" 놀랄 때도 있을 거예요. 일주일, 한 달 뒤에 이런 기록을 모아 보면 내가 어디에 시간을 많이 쓰는지 한눈에 보입니다. 그러면 '이번 주에는 영상을 줄이고 책 읽기 시간을 늘려야겠다' 하는 생각도 저절로 생겨요. 기록은 단순히 적는 게 아니라 나를 더 멋지게 바꾸는 마법 같은 도구랍니다.

스마트 기기, 얼마나 사용했나요?

하루를 돌아보면서 내가 어디에 시간을 썼는지 기록해보면 습관이 달라집니다. 당장 많은 게 달라지는 건 아니지만요, 스스로 확인하는 것만으로도 "아, 내가 이렇게 쓰고 있구나" 하고 깨닫게 돼요. 그 깨달음이 바로 내일의 멋진 변화를 만드는 첫걸음입니다.

날짜	스마트폰으로 무엇을 했나요?	사용 시간

날짜	스마트폰으로 무엇을 했나요?	사용 시간

날짜	스마트폰으로 무엇을 했나요?	사용 시간

날짜	스마트폰으로 무엇을 했나요?	사용 시간

날짜	스마트폰으로 무엇을 했나요?	사용 시간

날짜	스마트폰으로 무엇을 했나요?	사용 시간

나만의 추천 영상 목록 만들기

오늘도 유튜브에서 여기저기 떠돌다 시간이 훌쩍 사라져 버렸나요? 이제는 그렇게 허무하게 시간을 보내지 말고, 나만의 추천 영상 목록을 만들어보세요! 재미있는 동물 영상을 모아두거나 영어 공부, 과학 실험, 만들기 같은 '배움 영상'을 모아두는 것도 좋습니다.

영역	채널 이름, 영상 제목	추천 이유

영역	채널 이름, 영상 제목	추천 이유

영역	채널 이름, 영상 제목	추천 이유

영역	채널 이름, 영상 제목	추천 이유

영역	채널 이름, 영상 제목	추천 이유

영역	채널 이름, 영상 제목	추천 이유

영역	채널 이름, 영상 제목	추천 이유

영역	채널 이름, 영상 제목	추천 이유

⚡ 우리 가족 스마트 기기 원칙 ⚡

스마트 기기를 혼자만의 규칙으로 지키기는 어렵지요? 그래서 필요한 게 바로 가족끼리의 약속이에요! 식사 시간에는 기기 내려놓기, 잠자기 전에는 화면 대신 책 보기 같은 우리 집만의 규칙을 정해보세요. 가족 모두가 함께 지켜야 진짜 멋진 원칙이 됩니다.

우리 가족 스마트 기기 원칙

1.
2.
3.
4.
5.
6.
7.
8.
9.
10.

우리 가족은 스마트 기기를 현명하게 사용하기 위해 함께 정한 원칙을 지키겠습니다.
서로를 응원하며 약속을 꼭 지켜나갈 것을 다짐합니다.

　　　　　　　　　　　　　　　　　　　년　　　월　　　일

함께 약속하는 사람들　　　　　　，　　　　　，　　　　　(인)

초등 공부 플래너 365

지은이 이은경
펴낸이 서선행 | **책임편집** 이여진 | **디자인** 이연수

펴낸곳 서교책방 | **출판등록** 2024년 3월 27일 제 2024-000037호
전화 070)7701-3001 | **이메일** seokyo337@naver.com
종이 ㈜월드페이퍼 | **인쇄·제본** 한영문화사

* 이 책은 저작권법에 의하여 보호를 받는 저작물이므로 무단 전재와 복제를 금합니다.

㈜서교책방은 독자 여러분의 책에 관한 아이디어와 원고 투고를 기다리고 있습니다.
책 출간을 원하시는 분은 이메일 seokyo337@naver.com으로 간단한 개요와 취지, 연락처 등을 보내주세요.